Beat Föllmi

KRUZIFIX UND GEISTERBESCHWÖRUNG

Beat Föllmi

# KRUZIFIX UND GEISTERBESCHWÖRUNG

## RELIGION IN DEUTSCHEN VORABENDKRIMIS

Münster
2023

Gedruckt mit Unterstützung des Vereins
„Kultur-Liturgie-Spiritualität"

© 2023 Aschendorff Verlag GmbH & Co. KG, Münster

www.aschendorff-buchverlag.de

Das Werk ist urheberrechtlich geschützt. Die dadurch begründeten Rechte, insbesondere die der Übersetzung, des Nachdrucks, der Entnahme von Abbildungen, der Funksendung, der Wiedergabe auf fotomechanischem oder ähnlichem Wege und der Speicherung in Datenverarbeitungsanlagen bleiben, auch bei nur auszugsweiser Verwertung, vorbehalten. Die Vergütungsansprüche des § 54 Abs. 2 UrhG werden durch die Verwertungsgesellschaft Wort wahrgenommen.

Printed in Germany

ISBN 978-3-402-25013-6
E-Book (PDF) 978-3-402-25014-3

# INHALT

**EINLEITUNG** .................................................. 9
    Deskriptiv und normativ ........................................ 11
    Untersuchungsfelder ........................................... 12
    Eigenheiten der untersuchten Serien ............................ 13

**1. HOMO RELIGIOSUS** ........................................ 23
    Die Hauptfiguren und ihre Religiosität ......................... 23
    Religion als Wahn und Wahnsinn ................................ 29
    Religion für Kinder und Alte .................................. 32
    Religion als lebensfeindlicher Moralismus ...................... 34
    Religiöse Sonderlinge und Käuze ................................ 39

**2. INSTITUTIONELLE VERTRETER: PRIESTER UND PASTOREN** ...... 41
    Klerikale Stereotypen ......................................... 41
    Traditionelle Rolle und moderne Ansprüche ..................... 47
    Der katholische Priester und das Zölibat ...................... 51

**3. FREIKIRCHEN UND SEKTEN** ................................. 55
    Begriffe und Stereotypen ...................................... 55
    Die „Kirche des blutenden Herzen Mariä" ....................... 57
    Zwischen Freikirche und Gurusekte ............................. 58
    Noah und der Weltuntergang auf dem Starnberger See ............ 61
    Das „Mohair-Kaninchen" unter den Christen ..................... 63

**4. LIFESTYLE-RELIGIONEN** ................................... 67
    Skurrile Spinner .............................................. 67
    Esoterische Betrüger .......................................... 72

**5. MAGIE UND GEISTERBESCHWÖRUNG** .......................... 75
    Das tricksende Medium .................................. 75
    Alles findet eine logische Erklärung ...................... 77
    Magie und Totenbeschwörung als innere Welt ............. 80
    Magie als Therapie ...................................... 81
    Der spiritistische Clown ................................. 84
    Geheimnisvolles Wissen aus fernen Kulturen .............. 88
    Magische Praktiken aus Gier nach materiellem Vorteil .... 89
    Selbstgespräch mit einer Toten .......................... 91
    Realität oder narrative Strategie ......................... 94

**6. RELIGIÖSE POLEMIK UND ANTIKLERIKALISMUS** ............. 97
    Das Kloster als Hort des Bösen .......................... 98
    Das Nonnenklischee .................................... 102
    Bibel- und Kirchennazis ................................. 106

**7. NICHTCHRISTLICHE RELIGIONEN: DIE ABWESENDEN** ........ 109
    Der friedfertige Buddhismus ............................. 110
    Der „böse Islam" als Spiegel gesellschaftlicher Vorurteile .. 113
    Die Islamisten sind wir .................................. 116

**8. RELIGIÖSE OBJEKTE UND IKONOGRAFIE** .................. 121
    Religiöse Ikonografie und Möblierung ................... 121
    Religiöser Kitsch ....................................... 123
    Dialog mit dem Kruzifix ................................. 125
    Magische Gegenstände .................................. 127

**9. RELIGIÖSER ANALPHABETISMUS** .......................... 129
    Geteilter religiöser Analphabetismus ..................... 129
    Abgelegene Bibelzitate .................................. 133
    Religiöser Analphabetismus als Spiegel für den Rezipienten ........ 134

## 10. RELIGIÖSE NARRATIVE ... 137
Schuld, Vorverurteilung und Opferlamm ... 137
Jesus schreibt im Internet ... 138
Verstockung und Zuspruch ... 140
Dein Glaube hat dir geholfen ... 142
Judas und die dreißig Silberlinge ... 144
Weihnachtsmann und Schutzengel ... 146
Der Fluch des Götzen ... 151
Hebe deine Augen auf ... 154

## 11. SCHLUSS ... 159
Die Wahrnehmung des Religiösen ... 159
Der Supermarkt der Religionen ... 163
Bibelzitate ... 165
Immanenz und Transzendenz ... 166
Deskriptive oder normative Darstellung der Religion ... 168

Anmerkungen ... 173
Bibliografie ... 189
Abkürzungen ... 190
Filmografie ... 191

## EINLEITUNG

Seit vielen Jahren beschäftige ich mich mit der Frage, wie Religion (insbesondere die christliche) in kulturellen Produkten und Objekten unseren modernen Gesellschaften erscheint: in Bildern, Musikstücken und Filmen, in Kunstwerken und kommerziellen Produkten. Wir leben heute in einer „postchristlichen" Gesellschaft, wo die christlichen Konfessionen zwar längst nicht verschwunden sind, aber bei weitem nicht mehr den gesellschaftlich relevanten Rahmen abgeben. Der Grad der „Religionsleere" ist in westlichen Gesellschaften unterschiedlich: Während in den USA oder in Griechenland dem religiösen Diskurs in Gesellschaft und Politik weiterhin eine bedeutende Rolle zukommt, ist er in Frankreich aus dem öffentlichen Raum vollständig verbannt. Deutschland bewegt sich etwa in der Mitte zwischen den beiden Extremen.

Ausgangspunkt meiner Überlegungen war der Eindruck, dass religiöses Verhalten in vielen kulturellen Produkten der Gegenwart als „Abweichung" von der Norm dargestellt wird. Überspitzt gesagt: Religiöse Menschen sind nicht „normal". Hinzu kam die Beobachtung, dass die in Deutschland vertretenen Religionen im öffentlichen Diskurs in unterschiedlicher Weise wahrgenommen und dargestellt werden. Um Antworten auf meine Beobachtungen und Fragen zu bekommen, entschloss ich mich, ein Corpus genauer unter die Lupe zu nehmen: die Vorabendkrimis, die im Ersten Deutschen Fernsehen jeweils von Montag bis Mittwoch (vor 2015 zusätzlich auch am Donnerstag) zu immer derselben Sendezeit (18 Uhr 50) mit identischer Länge (48 Minuten) ausgestrahlt werden. Ich werde meine Wahl und die angewandte Methode im Folgenden darstellen und begründen.

Ich muss gestehen, selber ein – zuweilen eifriger – Konsument deutscher Vorabendkrimis zu sein. Insofern gehöre ich selbst zur Zielgruppe des von mir untersuchten Corpus. Die Wahl hat aber durchaus methodisch gerechtfertigte Gründe. Ich habe das Genre Krimi aus zwei Gründen ausgewählt. Zum einen, weil in Krimis die Religion nicht das Hauptthema ist, sondern nur nebenbei abgehandelt wird. In solch „nebensächlichen" Kontexten scheint oft mehr von der gesellschaftlichen Realität auf als in jenen Serien, welche die Religion explizit thematisieren – so wie etwa die Nonnenserie *Um Himmels Willen*, die letztlich nur das „Nonnenklischee" in unzähligen Varianten abhandelt.[1] Zum andern kommen im Krimi implizit zentrale religiöse Fragen zur Sprache: Tod, Schuld, Sühne, Gerechtigkeit, Täter und Opfer. Obschon diese Themen fast alle auch immanent – etwa juristisch oder philosophisch – abgehandelt werden können, bieten sich hier religiöse Deutungsmuster geradezu an.

In den TV-Serien erscheint Religion zwar regelmäßig als gesellschaftliche Realität (ihre offiziellen Vertreter, ihre Zeremonien, ihre Gläubigen), aber sie ist nur selten der Deutungshorizont, innerhalb dessen sich die Handlungen abspielen. Religion ist präsent durch religiöse Schauplätze (Kirchen, Friedhöfe, religiöse Milieus), durch religiöse Objekte (Kruzifixe, Ikonen, Sakralkunst), durch religiöse Vertreter (Priester, Pastoren, Mönche, Nonnen), durch religiöse Sprache (Gebete, Zitate aus der Bibel oder anderen religiösen Schriften) und religiöse Praktiken und Handlungen (Gottesdienste, Trauungen, Beerdigungen). Besonders interessant für meine Untersuchung waren Figuren, die aus religiösen Motiven handeln: Inwiefern leitet ihre Religion zu Handlungen an und was für Handlungen sind das, zu denen sie religiös motiviert werden.

Das Ziel meiner Untersuchung ist es also, jene Kontexte zu beschreiben und zu interpretieren, in denen Religion und religiöse Menschen in den Vorabendkrimis erscheinen. Damit die dargestellte Realität vom Zuschauer als realistisch wahrgenommen wird, muss als erstes die Frage nach dem Publikum gestellt werden.[2] Das Zielpublikum der hier untersuchten Vorabendserien lässt sich aus mehreren Faktoren erschließen. Der Ausstrahlungszeitpunkt von 18 Uhr 50 bis 19 Uhr 45 (mit einer längeren und einer kurzen Werbeunterbrechung), unmittelbar vor dem Wetterbericht und der Hauptausgabe der Tagesschau um 20 Uhr, zielt genauso auf ein älteres Publikum wie die eingebetteten Werbespots, die sich mit Medizinalprodukten vorwiegend an Senioren richten. Der Inhalt, die Dramaturgie und der Schnitt der Folgen sind ebenfalls auf Sehgewohnheiten eines mittelalterlichen bis älteren Publikums ausgerichtet – Menschen, die in den 1960er Jahren oder früher geboren wurden. Übrigens gehören viele Drehbuchautoren der untersuchten Krimis in dieselbe Altersgruppe.

Damit haben wir es mit jenem Teil der Bevölkerung zu tun, der volkskirchliche Verhältnisse noch gekannt und gleichzeitig die Dechristianisierung und religiöse Zersplitterung der Gesellschaft erlebt hat. Zu bedenken ist auch, dass die Serien ein gesamtdeutsches Publikum erreichen wollen, bei dem gerade in der mittleren und älteren Generation unterschiedliche religiöse Sozialisierungen vorhanden sind, beispielsweise zwischen Personen aus den alten und den neuen Bundesländern. Gerade bei der Darstellung religiöser Themen ist es schwierig, den Realitäten eines in ländlicher Umgebung lebenden Bayern und eines Städters aus Berlin oder Leipzig gerecht zu werden.

## DESKRIPTIV UND NORMATIV

Bei der Untersuchung, wie Religion und religiöse Praktiken in den Vorabendserien dargestellt werden, scheint es mir wichtig, eine Unterscheidung zwischen deskriptiver und normativer Darstellung zu machen. Populäre Medienformen wollen nicht nur unterhalten, sondern sie vermitteln auch Normen.[3] Dabei werden gleichzeitig dominante Ideologien bestätigt als auch marginale Erscheinungen aus Subkulturen vermittelt.[4]

Ich gehe zunächst von der Selbstverständlichkeit aus, dass Vorabendserien innerhalb ihres Zielpublikums mehrheitsfähig sein wollen bzw. müssen. Der Zuschauer soll in seinen Wertvorstellungen und in seinem sozialen und gesellschaftlichen Kontext bestätigt werden. Dies schließt Kritik, Spott, Ironie und Spiel nicht aus, sofern diese nur gelegentlich vorkommen und den dominanten Konsens nicht grundsätzlich in Frage stellen. So macht sich manche Serienfolge durchaus einmal über das Altern und die damit zusammenhängenden physischen Einschränkungen lustig, ohne dass dabei eine Geringschätzung der alten Menschen intendiert würde – was ja bei einem vorwiegend älteren Publikum nur kontraproduktiv wäre.

Die Anforderung an die Serien, innerhalb der anvisierten Zielgruppe mehrheitsfähig zu sein, führt zunächst dazu, dass die Serien die Realitäten der Rezipienten abbilden. Ich nenne diese Darstellung deshalb *deskriptiv*, weil hier aus der Perspektive des Rezipienten Realität „beschrieben" wird. Es geht dabei nicht zwingend um die Beschreibung von tatsächlichen gesellschaftlichen Realitäten, sondern um den Realitätsgehalt in der Wahrnehmung durch den Rezipienten. Die Verhältnisse werden also so abgebildet, wie sie die Zielgruppe wahrnimmt bzw. wahrnehmen will. Verändert sich die gesellschaftliche Wahrnehmung, passen sich die Serien den neuen „Realitäten" an.

Viele Berufsgruppen werden im Allgemeinen deskriptiv dargestellt: Lehrer, Universitätsprofessoren, Politiker, Psychiater und eben auch religiöse Vertreter wie Pfarrer und Pastoren. Dabei kommen zahlreiche Stereotypen zum Einsatz, die mit den Realitäten nicht unbedingt im Einklang stehen müssen, aber von den Rezipienten geteilt werden: Lehrer sind angesichts ihrer schwierigen Schüler überfordert, Universitätsprofessoren leben in ihrem Elfenbeinturm, Politiker sind korrupt und verlogen.

Es wäre jedoch falsch zu glauben, dass die Serien ausschließlich die erwarteten Realitäten abbilden, also deskriptiv sind. Nicht selten zeigen sie Werte und Verhaltensweisen, die von den Rezipienten zwar als allgemein gültig anerkannt werden, obgleich sie zu den tatsächlichen Realitäten in Spannung stehen können. Ich nenne eine solche Darstellungsweise *normativ*, weil hier, mit implizitem Einverständnis des Rezipienten, eine Norm vorgegeben wird. Hier ist in erster Linie der „politisch korrekte" Diskurs zu nennen. So sind Personen mit offensichtlich ausländischer Herkunft kaum je die Täter, und wenn doch, wurden sie von Deutschen dazu angestiftet, sind also allenfalls Mitläufer. Ein besonders eklatantes Beispiel ist in der Folge „Der Anschlag" (2015) aus *Großstadtrevier* zu sehen, wo das sensible Thema der in Deutschland lebenden Jihadisten behandelt wird: Der eigentliche Drahtzieher dieser Serienfolge ist ein „biodeutscher" muslimischer Konvertit, der einen jungen Türken in die Sache mithineingezogen hat.[5]

Ein weiterer Bereich, wo oft normative Darstellungsweisen vorherrschen, sind Genderfragen. In überproportional vielen Krimiserien sind Frauen die Vorgesetzen eines Teams (*Großstadtrevier* ab Folge 244, *Hauptstadtrevier, München 7, Mord mit Aussicht, Hubert und Staller* ab Folge 117, *Wapo Bodensee, Rentnercops, Alles Klara*), obschon das mit der gesellschaftlichen Wirklichkeit (leider) immer noch nicht übereinstimmt. Aber der gesellschaftliche Diskurs verlangt, dass zwischen Frauen und Männer in allen Bereichen Gleichheit besteht. Die Serien beschreiben also nicht gesellschaftliche Realität (deskriptiv: Frauen sind in Führungspositionen nach wie vor untervertreten), sondern konstruieren eine Norm (normativ: Frauen müssen gleichberechtigt sein). Die normative Darstellungsweise ermöglicht es, einerseits gesellschaftlich sensible Themen kontrovers zu diskutieren und anderseits die erwünschten Verhältnisse als Realität erscheinen zu lassen.[6]

Diese doppelte Ausrichtung der Serien ist bei der Darstellung des Religiösen stets zu beachten: Inwieweit beschreiben die Serien die Wahrnehmung gesellschaftlicher Realitäten durch die Rezipienten und inwiefern stellen sie – von der Realität abweichende – Normen dar, welche die Rezipienten respektieren wollen oder müssen. Bei beiden Darstellungsweisen muss zudem in den Blick genommen werden, was in den Serien ausgeblendet, also nicht dargestellt wird. Darauf wird in einem eigenen Kapitel eingegangen werden.

## UNTERSUCHUNGSFELDER

Die religiösen Realitäten bzw. latenten Normen betreffen unterschiedliche Themenbereiche. Wir beginnen die Untersuchung mit einem Kapitel zum *homo religiosus*, dem religiösen Menschen. Da Religiosität in der Mehrheitsgesellschaft als Ausnahme gilt, treten religiöse Figuren in den Serienfolgen nur vereinzelt auf und werden stets als solche explizit markiert. Ich werde zwischen den wiederkehrenden Hauptcharakteren der Serien und den nur einmal vorkommenden Figuren unterscheiden.

Eine eigene Kategorie religiöser Menschen sind Kirchenvertreter, deren Darstellung ebenfalls ein Kapitel gewidmet ist. Als Vertreter eines Berufes oder Standes sind sie stark typisiert. Wenn sie auch manchmal zur Karikatur geraten, ist ihre Religiosität doch gesellschaftlich akzeptiert. Ganz anders sieht es bei den nicht „offiziellen" Religionsgemeinschaften aus, den Freikirchen und den anderen religiösen Gemeinschaften, die separat abgehandelt werden. Dabei verwende ich den Begriff „Sekten" in der Kapitelüberschrift bewusst als pejorative Fremdbezeichnung und problematisiere ihn entsprechend. Ein weiteres Untersuchungsfeld stellen die zahlreichen, erfolgreich agierenden Lifestyle-Religionen vor allem aus dem Bereich der Esoterik dar – wobei die Grenze zwischen Religion und pragmatischer Lebenshilfe schwierig zu ziehen ist. Ein weiteres Kapitel beschäftigt sich mit magischen und spiritistischen Praktiken und mit allem, was mit dem Kontakt zur Welt der Toten zu tun hat. Hier zeigt sich in den Serien eine große Vielfalt von Zugängen, die vom behutsamen psychologischen Herantasten bis zu kuriosem Unfug und Klamauk reichen.

In einigen Fällen kommt man nicht umhin, eine eigentliche Polemik gegenüber Religion und religiösen Menschen festzustellen. Diese Polemik, die manchmal Züge von Antiklerikalismus annimmt, ist Gegenstand eines eigenen Kapitels. Sie betrifft interessanterweise ausschließlich die christliche Religion. Nichtchristliche Religionen kommen in den Vorabendserien generell nur selten vor – es scheint, dass damit sensible Themen vermieden werden sollten. Die seltene oder fehlende Darstellung solcher Religionen (Judentum, Islam, Buddhismus) als „die Abwesenden" verdiente eine eigene Untersuchung. Ein weiteres Kapitel widmet sich den in den Serienfolgen vorkommenden religiösen Objekten sowie der religiösen Ikonografie im Allgemeinen. Wie wird Religion und Religiosität bildlich umgesetzt: als Kunst, Kitsch oder Stereotyp?

Das abschließende Kapitel untersucht religiöse Narrative, d.h. zusammenhänge Erzählstränge, bei denen religiöse Erzählungen, Themen oder Motive vorkommen. Diese (nicht allzu seltenen) Fälle sind von besonderem Interesse, da Religion nicht nur an der Oberfläche auftritt, sondern die Tiefenschicht der Narration betrifft und somit wesentlich subtiler und differenzierter dargestellt wird.

## EIGENHEITEN DER UNTERSUCHTEN SERIEN

Insgesamt wurde ein Korpus von 890 Filmen aus 12 verschiedenen Serien untersucht. In 71 Serienfolgen davon kommen religiöse Themen vor, die in diesem Buch untersucht werden. Das heißt, dass in rund 92 % der Filme keine religiöse Thematik oder Figuren zu finden sind.

Bei den untersuchten Serien handelt es sich um Vorabendkrimis, die vom Ersten an einem schwierigen Sendeplatz gesendet wurden. Abgesehen von *Großstadtrevier*, das seit über 35 Jahren mit guten Quoten ausgestrahlt wird, versuchte der Sender mit mäßigem Erfolg, weitere Serien zu etablieren. Von 2011 bis 2015 existierte das Label „Heiter bis tödlich", das insgesamt 12 Krimiserien zusammenfasste, darunter auch die bereits bestehende Serie *München 7*. Fünf Serien kamen über eine einzige Staffel (mit jeweils 16 Folgen) nicht hinaus und verschwanden rasch. Im Jahr 2015 wurde das Label „Heiter bis tödlich" aufgegeben, die noch laufenden Serien gingen jedoch am selben Sendeplatz weiter, und weitere Serien kamen hinzu (*Rentnercops* 2015, *Wapo Bodensee* 2017, *Wapo Berlin* 2019, *Watzmann ermittelt* 2019, *Wapo Duisburg*, 2022[7], *Wapo Elbe*, 2023[8]). Der Marktanteil der Serien ist, von wenigen Ausnahmen abgesehen, eher gering. Die weitaus erfolgreichste Serie, *Mord mit Aussicht*, erreicht manchmal mehr als 20 % der Zuschauer. Einige erfolglose Serien, mit Quoten von 5 % bis 6 %, wurden nach der ersten Staffel wieder abgesetzt.

Der Sender bezeichnete die Krimiserien als „Crime & Smile"[9] bzw. „Schmunzelkrimis". Letzterer Begriff bezeichnet einen Krimi, der die Zuschauer dazu einlädt, Handlung und Inszenierung bewusst als „gemacht" zu betrachten und sich an den skurrilen Dialogen und Situationen zu vergnügen.[10] Diese Bezeichnung trifft auf einige der Vorabendkrimis zu, so etwa auf *Hubert und Staller, Alles Klara, Zwischen den Zeilen*, aber auch auf *Mord mit Aussicht*, eine Serie, die jedoch nie unter dem Label „Heiter bis tödlich" gesendet wurde. In diesen „Schmunzelkrimis" treten stark typisierte Figuren auf, die überzeichnet sind und ständig komische Situationen hervorrufen. Die Journalistin Maja Becker in *Zwischen den Zeilen* etwa ist notorisch ungeschickt und linkisch, so dass der Zuschauer in jeder Szene erwartet, dass sie gleich etwas umstößt. Andere Serien hingegen lassen sich mit dem Etikett „Schmunzelkrimis" nicht adäquat beschreiben. *München 7* beispielsweise setzt eher auf (klischeehafte) Milieuschilderung, insbesondere den Viktualienmarkt mit seinen schrulligen Marktfrauen. Ferner lassen sich auch dramaturgische und narrative Entwicklungen innerhalb einer Serie feststellen. *Morden im Norden* startete als „Schmunzelkrimi" unter dem Label „Heiter bis tödlich" und wurde in den späteren Serien zu einem immer stärker „realistischen" Krimiformat.

Ich habe mich bei der Auswahl der Serien auf jene Folgen beschränkt, die seit 2010, also während der letzten dreizehn Jahre produziert und ausgestrahlt worden sind, nur in seltenen Fällen greife ich auf frühere Folgen zurück.[11] Damit soll der Tatsache Rechnung getragen werden, dass die Wahrnehmung der Religion in der Gesellschaft stetiger Wandlung unterworfen ist und sich Darstellungsweisen vor fünfzehn oder zwanzig Jahren nicht unmittelbar mit den aktuellen Verhältnissen vergleichen lassen.

Im Untersuchungszeitraum wurden am gewählten Sendeplatz insgesamt 16 verschiedene Serien ausgestrahlt, doch nicht in allen wird Religion thematisiert. Ich stelle im Folgenden all jene Serien vor, die Material für meine Untersuchung geliefert haben.

### ■ GROSSSTADTREVIER

Die älteste der hier behandelten Serien, mit der höchsten Zahl an gedrehten Folgen, ist *Großstadtrevier*, die seit 1986 in 35 Staffeln mit insgesamt 486 Folgen (Stand Mai 2023) ausgestrahlt wurde. Ab Folge 37 (1992) spielte Jan Fedder den Polizisten Dirk Matthies und drückte der Serie den Stempel auf. Fedder verstarb Ende 2019, zum letzten Mal trat er in der Folge 447 („Schlüsselmomente", Erstausstrahlung am 23. März 2020) auf. Der Marktanteil der Serie ist mit 11 % bis über 13 % verhältnismäßig hoch.

*Großstadtrevier* spielt in einem Polizeirevier der Hamburger Innenstadt, in der Nähe des Rotlichtmilieus von St. Pauli und anderer sozialer Brennpunkte. Das Format setzt auf emotionale Momente, die nicht selten ins Sentimentale abgleiten. Trotz wechselnder Schauspieler blieben einzelne Typen erhalten, beispielsweise der sensible und etwas korpulente Innendienstbeamte, der erst von Edgar Hoppe (in der Figur des Dietmar Steiner) und dann von Marc Zwinz (als Hannes Krabbe) verkörpert wurde.

Die narrative Struktur der Serienfolge, zumindest im behandelten Zeitraum, ist in jeder Serie identisch. Zwei Handlungsstränge laufen parallel nebeneinander, eine Haupthandlung mit einer ernsten, meist der näheren, gesellschaftlichen Aktualität entlehnten Narration, und eine mehr sentimentale Nebenhandlung, wo auch komische Elemente nicht ausgeschlossen sind. Die beiden Handlungen sind meist durch eine verwandte Thematik verbunden. *Großstadtrevier* erhebt den Anspruch auf „realistische" Darstellung der gesellschaftlichen Probleme. So rücken die Hamburger Fernsehpolizisten in manchen Folgen dem organisierten Verbrechen erfolglos zu Leibe, wie dies leider auch in der Wirklichkeit oft der Fall ist. Gleichzeitig werden die Taten von Kleinkriminellen – Einbrecher, Prostituierte, Ladendiebe – mit großem Verständnis für die sozialen Wirklichkeiten des Milieus, in denen sie sich abspielen, dargestellt. Der Narrativ des „Milieus" mit seinen zwielichtigen und dennoch sympathischen Figuren konkretisiert sich in der Schilderung der Reeperbahn und

St. Pauli, die als Kontrast zum schicken Hamburg der Elbchaussee oder anderer Villenviertel gestellt werden.

Religion ist ein Thema, das in *Großstadtrevier* öfters vorkommt, allerdings mit wenigen Ausnahmen als Nebensache. In den älteren Folgen (bis Folge 191 im Jahr 2003) wirkte mit Dietmar Steiner eine religiöse Figur im Team der Polizisten, die im evangelikalen Milieu anzusiedeln ist.[12] Eine weitere religiöse Figur, die über mehrere Folgen auftaucht, ist der Hafenpastor Hinrich Petersen.[13]

### ▪ HAUPTSTADTREVIER

Ebenfalls in einem Polizeirevier spielt die Serie *Hauptstadtrevier*, die von 2012 bis 2014 in 32 Folgen (2 Staffeln) im Rahmen des Labels „Heiter bis tödlich" ausgestrahlt wurde. Der Marktanteil der ersten Staffel betrug durchschnittlich 6,3 % (also nur etwa die Hälfte von *Großstadtrevier*).

Im Zentrum steht die Familie Klug, von der gleich vier Mitglieder im Betrugsdezernat in Berlin arbeiten: das Elternpaar Marianne und Jürgen sowie die Geschwister Patrick und Julia. Letztere ist die eigentliche Hauptperson der Serie. Sie ist von ihrem Mann auf einem riesigen Schuldenberg und vor allem mit der kleinen Elie sitzen gelassen worden. Jede Folge stellt eine Haupthandlung vor, wo ein in der Hauptstadt aktuelles Thema abgehandelt wird (Wohnungsmangel, Korruption in Wirtschaftsetagen etc.). Gleichzeitig verfolgt der Zuschauer die Schwierigkeiten der alleinerziehenden und berufstätigen Elitepolizistin Julia, die zwischen der Sorge für ihre Tochter Elie und den Ansprüchen ihres pedantischen Chefs Johannes Sonntag steht. Auch dieses Format stellt die Fälle realistisch dar, doch steht Emotionalität und Sentimentalität weniger im Vordergrund, wie dies im *Großstadtrevier* der Fall ist. Ein wichtiger Bestandteil des Narrativs ist die Darstellung des „schrägen Berlins", verkörpert durch Julias beste Freundin Carla, ein Transvestit oder Transgender, der bei der Inselbrücke einen Imbissstand unterhält.

Religion kommt in den Folgen selten vor. Religiöse Praktiken treten an die Polizisten im Rahmen von Betrugsdelikten heran, wie beispielsweise in „Offene Rechnungen" (2013), wo eine Wahrsagerin auftaucht.

### ▪ MÜNCHEN 7

Wie die beiden bereits erwähnten Serien handelt auch *München 7* von einer Polizeiwache in einer Großstadt, wenn auch mit München mehr das Gemütliche, Behäbige der bayerischen Metropole im Vordergrund steht als das Großstädtische wie etwa in der oben beschriebenen Berliner Serie. So behandelt *München 7* auch nicht eigentliche Verbrechen, sondern kleinere Vergehen. Produziert wurden zwischen 2004 und 2016 insgesamt 51 Folgen in 7 Staffeln. Der Marktanteil lag im Durchschnitt etwas über 7 %.

Die Serie spielt in einer Polizeiwache in der Nähe des Viktualienmarktes. Die Hauptpersonen sind Xaver Bartl, ein alteingesessener Münchner, der jeden und jede kennt und als „Sheriff vom Marienplatz" bekannt ist, sowie sein Kollege Felix Kandler mit nicht ganz lupenreiner Vergangenheit. Die zu lösenden Fälle betreffen Alltagsprobleme, Nachbarschaftsstreitigkeiten, kleinere Diebstähle, Obdachlose, Bettler. Trotz des etwas behäbigen Charakters hat *München 7* komplexe und hintergründige Charaktere wie etwa den Import-Export „Unternehmer" Zagreb, dessen genauer Tätigkeitsbereich im Dunkeln bleibt.

Religion kommt in Gestalt des bayerischen Katholizismus vor. Am Rand des Viktualienmarktes steht die Heilig-Geist-Kirche, deren Pfarrer in mehreren Folgen auftritt.

### ■ NORDISCH HERB

Eine erfolglose Serie war *Nordisch herb*, die in nur einer Staffel mit 16 Folgen von Oktober 2011 bis Februar 2012 im Rahmen von „Heiter bis tödlich" gesendet wurde. Der Marktanteil sank von Folge zu Folge und lag bei durchschnittlich etwa 6,5 %.

Die Krimiserie spielt in Husum, wo der kauzige Polizist Jon Peterson ermittelt, dessen Vater ein Bestattungsunternehmen führt, wo Jon auch gelegentlich mithilft. Seine neue Ermittlerkollegin bei der Polizei kommt aus Berlin: die alleinerziehende Mutter Nora Neubauer, die mit ihrer etwa 18jährigen Tochter Emilia (Mimi) in den Norden zieht. Die Serie arbeitet mit viel Lokalkolorit: Theodor Storm, Wattenlandschaft, Leuchttürme, kreischende Möwen. Die Kriminalfälle sind eher banal, die Handlung wenig spannend. Originell ist die Figur des Bestatters Claas Peterson (gespielt von Ulrich Voß), eines imposanten und würdigen älteren Herrn. Mit dem Thema des Todes ist implizit auch die Religion präsent. Im Gegensatz zu anderen Serien erscheinen hier religiöse Themen nicht prinzipiell skurril oder abartig, sondern oft in Form von tiefgründigen Reflexionen über Tod und Endlichkeit.

### ■ MORDEN IM NORDEN

Die Serie *Morden im Norden* war die Nachfolgeserie von *Nordisch herb*. Sie wird seit 2012 produziert; insgesamt sind 140 Folgen in 9 Staffeln gesendet worden (Stand Mai 2023). Der Marktanteil liegt durchschnittlich bei 11 % bis 12 %.

Die Krimis spielen in Lübeck und Umgebung, manchmal auch im nahen Travemünde. Ohne Zweifel lebt das Format vom Ermittlerduo, das von den beiden Schauspielern Sven Martinek (Finn Kiesewetter) und Ingo Naujoks (Lars Englen) verkörpert wird. Die Fälle werden realistisch dargestellt, dramatische Szenen führen zu spannenden Momenten. Die dramatische Titelmusik (von Robert Schulte Hemming und Jens Langbein) erinnert denn auch an Krimis wie den *Tatort*.

Wenn auch durchaus Platz für humoristische Momente ist – durch Figuren wie die hypochondrische junge Polizistin Sandra Schwartenbeck und der Hausmeister Ernst mit seiner „Blockwart"-Mentalität – trifft die Bezeichnung „Schmunzelkrimi" hier jedoch kaum zu (hingegen durchaus auf den Vorgängerkrimi *Nordisch herb*). Die Serie hat im Verlauf der Jahre einen Wandel durchgemacht. Waren in den ersten Staffeln noch viele humorige und gemütvolle Momente und Figuren (Finns beide schrulligen Tanten mit ihrem Teeladen, Polizist Schröters exzentrische Geliebte Babsi aus München), wurden die späteren Folgen (ab Staffel 4) zunehmend ernster und realitätsnaher.

Religion wird in einigen Folgen ausführlich behandelt, allerdings stets in einem problematischen Kontext: rigide Moralvorstellungen, dubiose Wahrsagepraktiken, Sekten.

### ■ MORD MIT AUSSICHT

Die Krimiserie *Mord mit Aussicht* gehörte zu den erfolgreichsten deutschen Fernsehserien, mit einem Marktanteil von durchschnittlich fast 21 %. Sie wurde von 2008 bis 2014 in 3 Staffeln mit insgesamt 39 Folgen ausgestrahlt; im Jahr 2015 wurde zudem noch ein Spielfilm unter dem Titel „Ein Mord mit Aussicht" gesendet. Die erste Staffel lief zunächst im Hauptprogramm (um 20 Uhr 15), die Wiederholungen und die folgenden beiden Staffeln wurden ab 2010 zum üblichen Zeitpunkt der Vorabendsendungen ausgestrahlt. Trotz des immensen Erfolgs wurde die Serie – wohl nicht zuletzt wegen des Ausstiegs eines der Hauptdarsteller, Bjarne Ingmar Mädel – zunächst eingestellt. Im Jahr 2022, nach acht Jahren Unterbruch, wurde die Serie wiederaufgenommen, allerdings mit gänzlicher Neubesetzung der Hauptcharaktere. Leider konnte die Neuauflage nicht an den Erfolg der ursprünglichen Serie anschließen.

Die Krimiserie spielt in einem fiktiven Ort der Eifel namens „Hengasch", das sich im ebenso fiktiven Landkreis „Liebernich" befindet. Dorthin ist die Kölner Polizistin Sophie Haas zwangsversetzt worden. Als Kontrast zu den überwiegend in Großstädten spielenden Krimis wird hier das ländliche Leben abseits der Metropolen dargestellt. Alles ist provinziell und rückständig: der intellektuell und motivationsmäßig eingeschränkte Polizist Schäffer, das spießige Familienleben, die gegenseitige Bespitzelung, der miefige Dorfgasthof. Die Mordfälle sind teilweise spektakulär (wie der Tote, der in der Schüssel eines Riesenteleskops hängt), aber die Auflösung gleicht mehr einer vergnüglichen Schnitzeljagd als einer ernsthaften polizeilichen Untersuchung.

In mehreren Serienfolgen wird Religion thematisiert, zumeist unter negativen Vorzeichen: Sei es der naive und als rückständige entlarvte Katholizismus der ländlichen Bevölkerung, die Raffgier einer Sekte oder der verbreitete Spuk- und Aberglaube.

### ▪ HUBERT UND STALLER BZW. HUBERT OHNE STALLER

Ähnlich wie *Mord mit Aussicht* handelt auch die Serie *Hubert und Staller* im ländlichen Milieu, in diesem Fall in der bayerischen Kleinstadt Wolfratshausen und Umgebung, südlich von München am Starnberger See. Die Serie läuft seit 2011 mit bisher 164 Folgen in 10 Staffeln (Stand Mai 2023); zusätzlich wurden drei abendfüllende Spielfilme produziert. Nach dem Ausstieg eines der Hauptdarsteller (Helmfried von Lüttichau als Johannes Staller) wurde die Sendung ab Staffel 8 (2019) in *Hubert ohne Staller* umbenannt. Die Serie hat einen durchschnittlichen Marktanteil von knapp über 10 %.

*Hubert und/ohne Staller* ist zweifellos das klamaukigste Format unter den hier behandelten Krimiserien. Hier geht es eigentlich gar nicht mehr um die Auflösung eines Verbrechens (stets ein Mord), sondern um das Vergnügen, Zeuge einer Abfolge von komischen und grotesken Situationen zu sein. Die ganze Wolfratshausener Polizeitruppe ist hoffnungslos unfähig, vielleicht ausgenommen die junge Polizistin, die Innendienst macht (sie ist allerdings eine aus Berlin Zugezogene und spricht kein Bairisch). Die Komik entsteht unter anderem durch den Kontrast zwischen den burlesken Polizisten und den übrigen, in der Regel normal agierenden Figuren.

Die Serie spielt souverän mit Klischees und Tabus, was sich gerade im Bereich religiöser Thematik zeigt. Mit Bayern als Handlungsort kommen die katholische Kirche und ihre Vertreter (Pfarrer, Mönche, Nonnen) öfters vor. Doch auch andere religiöse Praktiken (Esoterik, Geisterbeschwörung) werden thematisiert. Es ist auffällig, dass selbst die Hauptfiguren sich in mehren Folgen zu ihrer eigenen – vorhandenen oder nicht vorhandenen – Religiosität äußern.

### ■ ZWISCHEN DEN ZEILEN

Im Rahmen des Labels „Heiter bis tödlich" wurde von Februar bis Juni 2013 eine einzige Staffel mit 16 Folgen der Krimiserie *Zwischen den Zeilen* gesendet. Die Serie war die erfolgloseste Produktion des Labels mit durchschnittlich unter 5 % Marktanteil.

Die Krimis handeln in Aachen, wohin der einstige Starjournalist Paul Jacobs zwangsversetzt worden ist. Der unterdessen gänzlich korrupte und zynische Chef leitet die Lokalredaktion des *Westdeutschen Merkur*; mit im Team sind eine „Blondine", die kaum ihren Namen schreiben kann, sowie der Computer-Nerd mit indischen Wurzeln, Rajesh Prakasch. Als der Verlag die junge ambitionierte, aber leider ebenso linkische Journalistin Maja Becker ins Redaktionsteam schickt, kommt es zu turbulenten Verwicklungen bei der Aufklärung von Verbrechen. Die untersuchten Kriminalfälle sind nicht realistisch, sondern eher grotesk, wie etwa ein mit einer Wurst ermordeter Veganer oder ein Elvis-Imitator mit einem explodierenden Herzschrittmacher. Ähnlich wie *Hubert und Staller* setzt auch *Zwischen den Zeilen* auf stark typisierte Figuren und Situationen mit Slapstik-Dialogen. Ebenso wird auf humoristische Weise politisch-unkorrektes Verhalten persifliert, zum Beispiel durch Klischees gegenüber Ausländern, Homosexuellen und Blondinen. Religiöse Thematik kommt am Rande vor, wobei eine Vorliebe für schräge Milieus besteht (Wahrsager, Esoterik-Spinner).

### ■ ALLES KLARA

Die Krimiserie *Alles Klara* wurde in drei Staffeln mit 48 Folgen zwischen 2012 und 2017 gesendet. Die Serie gehört zu den wenigen Produktionen, die auch nach dem Ende des Labels „Heiter bis tödlich" weitergeführt wurden. Der Marktanteil der Serie nahm im Verlauf der Jahre leicht zu, so dass am Schluss ein Durchschnittswert von etwas über 8 % erreicht wurde. Trotzdem wurde die Serie eingestellt, offensichtlich wegen des Ausstiegs der Schauspielerin der Titelrolle, Wolke Hegenbarth.

Die Krimis spielen in der beschaulichen Atmosphäre der sächsischen Kleinstadt Quedlinburg mit ihren putzigen Fachwerkhäusern. Die junge Klara Degen macht eine Stellvertretung als Sekretärin bei der dortigen Kriminalpolizei, wobei sie, sehr zum Leidwesen ihres ebenso despotischen wie komischen Chefs Paul Kleinert, andauernd ihre Kompetenzen überschreitet und die Fälle im Alleingang löst. Die Bezeichnung „Schmunzelkrimi" trifft auf diese Serie wohl am ehesten zu. Die zu lösenden Fälle sind witzig und originell, aber nicht eigentlich spannend. Wirklicher Klamauk, wie in *Hubert und Staller* oder *Zwischen den Zeilen*, kommt selten vor, obgleich auch hier die Figuren stark typisiert sind. Die Serie lebt zudem vom latenten Subtext der untergegangenen DDR: so etwa durch die autoritäre und obrigkeitsgläubige Kriminalrätin Dr. Müller-Dietz (die noch fließend Russisch spricht) oder durch die Milieubeschreibungen des strukturschwachen Ostens (dargestellt beispielsweise anhand von Klaras dauerschwangeren Schwester, die in der Küche ihres Eigenheims einen Frisörsalon betreibt).

Religion ist ein auffällig häufiges Thema in *Alles Klara*, was umso erstaunlicher ist, als dass in den neuen Bundesländern die Dechristianisierung weiter vorangeschritten ist als in den alten. In einigen Fällen beherrscht die religiöse Thematik sogar eine ganze Serienfolge („Tod unter dem Kreuz", 2017).

## ■ RENTNERCOPS

Die Krimiserie *Rentnercops* wird seit 2015, nach dem Ende des Labels „Heiter bis tödlich", ausgestrahlt. Bisher sind 6 Staffeln mit insgesamt 76 Folgen produziert worden (Stand Mai 2023). Nach dem Tod eines der beiden „Rentnercops" (Wolfgang Winkler im Dezember 2019) wurde die Rolle des Günter Hoffmann durch Peter Lerchbaumer ersetzt. Als im Juni 2020 auch der andere Polizist (Tilo Prückner als Edwin Bremer) verstarb, wurden ab Staffel 5 die beiden „Rentnercops" und deren familiäres Umfeld völlig neu besetzt. Trotzdem konnte der witzige Charakter der Serie beibehalten werden, wofür auch der gestiegene Marktanteil von über 12 % spricht.

Die Serie setzt sich auf humoristische Weise mit dem Altern und Altsein auseinander. Die beiden pensionierten Polizisten Edwin Bremer und Günter Hoffmann (bzw. ab Staffel 5 Reinhard Bielefelder und Klaus Schmitz) werden wegen Personalmangels wieder in den aktiven Polizeidienst in Köln verpflichtet. Zwar ermitteln die Beiden eher in realistischen Kriminalfällen, aber im Vordergrund steht neben der Polizeiarbeit auch das familiäre Umfeld des Familienmenschen Hoffmann bzw. das einsame Leben des verwitweten Eigenbrötlers Bremer. Ähnlich wie bei *Alles Klara* trifft das Etikett „Schmunzelkrimi" auch auf *Rentnercops* zu, wobei es hier häufiger zu Tabuverletzungen kommt (Witze über die lesbische Chefin und den aus China stammenden jungen Polizeimitarbeiter).

Religion kommt in dieser Serie nur selten vor. Kaum eine Folge spielt im religiösen Milieu oder behandelt im Wesentlichen ein religiöses Thema – mit Ausnahme einer Folge über Engelglauben. Gelegentlich entspannen sich kurze Dialoge, wo über Vergänglichkeit und Tod gesprochen wird und damit Religiöses implizit in den Blick genommen wird.

### ■ WAPO BODENSEE

Die Serie *Wapo Bodensee* kann als Nachfolgerin der zwischen 2002 und 2016 ausgestrahlten Reihe von Tatort-Folgen, die in Konstanz am Bodensee handeln, angesehen werden. Seit Anfang 2017 wurde in 7 Staffeln insgesamt 76 Folgen ausgestrahlt (Stand Mai 2023). Der Marktanteil liegt durchschnittlich bei zwischen 9 % bis 10 %.

Im Zentrum der Serie steht die Wasserschutzpolizistin Nele Fehrenbach, die nach ihrer Scheidung mit den beiden Kindern von Hamburg nach Konstanz zieht, wo ihre Mutter ein feudales Haus mit Seeanstoß bewohnt. Wie schon die Tatort-Krimis setzt auch diese Serienfolge auf stimmige Bilder aus der Bodenseeregion. Die Kriminalfälle sind realistisch dargestellt, viel Raum wird dabei auch Fehrenbachs Privatleben gewährt: ihre Affäre mit einem Schweizer Seepolizisten, die schwierige Beziehung zu ihrer Mutter, die Probleme mit den pubertierenden Kindern. Religion kommt kaum vor. Allerdings spielt eine ganze Serienfolge im Umfeld eines Männerklosters, worauf ich eingehend zu sprechen kommen werde.

### ■ WATZMANN ERMITTELT

Die Serie *Watzmann ermittelt* ist die jüngste der hier untersuchten Serien. Seit Mai 2019 wurden in 3 Staffeln 39 Folgen ausgestrahlt (Stand Mai 2023). Der Marktanteil liegt etwas über 10 %.

Die Serie spielt in Berchtesgaden, im Schatten des Watzmann-Gebirges, wo ein ungleiches Polizistenduo ermittelt. Benedikt Beissel (verkörpert von Andreas Giebel, der auch in *München 7* den Polizisten Xaver Bartl gespielt hat) ist ein einheimischer, etwas behäbiger Ermittler, während sein neuer Kollege Jerry Paulsen aus der Großstadt Hamburg in den Süden gezogen ist. Das Familienleben der Beissels spielt eine große Rolle, nicht zuletzt, weil der Kollege Paulsen – smart, weltoffen und schwarz – mit Beissel älterer Tochter Johanna liiert ist. Religion wird bisher nicht eigens thematisiert, kommt aber in der Figur des schrulligen katholischen Gemeindepfarrers Hölleisen vor.

# 1.
## HOMO RELIGIOSUS

Beginnen wir die Untersuchung mit der Frage, wie in den Vorabendserien der religiöse Mensch dargestellt wird. Als erstes untersuchen wir die Hauptfiguren bzw. die permanenten Serienfiguren, zu denen der Rezipient eine besondere Beziehung herstellt, sei es durch Identifikation oder Antipathie. Dann wenden wir uns einzelnen religiösen Figuren zu, die in den Serienfolgen auftauchen.

### DIE HAUPTFIGUREN UND IHRE RELIGIOSITÄT

Die Hauptfiguren der Krimiserien, also die Ermittler und ihr Umfeld, sind praktisch ohne Ausnahmen keine religiösen Menschen. Ihre religiöse Verortung bleibt meist unklar, im Allgemeinen wird sie überhaupt nicht thematisiert. Kommen die Figuren im Zuge ihrer Ermittlungen mit Religion in Kontakt, reagieren sie irritiert oder abweisend. So zeigen der Polizist Hubert und sein Vorgesetzter Girwidz in „Nonnenlos" (2019) aus der Serie *Hubert ohne Staller* völliges Unverständnis für die klösterliche Welt, und Polizist Schott in der *Wapo Bodensee*-Folge „Tödliches Schweigen" (2019) ist von der Realität der Klosterwelt so sehr irritiert, dass er den Abt des Klosters Armenau mehrmals verbal attackiert.[1] Als Kommissar Paul Kleinert aus der Serie *Alles Klara*, in der Folge „Im Namen des Vaters" (2013), seiner Sekretärin telefonisch mitteilt, er sei gerade in der Kirche, erntet er ein ungläubiges „Sie?", worauf er kontert: „Ja, wir beten auch nicht, wir ermitteln."[2] Generell stehen die Hauptfiguren aus *Alles Klara* der religiösen Sphäre mit Skepsis gegenüber. In der oben erwähnten Folge, in der neben dem Gemeindepfarrer mehrere religiöse Personen auftreten (dazu Näheres weiter unten), übernimmt die Sekretärin Klara Degen Versatzstücke aus der religiösen Sprache, allerdings in parodistischer Weise: „So, mal die Kirche im Dorf lassen. […] Bevor wir alle den Teufel an die Wand malen."[3] Ihr Chef Kleinert spricht deutlich aus, was er vom Glauben hält: „Mit ihrem Glauben liegen sie einmal gar nicht so falsch. Glauben heißt: nicht wissen."[4] Damit stellt er den alltäglichen Gebrauch des Verbs „glauben" – im Sinne von „für wahr halten, weil sicheres Wissen nicht vorhanden ist" – dem religiösen Sprachgebrauch gegenüber, wo „glauben" entweder das sichere Glaubenswissen bedeutet (fides quae creditur) oder eine existentielle Grundhaltung gegenüber dem Zuspruch Gottes meint (fides qua creditur).

Ein ähnliches Wortspiel mit dem Begriff „glauben" findet sich in der Folge „Aliens" (2020) aus *Rentnercops*, wo die Familie Hoffmann beim Abendessen über die Unsinnigkeit, an die Existenz von UFOs zu glauben, diskutiert.[5] Die Mutter Tina erklärt: „Ich glaube, unsere Kinder können sehr wohl entscheiden, was sie glauben und was nicht." Hier kann „glauben" sowohl einen erkenntnistheoretischen Akt (also für wahr halten) meinen, als auch im religiösen Sinne verstanden werden. Der kleine Joshua wischt beide Möglichkeiten vom Tisch, indem er eine dritte Verwendung vorschlägt: „Ich glaube, ich nehme noch einen Teller."

Die Kommissarin Sophie Haas aus *Mord mit Aussicht* scheint eine besondere Aversion gegen Religion zu haben. Mehrere Male mokiert sie sich über Religiosität, insbesondere den in der Eifel vorherrschenden Katholizismus. In „Marienfeuer" (2008) spottet sie über eine angebliche Marienerscheinung in der Kapelle Dümpelbach (dazu weiter unten). Zusammen mit ihrem Liebhaber, dem Bürgermeister Jan Schulte, verhöhnt sie in der Folge „Spuk in Hengasch" (2014) ein großes hölzernes Kruzifix, das im Garten ihres Hauses aufgestellt ist.[6]

Die beiden anderen Hauptfiguren der Serie *Mord mit Aussicht*, die Polizisten Dietmar Schäffer und Bärbel Schmied, stehen der Religion unverkrampfter gegenüber. Sie gehören aber zur örtlichen Dorfgemeinschaft, wo der Katholizismus offensichtlich zum lokalen Brauchtum gehört – ganz im Gegensatz zu der aus der Großstadt Köln zugezogenen Chefin Haas. Vom Polizisten Schäffer erfahren wir beiläufig, dass er Religion praktiziert: Er gehe jeweils beim katholischen Pfarrer Lepetit zur Beichte.[7] Seine Kollegin Bärbel Schmied nimmt aktiv an den religiösen Riten der Dorfgemeinschaft teil. In der Folge „Blutende Herzen" (2010) wird die Totenwache dargestellt, die von den Frauen des Orts in traditioneller Weise abgehalten wird, nachdem eine alte Bäuerin gestorben ist.[8] Die Alte liegt im Bett, einen Rosenkranz in der Hand, die Betenden tragen alle dieselben blauen Westen mit aufgestickten Blumen. Im Hintergrund brennen zwei rote Grablichter. Langgezogene tiefe, leicht überblasene Flötenklänge verleihen der Szene eine beklemmende Atmosphäre. Die junge Polizistin Bärbel, eine der Hauptfiguren der Serie, liest einen Psalmvers: „Ich liege und schlafe ..." (Ps 4,9). Dabei nimmt sie die Bibel ganz selbstverständlich in die Hand und findet die gesuchte Stelle ohne Schwierigkeiten.

Der Rentnercop Edwin Bremer (aus der gleichnamigen Serie) ist ein philosophischer, aber auch zynischer Mensch. In der Folge „Willkommen im Chaos" (2018) diskutiert er mit seiner Chefin Vicky Adam über die Frage der ethischen Grundlagen zum Designen von Kindern.[9] „Die spielen Gott", wirft Bremer den Forschern vor, die ein Patent zur Genmanipulation einreichen wollen. „Sie glauben doch gar nicht an Gott", entgegnet die Chefin, worauf Bremer zurückgibt: „Ich glaube an eine natürliche

Ordnung im Chaos. Und da hat der Mensch nichts darin rumzupfuschen." In einer späteren Serienfolge, „Aus Liebe" (2020), legt Bremer eine ambivalente Haltung gegenüber religiösen Objekten zutage, indem er ein in seinem Krankenzimmer an der Wand hängendes Kruzifix nachts abhängen muss, um ruhig schlafen zu können.[10] Der junge Polizeianwärter mit chinesischen Wurzeln, Hui Ko, in derselben Serie erklärt ausdrücklich seine religionskritische Haltung: „Ich bin nicht religiös. Religionen sind von Menschen gemacht. Alle Religionen."[11]

Kommissar Bremer spricht in der Rehabilitationsklinik mit einem Kruzifix an der Wand, das er nachts abhängen muss, um ungestört schlafen zu können.

*Rentnercops*, Folge 53, „Aus Liebe" (min. 39:48)

In der Folge „Herr Ko vegan" (2020) aus *Rentnercops* philosophiert der schon ältere und etwas dusslige Polizeipräsident Plocher vor dem anstehenden Besuch bei der Rechtsmedizin angesichts der dort zu erwartenden Leichen über das Thema Wiedergeburt, ohne dabei konkret den Buddhismus (oder den Hinduismus) anzusprechen:

„Wissen Sie, was das Problem bei der Wiedergeburt ist? Ja, man lebt nicht intensiver. Sondern einfach immer nur so weiter, also immer wieder von vorne. [...] Überlegen Sie doch mal. Wenn Sie immer wiedergeboren werden, dann lernen Sie unzählige Male laufen, kommen in die Schule, streiten sich mit ihrer Schwiegermutter. Und dann fallen Ihnen die Haare aus und dann sind Sie tot. Und dann geht es von vorne los."[12]

Sein Untergebener, der Rentnercop Hoffmann, kommentiert lapidar: „Sie haben definitiv nicht ihre Tabletten genommen", und erklärt damit die spontane religiöse Äußerung Plochers als senile Anwandlung, der man gewöhnlich mit Medikamenten beikommt. Auch in einer weiteren Folge („Aliens" aus dem Jahr 2020) spottet Hoffmann über religiöse Menschen. Als sein Kollege sich über eine Gruppe von UFO-Sichtern und Präastronautik-Anhänger mokiert – „Aber die, die reden mit Außerirdischen!" –, entgegnet Hoffmann: „Es gibt Leute, die reden mit Gott, und da macht sich auch keiner lustig."[13]

In der *Serie Hubert und/ohne Staller* gehört der Katholizismus im ländlichen bayrischen Milieu zum Lokalkolorit. Allerdings wird Religion hier, entsprechend dem klamaukigen Serienformat, immer wieder persifliert. Als die Polizisten in der Folge „Ein Ton zuwenig" (2012) erfahren, dass der Pfarrer Michael Engel heißt, kommentieren sie sogleich. „Ist wohl eher ein Künstlername?"[14] In der Folge „Die letzte Ruhe" (2014) werden die beiden Polizisten Hubert und Staller wegen ihrer Respektlosigkeit gegenüber religiösen Dingen sogar von der Mesnerin zur Rede gestellt: „Welcher Religion gehören Sie beide eigentlich an?"[15] Hubert antwortet mit dem bekannten Kalauer: „Ich bin Atheist. Gott sei Dank!"[16] Staller hingegen bekennt: „Nein, ich bin schon katholisch." Um sich in das „klerikale Milieu" einzuarbeiten, vertieft sich Staller in die Lektüre der Bibel, was sein Chef Girwidz zur Bemerkung veranlasst: „Wenn Sie darin nach Mordmotiven suchen, kommen Sie aus dem Ermitteln nicht mehr heraus."[17] Hier wird die Bibel (gemeint wohl insbesondere das Alte Testament) als „ein Mischmasch von Irrtum und von Gewalt" aufgepasst, um ein berühmtes Diktum von Goethe aufzugreifen.[18] Doch eigentlich ist auch Staller nur auf dem Papier Katholik, wie er in derselben Folge andeutet: „Seit der Kommunion, da ist es zeitlich halt bei mir alles etwas eng. […] Ich bin der katholischen Kirche sehr verbunden. Das ist von meiner Seite her ein einziges Geben… jeden Monat."[19] Damit werden jene Menschen karikiert, die zwar religiös sozialisiert worden sind, aber seit den religiösen Übergangsriten (Erstkommunion, Konfirmation) als Erwachsene nur noch durch das Zahlen der Kirchensteuer Mitglied ihrer Religionsgemeinschaft sind.

Für den atheistischen Hubert hingegen ist die religiöse Sozialisation im katholischen Milieu nichts anderes als Zwang, wenn sie auch offensichtlich relativ effizient gewesen war. So ist er in der Lage, im Streifenwagen den Anfang von *Dies irae, dies illa* vor sich hinzuschmettern, ausgerechnet die Sequenz der gregorianischen Totenmesse.[20] Zusammen mit Staller singt er ein andermal, ebenfalls im Streifenwagen, Paul Gerhardts Kirchenlied *O Haupt voll Blut und Wunden*, das aus Bachs *Matthäuspassion* bekannt ist („Heiliger Zorn", 2017)[21]. In derselben Folge macht sich Hubert über die abergläubischen Ängste seines Kollegen lustig, indem er ein buntes Durcheinander an biblischen Plagen und Katastrophen aufzählt.[22]

In der Folge „Nonnenlos" (2019) stellt der degradierte, ehemalige Polizeirat Girwidz Betrachtungen über die Religion an.[23] Seine Frage: „Glauben Sie an Gott, Hubert?" wird von seinem Polizeikollegen sogleich in ein anderes Register übergeleitet: „Ja, als Kind, da muss ich's", womit Hubert auch impliziert, dass er als Erwachsener nicht mehr glaubt. Religion ist demnach eine Sache für Kinder und nicht für mündige Erwachsene, und sie findet unter Zwang statt. Girwidz fasst seinen Glauben in einer unbestimmten, deistischen Formel zusammen: „Ja, ich glaube schon, dass es da

1. HOMO RELIGIOSUS

im Universum etwas Größeres gibt als wir selbst." Er fügt auch gleich eine persönliche Erinnerung hinzu, als er als Zwölfjähriger im Kirchenchor gesungen habe und in die Tochter des Kantors verliebt gewesen sei, und zitiert dabei eine Stelle aus der Perikope von der Hochzeit zu Kana (Joh 2,3–4), die ihm von damals noch im Gedächtnis geblieben ist. Auch für Girwidz ist Religion letztlich nur eine nostalgische Kindheitserinnerung, die zudem mit einer jugendlichen Schwärmerei verbunden ist. Sein Kollege Hubert kippt die religiöse Diskussion mit einem etwas hölzernen Kalauer endgültig ins Lächerliche. Als er erfährt, dass Girwidz' Jugendliebe heute Fernfahrerin sei, meint er: „Da hat sie auch ein paar Anhänger. Wie der Heiland." Ob Girwidz wirklich religiös ist oder ob er seine Religiosität angesichts des bayrischen Umfelds nur als opportunistische Fassade vorschiebt, lässt sich schwer entscheiden. In der Folge „Heiliger Zorn" (2017) bezeichnet sich Pfarrer Wiedemann jedenfalls als den „Hirten" von Girwidz, und dieser nennt sich selber das „Schäfchen" des Pfarrers.[24] Der Polizeirat verabschiedet sich bei „Hochwürden" mit „Gelobt sei Jesus Christus" und der Pfarrer antwortet „In Ewigkeit, Amen. Behüt dich Gott, mein Sohn" und segnet Girwidz. Später erfahren wir, dass Girwidz tatsächlich bei Pfarrer Wiedemann zur Beichte war.[25] Diese besteht allerdings in dem komischen Geständnis, dass er seinen Untergebenen vorgegaukelt habe, aus eigener Kraft abgenommen zu haben, während er sich in Wahrheit in einer Klink das Fett absaugen ließ. Der Pfarrer auferlegt ihm die Strafe, zehn Tage zu seinen Untergebenen äußerst zuvorkommend zu sein.[26]

Polizist Staller, in der Folge „Ein Ton zuwenig" (2012), macht sich nach einem Besuch auf dem Friedhof Gedanken über die Vergänglichkeit. „Aber sonst ist alles ok bei Dir?", erkundigt sich Kollege Hubert.[27] Geradezu respektlos benimmt sich Staller in der Folge „Die letzte Ruhe" (2014), wo er in der Abdankungskapelle Hostien aus der Patene knabbert und mit Messwein herunterspülen will.[28] Ferner macht Hubert später einen

**Polizist Staller bedient sich respektlos an Hostien und Messwein. Man beachte das üppige barocke Dekor im Hintergrund.**

*Hubert und Staller*, Folge 41, „Der Flug des Phoenix" (min. 2:25)

unangebrachten Vergleich zwischen dem ermordeten Pfarrer und Jesus und bezeichnet die Hostien als „Dinger".[29]

Der Zusammenhang zwischen der katholischen Identität der Bayern und der nicht vorhandenen Gläubigkeit wird in einem Gespräch zwischen Polizeirat Girwidz und seinem Untergebenen Riedel auf den Punkt gebracht („Der Flug des Phoenix", 2015):

„Sagen Sie mal, Riedel. [...] Sie gehen doch jeden Sonntag in die Kirche?"
„Ich? Nein."
„Aber Sie glauben doch an den lieben Gott?
„Nein!"
„Aber Sie sind doch katholisch?"
„Logisch."
„Ja, das muss reichen."[30]

Dieser komische Dialog erinnert entfernt an Molières „Moine-bourru" aus *Dom Juan* (Akt III, Szene 1), wo Sganarelle seinen Herrn über dessen Glauben ausfragt und mit Entsetzen feststellt, dass Dom Juan an nichts glaubt, nicht einmal an den legendären „bösen Mönch".

In einer anderen Folge („Der letzte Akkord", 2016) überbieten sich Hubert und Staller gegenseitig mit abergläubischen Vorstellungen aus dem katholischen Brauchtum („Keine Weihnachtslieder außerhalb der Saison. Sonst stirbt ein Verwandter.")[31]

Abgesehen von *Hubert und/ohne Staller* sucht man in anderen Vorabendserien vergebens nach wirklich religiösen Hauptfiguren, zumindest in den Folgen der letzten zwanzig Jahren. In der Serie *Großstadtrevier*, die seit 1986 läuft, gab es eine Zeit lang eine Hauptfigur, die religiös angelegt war. Dietmar Steiner (gespielt von Edgar Hoppe) war von Anfang an bis zur Folge 191 von Staffel 17 („Das Leben ist schön", 2003) mit dabei. Mit seiner etwas frömmelnden Art könnte man ihn in einem pietistischen oder evangelikalen Milieu verorten. In den neueren Folgen, ab der Folge 289 von 2010, ersetzt die Figur des Hannes Krabbe den Typus von Steiner. Krabbe (gespielt von Marc Zwinz) hat von seinem Vorgänger nicht nur den fülligen Typ, sondern auch den bemutternden Charakter und das Liebenswürdig-Behäbige übernommen; den religiösen Charakter seines Vorgängers hat er jedoch vollständig abgelegt. Einen Hinweis auf die religiöse Verortung der Hauptpersonen aus der Serie findet man nur ganz zufällig, etwa wenn Polizist Dirk Matthies in der Folge „Hafenpastor – Der Schein trügt" (2009) Patenonkel des kleinen Jungen des Pastors werden soll. Aber hier geht es mehr um eine sozial-kulturelle Rolle als um eine religiöse Funktion. Sonst wird von Matthies keine besondere Religiosität erwähnt, außer dass er gegenüber dem Hafenpastor die Redewendung „Dein Wort in Gottes Ohr!"[32] verwendet und später die Verwandlung eines einstigen Kriminellen mit dem geflügelten Wort „Vom Saulus zum Paulus"[33] kommentiert. Eine interessante Ausnahme bildet die Polizistin Harry Möller, die ursprünglich aus Griechenland stammt. In der Folge „Der Amisch" (2016), wo die Serienfolge Einblick in eine fremde Religionsgemeinschaft gibt,[34] gesteht die Polizistin Möller ihrer Chefin: „Ich hab' es selber nicht so mit der Kirche. Griechisch-orthodoxer Gottesdienst bis ich dreizehn war. Jeden Sonntag. Das reicht für ein Leben." Nach einer Pause fügt sie hinzu: „Was allerdings nicht heißt, dass ich nicht an Gott glaube."[35] In ihrem Geldbeutel steckt dann auch eine Abbildung einer griechischen Ikone mit der Gottesmutter Hodegetria.[36] In einer dramatischen Situation, als ein junger Amisch sich vor ihren Augen erschießen will, gelingt es ihr, ihn mit einem Bibelzitat von der Tat abzuhalten, dazu noch unter Angabe von Buch und Kapitel: „Heißt es nicht: Den Reumütigen gewährt Gott Umkehr. Buch Jesus Sirach Kapitel siebzehn. Und tröstet die Hilflosen."[37]

## RELIGION ALS WAHN UND WAHNSINN

Wenden wir uns nun den nicht ständigen Figuren zu, die jeweils nur in einer einzigen (oder in wenigen) Serienfolgen auftreten, und untersuchen wir deren religiöses Profil. In einer ersten Typologie des *homo religiosus* erscheint Religion als Wahn oder Wahnsinn.

Die Nonne Lara in der Folge „Nonnenlos" (2019) aus *Hubert ohne Staller* stammt aus einem katholischen Elternhaus. Ihr Vater, der sich selber als religiös bezeichnet, ist eine eigenartige verschrobene Gestalt mit fast schon pathologischen Zügen. Er erscheint vor den Polizisten, die ihn befragen wollen, mit einer riesigen toten Ratte und faselt etwas über Ungeziefer und den Atomkrieg.[38] Schwester Lara selber ist im religiösen Wahn geradezu gefangen. Sie hat ihren ehemaligen Liebhaber, einen verheirateten Juwelier, mit einem Ziegelstein beinahe getötet. Am Schluss der Folge kehrt sie ins Kloster zurück und vollzieht in den unterirdischen

Schwester Lara wirft aus enttäuschter Liebe einen Ziegelstein ins Fenster eines Juweliergeschäfts.

*Hubert ohne Staller*, Folge 130, „Nonnenlos" (min. 01:32)

Kellergewölben ein finsteres Ritual, wo sie Jesus um Verzeihung für ihre Sünden bittet.[39]

In der Folge „Ein Tag in München" (2015) aus *München 7* beichtet ein junger Mann beim Pfarrer in der Heilig-Geist-Kirche den Mord an seinem Bruder. Sofort vermutet Polizeikommissarin Eichenseer einen „religiösen Fanatiker".[40]

In „Im Namen des Vaters" (2013) aus *Alles Klara* tritt eine ältere Haushälterin auf, Frau Malinckrodt, die ihren Herrn Pfarrer vor jungen Frauen schützen will, die ihn angeblich verführen wollen. In ihrem Wahn geht sie soweit, dass sie zwei junge Frauen tötet und am Schluss der Folge auch noch versucht, die Polizeisekretärin Klara Degen, die ihr auf die Schliche gekommen ist, aus dem Weg zu räumen.[41] Auf einem Wall, der den Friedhof umgibt, nähert sie sich heimlich von hinten. Ihre wahnhafte Besessenheit wird von der subjektiven Kamera unterstützt, die ihr Heranpirschen aus einer verwackelten Perspektive zeigt. Als sie Klara in die Tiefe stößt, zitiert sie einen Vers aus dem Alten Testament: „Die Rache ist mein. Ich will vergelten, spricht der Herr." (Dtn 32,35) Wie wir weiter oben schon gesehen haben, erscheint auch hier das Alte Testament als eine Ansammlung von Rache und Gewalt.

**Klara Degen sucht auf dem Friedhof Empfang „von oben", während sich von hinten die fanatische Haushälterin Malinckrodt nähert, um sie zu töten.**

*Alles Klara*, Folge 17, „Im Namen des Vaters" (min. 42:38)

In der bereits erwähnten Folge von *Mord mit Aussicht* mit dem Titel „Blutende Herzen" (2010) kommen zwei besondere religiöse Figuren vor, die Mitglieder einer Freikirche sind; ich werde im Kapitel über „Freikirchen und Sekten" darauf ausführlich zurückkommen. Die eine religiöse Figur ist Margot, die infolge einer schweren Hirnhautentzündung geistig stark zurückgeblieben ist, oder wie es der Polizist Schäffer politisch unkonkret ausdrückt: „komplett lala"[42]. Sie soll laut ihrem ehemaligen Klassenkameraden Zielonka „unter religiösen Wahnvorstellungen" leiden.[43] Margot ist wortkarg und meist mit einfachen manuellen Arbeiten beschäftigt. Wir sehen sie oft bei religiösen Verrichtungen: Wie sie mit monotoner Stimme Gebete herunterleiert, aus der Bibel zitiert oder inbrünstig Kirchenlie-

**Die debile Margot im Zimmer der verstorbenen Bäuerin.**
*Mord mit Aussicht*, Folge 7, „Blutende Herzen" (min. 26:48)

der singt. Sie ist Mitglied der „Kirche des blutenden Herzens Mariä", deren korrekte Bezeichnung sie nicht einmal auszusprechen imstande ist.[44] Ihr Verhalten wird auf der Metaebene karikiert: Nachdem ihre Schwester ermordet worden ist, zitiert Margot das fünfte Gebot, „Moses sagt, du sollst nicht töten", was die Polizistin Bärbel mit „Das sieht die Polizei auch so" kommentiert.[45] Auch den Mord an ihrer Schwester, die durch einen Nagel in den Schädel getötet worden ist, gesteht sie verschlüsselt durch ein Bibelzitat aus dem Buch der Richter: Sie erwähnt Jael, die dem kanaanitischen Feldherrn Sisera einen Zeltpflock in den Schädel rammt (Ri 4,21).[46] Als Margot die Polizeikommissarin Haas, die ihr auf der Spur ist, brutal niedergeschlagen hat und fürchten muss, sie getötet zu haben, rezitiert sie Bibelverse: „Ach Gott, dass du tötest die Gottlosen, und die Blutgierigen von mir weichen."[47] (Ps 139,19). Angesicht ihrer Untaten bezeichnet sie sich als bloßes „Werkzeug Gottes".[48]

Die andere religiöse Figur dieser Serienfolge ist Sabine Ohlert, „Säulenheilige des Landkreises"[49]. Auf einem Schützenfest bandelt die Kommissarin Sophie Haas mit einem jungen Mann an. Doch bevor die Beiden zu einem erotischen Abenteuer aufbrechen können, kommt die „charmante Dame mit dem Oberlippenbärtchen", dazwischen. Ihr missbilligender

**Die böse Sabine Ohlert, die Säulenheilige mit Oberlippenbärtchen.**
*Mord mit Aussicht*, Folge 7, „Blutende Herzen" (min. 35:07)

Blick schlägt den offenbar verheirateten Romeo in die Flucht. Der religiöse Mensch, verkörpert durch die bigotte Sabine Ohlert, wird als physisch unattraktiv dargestellt: Eine Frau mit Oberlippenbärtchen ist eine Karikatur des Weiblichen, hässlich und physisch „denaturiert". Gleichzeitig wird ein weiteres Klischee des religiösen Menschen vorgestellt, die Lust- und Sexualfeindlichkeit. Frau Ohlert ist zudem eine Verfechterin traditioneller Rollenbilder: Sie hält Polizistin für keinen geeigneten Beruf für Bärbel Schmied und bezeichnet die gesellschaftlichen Verhältnisse, wo eine Frau Leiterin der Polizeiwache ist, als „Sodom und Gomorrha"[50] Sie weigert sich, von einer Polizistin befragt zu werden, beschimpft diese als „Ehebrecherin" und „Flittchen". Mit dem Zitat aus Hesekiel 23,19 bezeichnet sie die Revierleiterin sogar als Hure Babylon.[51] Die aggressive und abgrundtief bösartige Sabine Ohlert wird nicht nur als bigott, sondern auch als psychisch angeschlagen charakterisiert, was unter anderem durch ihr manisches Augenzucken gezeigt wird.[52] Die religiösen Figuren der Folge „Blutende Herzen" sind nicht einfach nur negativ dargestellt, sie sind auch die Täter, die aus unterschiedlichen Motiven handeln: Die eine aus Habgier, die andere aus geistiger Verwirrung und unter Medikamenteneinfluss. Hier wird Religiosität nicht bloß als skurril, sondern als gesellschaftsbedrohend dargestellt.

Eine besonders skurrile Figur, deren religiöser Wahn sie ebenfalls zum Morden treibt, ist die Person der Frau Dr. Hornbostel[53] aus der Folge „Adalmars Fluch" (2016) von *Alles Klara*. Die Leiterin des Quedlinburger Stadtarchivs macht zunächst einen ganz normalen Eindruck. Sie ist etwa Ende vierzig, schlank, hat kurz geschnittenes Haar und trägt schlichte Kleidung. So wirkt sie gestreng, allenfalls leicht fanatisch. Später stellt sich heraus, dass sie Anhängerin einer besonderen religiösen Praxis ist, nämlich eines germanisch-neuheidnischen Kultes. Für ihren Götzen Adalmar ist sie bereit, einen Hobby-Schatzsucher zu töten und zwei Polizeibeamte als Opfer darzubringen.[54]

## RELIGION FÜR KINDER UND ALTE

Gleich mehrere religiöse Menschen treten in der Folge „Marienfeuer" (2008) aus *Mord mit Aussicht* auf. Zu Beginn der Folge wird ein nächtlicher Prozessionszug mit Fackeln gezeigt, an dem die Bevölkerung des Ortes Dümpelbach teilnimmt. Der voranschreitende Priester psalmodiert mit lauter Stimme Anrufungen Mariens. Der pensioniert Arzt Hannes Haas sieht plötzlich am Wegrand hinter einem Baum eine junge Frau in einem weiten blauen Mantel stehen. Die Filmmusik suggeriert mit langen Vokalisen eine übernatürliche Erscheinung. Als der Arzt seiner Tochter, der

Polizistin Sophie Haas, später gesteht, dass er an einer Marienprozession teilgenommen habe, ist diese entsetzt: „Papa, du bist doch Atheist!" Worauf ihr Vater antwortet: „Gott sei Dank."[55] Dieses Paradox erinnert an „Ich glaube, hilf meinem Unglauben!" aus dem Markusevangelium (Mk 9,24). Sophies Vater verteidigt sich: Gegen seine Rückenprobleme könne er es ja auch mit der Jungfrau Maria versuchen. Am Ende der Folge entspannt sich zwischen Vater und Tochter noch einmal ein Dialog über Religion. Hannes Haas wirft seiner Tochter vor, dass sie überhaupt nicht beten könne.[56] Sie bezeichnet sich ironisch als „Beterin vor dem Herrn"[57] und beginnt, den Anfang des Rosenkranzes herunterzuleiern.

Das Thema der Marienerscheinung wird später in der Folge wiederaufgenommen, als davon die Rede ist, dass in einer Kapelle bei Dümpelbach 147 Jahre zuvor die Jungfrau Maria erschienen sei und zur Bevölkerung gesprochen habe.[58] Das Jahr 1861 (vom Ausstrahlungsjahr 2008 aus zurückgerechnet) würde in die Zeit des Kulturkampfes verweisen. Nachdem Papst Pius IX. 1854 das Dogma von der Unbefleckten Empfängnis Mariens verkündet hatte, kam es 1858 in Lourdes zu den berühmten Marienerscheinungen der Bernadette Soubirous. Die Marienerscheinung in „Dümpelbach" hingegen wird bereits durch die Wahl des Ortsnamens lächerlich gemacht. Die Polizeikommissarin Haas kommentiert denn auch ironisch, Maria habe den Menschen wohl zugerufen: „Schmeißt hin eure Krücken und Gehhilfen und haut schnell ab aus Dümpelbach."[59] Der einzige „Zeuge", der die Frau als Maria identifiziert, ist ein kleiner Junge.[60] Dies erinnert daran, dass oft Kinder davon berichteten, solche Erscheinungen gehabt zu haben, wie zum Beispiel 1917 die drei Hirtenkinder im portugiesischen Fátima. Doch die Mutter des kleinen Fabian zieht die angebliche Marienerscheinung in Zweifel, da der Junge die Woche zuvor auch Käpt'n Blaubär im Supermarkt gesehen haben will. Sophie Haas erklärt Marienerscheinungen grundsätzlich als ein rückständiges Phänomen der Landbevölkerung in der Eifel: „Da trinkt mal einer einen über den Durst und statt dass sie hier mal grüne Männchen sehen, muss er gleich mal eine Marienerscheinung haben."[61]

Die ermordete Frau, die von dem Jungen fälschlich für die Jungfrau Maria gehalten wurde, soll eine sehr gläubige Frau gewesen sein, wie ihre Nachbarin staunend zu berichten weiß: „Auch ungewöhnlich für so eine junge Frau."[62] Die Polizisten finden in ihrer Wohnung neben massenweise Fotografien ihres verheirateten Liebhabers auch religiöse Objekte wie Kreuze. „Das ist… ziemlich krank", kommentieren die Polizisten.[63]

Die Großmutter des kleinen Fabian, der die Muttergottes gesehen haben will, wird als unsympathische, bigotte Frau dargestellt. Beim Besuch der Polizistin Haas erklingt im bürgerlichen Wohnzimmer eine Mozart-

Messe.⁶⁴ Als ihr Sohn des Mordes angeklagt wird, besucht sie ihn in der Untersuchungshaft und macht ihm selbstgerecht moralische Vorwürfe. „Das sechste Gebot Gottes: ‚Du sollst nicht ehebrechen'. Jetzt siehst du, was passiert, wenn man die Gebote nicht achtet."⁶⁵

Die Figuren dieser Folge sind in ihrer religiösen Praxis alle unglaubwürdig: eine alte bigotte und verhärmte Frau, ein kranker, atheistischer Arzt, ein kleiner Junge mit viel Phantasie. Hinzu kommt wiederum die Figur des psychisch kranken religiösen Menschen. Die nächtliche Schlussszene spielt in der Marienkapelle Dümpelbach, wo die junge Gärtnereiangestellte Anke vor dem Altar der Gottesmutter kniet und sie um Verzeihung bittet, weil sie ihren Verlobten mit einem anderen, dazu noch verheirateten Mann betrügt.⁶⁶ Ihr psychisch angeschlagener Verlobter erscheint und droht sie zu töten. Auch wenn der junge Mann nicht explizit als religiös charakterisiert wurde, gestaltet sich die Szene in der Kapelle wie ein Holocaust, ein religiöses Opfer: Der Mann steht hinter dem knienden Opfer und faltet die Hände mit einem Messer.

Der psychisch angeschlagene Felix Franken will seine Verlobte Anke in der Marienkapelle opfern.
*Mord mit Aussicht*, Folge 4, „Marienfeuer" (min. 43:39)

## RELIGION ALS LEBENSFEINDLICHER MORALISMUS

In mehreren Fällen werden religiöse Menschen als Personen mit rigidem, lebensfeindlichem Verhalten charakterisiert. Die „Säulenheilige mit dem Oberlippenbärtchen" Sabine Ohlert, die in der Folge „Blutende Herzen" aus *Mord mit Aussicht* der Sophie Haas ein amouröses Treffen mit einem verheirateten jungen Mann vermasselt, haben wir bereits kennen gelernt.⁶⁷

In der Folge „Bauer sucht Mörder" (2012) aus der Serie *Hubert und Staller* tritt eine fromme Kandidatin in der Heiratsshow „Ich mach dir den Hof" auf. Von den drei jungen Frauen, die gegeneinander antreten, um die Gunst eines reichen Bauern zu gewinnen, ist eine ermordet worden. Die beiden übriggebliebenen Kandidatinnen werden als gegensätzlich dargestellt. Kirsten Ullmann ist eine lebensfrohe Frau, die mit ihren Reizen nicht geizt: knappes Dirndl, weites Dekolleté, die Schultern frei, der Rock kurz, offene Locken, Augen und Lippen geschminkt. Wir erfahren zudem, dass diese junge Frau auch als Prostituierte tätig war. Ihre Konkurrentin, Melanie Bülow, hingegen vereint die Klischees einer prüden Frömmlerin: das Dirndl geschlossen mit Ärmeln, langer Rock, schmale Oberweite, das Haar geschlossen mit einer Spange zurückgehalten. Sie ist nicht geschminkt und trägt als einzigen Schmuck ein Medaillon an einem enganliegenden schwarzen Samtband um den Hals. Die junge Frau wird als farblos und moralinsauer dargestellt, die ihre Mitstreiterin als „dahergelaufenes Flittchen" abkanzelt.[68] Mit dem Mord konfrontiert, entgegnet sie empört: „Ich bin gläubige Christin. Ich verabscheue jede Form von Gewalt", was die Polizisten zu einer bösen Bemerkung zum Thema „Gewalt und Kirche" provoziert. Ganz gewaltlos scheint die Frau dann doch nicht immer zu handeln, hat sie sich doch einmal an eine Kirche gekettet, um den Abriss zu verhindern.[69] Immerhin gelangt die Frömmlerin an ihr Ziel, da der reiche Bauer sich am Ende für sie entscheidet.

Auch die Mesnerin des ermordeten Pfarrers in „Die letzte Ruhe" (2014) aus *Hubert und Staller*, Gisela Köhler, wird als eine Frau mit strengen katholischen Moralvorstellungen gezeigt. Sie trägt schwarze Kleidung, das dunkle Haar ist hinten zu einem Chignon gebunden. Ihr Blick ist stets hart und ihre Stimme forsch. In ihrer Wohnung finden sich zahlreiche religiöse Gegenstände. Wie oft katholische Pfarrer in den Serien stellt auch Frau Köhler die Polizisten zur Rede: Ob sie denn am Sonntag noch zur Kirche gingen?[70]

In der Folge „Der Frauenflüsterer" (2012) aus der Serie *Morden im Norden* wird der religiöse Mensch ebenfalls als moralisch, hier in Form von Lustfeindlichkeit, gezeigt. Der Schriftsteller Gustav Moretti veröffentlicht erotische Romane, die vor allem bei der weiblichen Leserschaft auf großes Interesse stoßen. Doch in Wahrheit ist es der unscheinbare Drucker Malte Henning, der die erotischen Romane geschrieben hat. Malte steht unter der Fuchtel seiner herrischen Frau Leni, die als bigott und prüde gezeigt wird. Schon ihr Äußeres verrät Lustfeindlichkeit: Sie trägt einen dunkelgrauen Rock, eine schlichte dunkelbraune Bluse und eine graue Strickjoppe. In der Druckerei hängt unübersehbar ein großes hölzernes Kruzifix, direkt über dem Erste-Hilfe-Kasten (eine witzige Anspielung auf den Beistand Gottes).[71] Frau Hennings Verhalten ist allerdings nur wenig christlich, hat sie doch Morettis Verleger mit wüsten Drohbriefen beschimpft. Konfrontiert mit den Vorwürfen, meint sie: „Ich stehe dazu. Gustav Erickson ist ein

Dreckschwein."[72] Als sie von Ericksons Tod erfährt, bekreuzigt sie sich sofort. „Gustav Erickson hatte sich gegen Gott versündigt. Aber ich bin nicht Gottes Richter auf Erden." Kommissar Kiesewetter bezeichnet sie später als „Moralapostel"[73]. Sie ist zwar am Ende nicht die Täterin, aber sie hat ihrem Mann gegenüber durch ihre rigiden Moralvorstellungen eine „Ehehölle" geschaffen, wodurch jener schließlich zum Mörder wurde.

Der Typus des moralisierenden christlichen Politikers kommt in mehreren Serien vor. In „Fahr zur Hölle" (2016) aus *Hubert und Staller* stellt sich der Lokalpolitiker Ferdinand Amberger gegen das Projekt eines Bordells in Wolfratshausen. Vor laufender Kamera setzt er sich medienwirksam in Szene: „Ich stehe entschieden für den Schutz von Ehe und Familie ein. [...] Gegen die Wollust und gegen die Verherrlichung der niederen Triebe, die eine Gefahr für uns alle darstellen."[74] Sein religiöser Hintergrund wird zwar nicht explizit erwähnt, aber das übergroße hölzerne Kruzifix in seinem Wohnzimmer spricht Bände.[75] Die Serienfolge bringt nicht nur Christentum und strenge Moral zusammen, es wird auch gezeigt, dass der moralisierende Diskurs von Amberger nur äußerer Schein war, denn der Politiker ist selber Stammkunde bei Prostituierten, und für die Bewahrung seines guten Rufes ist er sogar zu töten bereit.

Ganz besonders strenge lebensfeindlichen Moralvorstellungen kommen bei den Anhängern der Zeugen Jehovas vor, die in der Folge „Leonies letzter Abend" (2019) aus *Morden im Norden* auftreten. Renate Faber, die Mutter der ums Leben gekommenen Leonie, wird als eine verhärmte und sehr strikte Frau gezeigt. Als sie erfährt, dass ihre ermordete minderjährige Tochter eine Liebesbeziehung gehabt hat, weist sie dies empört, geradezu fanatisch zurück.[76] Der Vorsitzender des Ältestenrates, Johannes Brauweiler, ist ein hagerer, alter, glatzköpfiger Mann. Er trägt dunkle, unauffällige Kleidung. Sein zerfurchtes Gesicht wirkt verkrampft und sehr moralisch. Den Polizisten erklärt er die Sexualmoral der Zeugen Jehovas: „Sexuelle Handlungen sind vor der Ehe bei uns sündhaft und strengstens untersagt."[77] Später enthüllt er seine ganze fanatische Gesinnung, indem er das Verhalten des Mädchens als Sünde geißelt und ihren Vater, der sie dafür bestrafen wollte, in Schutz nimmt.[78] Auch Leonies Vater, den wir in einem Backflash auf die vergangenen Ereignisse kurz zu Gesicht bekommen, wird als fanatischer, herrischer Mensch dargestellt. Er trägt farblose Kleidung und hat einen verkrampften, moralischen Gesichtsausdruck. Seine Tochter, die er mit patriarchaler Strenge behandelt, beschimpft er als „Hure".[79] Der religiöse Fanatismus erweist sich in der Folge als fatal. Die 17jährige Leonie, die der erdrückenden Strenge ihres religiösen Elternhauses entfliehen wollte, hatte eine heimliche Liebesbeziehung mit einem jungen Mann. Als sie ihr Vater bei einem nächtlichen Treffen

## 1. HOMO RELIGIOSUS

überrascht, kommt es zu einem tragischen Unfall: Vom Vater geschlagen, stürzt das Mädchen und schlägt mit dem Kopf tödlich gegen einen Poller. Der Vater geht an der Schuld beinahe zugrunde. Bei einem Selbstmordversuch kann ihn seine Frau gerade noch vom Strick schneiden, aber die Folgen sind gravierend: Jakob Faber vegetiert von da an ohne Bewusstsein vor sich hin. Sein religiöser Fanatismus hat also das Leben seiner Tochter ausgelöscht und sein eigenes Leben zerstört.

Eine hinterhältige Figur ist auch die strenggläubige Gemeindeangestellte Monika Riedel in der Folge „Unterm Kreuz" (2017) aus der Serie *Alles Klara*. Die ältere Dame erscheint zunächst als eine verschrobene Gläubige. Nach dem Auffinden der Leiche sehen wir sie im Gebet versunken mit Gott hadern: „Wie kann der Herr so was zulassen? Manchmal, da macht er es einem wirklich nicht leicht."[80] Sie wird als eine mitfühlende Frau dargestellt, doch ihre Religiosität hat stereotype Züge. Sie trägt einen Anhänger in Kreuzform deutlich sichtbar über ihrem Rollkragenpullover. Als sie erfährt, dass Kriminalkommissar Lauer unverheiratet ist, bietet sie gleich an, für ihn zu beten, damit er eine Frau finde[81] – dazu schneidet sie ein recht dümmliches, aber beseligtes Gesicht. Auch später in der Folge drückt sie ihre Dankbarkeit gegenüber Klara Degen dadurch aus, dass sie für sie beten will.[82] Die Frau erweist sich zudem als recht rückständig. Einen Computer hätte sie nicht, gesteht sie dem Polizisten, „Wir schreiben da lieber mit der Hand oder mit der Schreibmaschine."[83]

Doch Frau Riedel verteidigt ihre strengen Vorstellungen von christlicher Moral mit unheiligen Mitteln. Denn tatsächlich ist die Frau hinterhältig und verschlagen. Die Gebete, mit denen sie die Männer der Kirchgemeinde dazu bringt, bei den Renovierungsarbeiten an der Kirche angeblich freiwillig und umsonst mitzuhelfen, sind nur scheinheiliges Gerede. In Wirklichkeit hat Frau Riedel zusammen mit den übrigen Frauen der Gemeinde ein Netz von Erpressungen ausgelegt, um die ehebrüchigen Männer zur Fronarbeit zu zwingen. Hier wird nicht bloß die Religiosität einer alten Frau als scheinheilig entlarvt, alle scheinbar so kirchentreuen Männer sind in Wahrheit Ehebrecher, die nur durch Erpressung bei der Stange gehalten werden können. Dass es andere Motive für religiöse Praktik geben könnte, wird lächerlich gemacht:

„Wie kann diese Monika gestandene Männer dazu bringen, in die Kirche zu gehen und diese sogar zu renovieren?", erkundigt sich Kommissar Lauer bei seinen Untergebenen.

„Die wollen ihrem Leben einen Sinn geben? Pfarrer Piepenbrink hat gesagt, so was kommt vor."

„Und? Glauben Sie das, Wolter?"

„Ich... ich bin nicht in der Kirche."[84]

Die angeblich religiösen Frauen, die sich tatkräftig in der Kirchgemeinde engagieren, handeln lediglich aus Rache gegenüber ihren untreuen Männern. Nicht einmal vor Mord schrecken sie zurück.[85]

Auch die Folge „Im Namen des Vaters" (2013) aus *Alles Klara* zeigt mehrere religiöse Figuren: den Gemeindepfarrer, seine fromme Haushälterin, einen alten, frömmelnden Mann, dessen Tochter, die Nonne werden will. Insgesamt ist das Bild des religiösen Menschen hier nuancierter gezeichnet als in anderen Serienproduktionen. Die Hauptperson, Martin Jentsch, ist ein fanatischer Katholik mit rigiden Moralvorstellungen. Er ist nach dem Tod seiner Frau zu einem hartherzigen Menschen geworden, der seine beiden Töchter tyrannisiert. Religion ist in seinem Fall die Antwort auf Schicksalsschläge; sie äußert sich in zwanghaft moralischem Verhalten, das auch der Umgebung aufgezwungen werden soll.

Ein besonderer religiöser Mensch ist Richter Ansgar Saathoff in „Heiliger Zorn" (2017) aus *Hubert und Staller*. Seine rigiden Moralvorstellungen sind Anlass zur Selbstzerfleischung und lassen ihn sogar zum Mörder werden. Saathoff, mit dem Spitznamen „Richter Dobermann", ist ein unangenehmer Mensch, ein scharfer Hund. Als gläubiger Katholik leidet er schrecklich unter seinen homosexuellen Neigungen. Er hatte ein Verhältnis mit einem jungen Mann gehabt, den er darauf zu Unrecht ins Gefängnis gebracht hatte. Er beichtet dies Pfarrer Wiedemann mit den Worten: „Dann sind wir uns nähergekommen, auf sündhafte Weise. Ich dachte, ich hätte diesen Teil meiner Persönlichkeit längst hinter mir gelassen. Aber ich wurde wieder schwach: Mich quälte der Gedanke, dass ich der Versuchung des Fleisches nicht widerstehen kann. Und ich bereue zutiefst."[86] Gegenüber den Polizisten outet er sich: „Ich bin homosexuell. Für mich ist das nichts Normales. Für mich ist das eine Krankheit, die ich immer bekämpft habe, die ich heute noch bekämpfe. [...] Dieser Totengräber [...] hat gesagt, ich bin eine bigotte Schwuchtel." Gleich zwei Klischees werden hier vorgebracht. Der katholische Gläubige verabscheut einerseits Homosexualität, ganz besonders an sich selber, und andererseits führt er ein „bigottes" Doppelleben: nach außen die seriöse Fassade des gutbürgerlichen Richters, privat ein versteckter Homosexueller, der eine Beziehung zu einem Mann unterhält, den er fälschlicherweise ins Gefängnis gebracht hat. Es ist wohl kein Zufall, dass in einer Szene Polizist Staller den Richter aus Versehen mit einem Laserschwert im Genitalbereich trifft – symbolisch an seiner „verletzlichsten Stelle".[87] Um die Fassade zu retten, ist Richter Saathoff sogar bereit zu töten, indem er den Erpresser, der seine sexuellen Neigungen publik machen wollte, auf grausame Weise hinrichtet. Sein Opfer ist der Friedhofswärter Alois Berger, der nach dem Tod seiner schwerkranken Frau, die er Jahre lang hingebungsvoll gepflegt hat, in ungeheurem Zorn mit Gott hadert. „Der hat seinen ganzen Glauben verloren, und zurück blieb nur ein böser Geist",[88] kommentiert der Pfarrer. Berger rächt sich an Gott, indem er das Sakrament der Beichte entweiht und ein Aufnahmegerät im Beichtstuhl versteckt.[89]

In einem anderen Fall wird mit dem Klischee des verlogenen christlichen Moralapostels nur gespielt. In der Folge „Wunder gescheh'n" (2014) der Serie *Rentnercops* tritt der Politiker Karl-Heinz Brunner, Landtagsabgeordneter und Fraktionsvorsitzender der PCW (Partei christlicher Werte) auf. Man findet ihn „besoffen wie zehn Russen"[90] neben seiner ermordeten Verlobten. Der ganze Mordfall entpuppt sich als eine Reihe von Klischees: Der 45jährige smarte Politiker verlobt sich mit einer jungen, attraktiven 20jährigen Studentin, die er bei einem Ethikseminar an der Theologischen Fakultät kennengelernt hat. Es stellt sich heraus, dass die Frau als Prostituierte gearbeitet hat und reihenweise ihre Freier mit gefälschten Schwangerschaftstests erpresst. „Jemand, der so katholisch ist wie Sie, bringt seine Verlobte nicht um",[91] attestiert ihm der Ermittler Bremer.

## RELIGIÖSE SONDERLINGE UND KÄUZE

Eine mehr philosophische als religiöse Figur ist der etwas kauzige Vater der Journalistin, Robert Hansen, aus der ersten Staffel von *Hubert und Staller*. Wir sehen den alten Mann immer mit Strickmütze (mit der er an Martin Heidegger erinnert) am Ufer des Starnberger Sees fischen und philosophieren. In der Folge „Mord im Schweinestall" (2012) nehmen seine philosophischen Betrachtungen eine religiöse Wendung: „Nur wer den falschen Pfad kennt, kann gezielt den richtigen einschlagen. Nur wer die Sünde kennt, kann ihr entsagen. Ohne Böse kein Gut. Ohne Teufel kein Gott."[92] Seine Tochter kommentiert diese Worte mit der sarkastischen Bemerkung: „Magst dich nicht als Ersatzprediger beim Pfarramt bewerben?"

In die Reihe der skurrilen Gestalten gehört auch Gernot Meierling, in der Folge „Der Flug des Phoenix" (2015) ebenfalls aus *Hubert und Staller*, der sich um bedrohte Vampirfledermäuse kümmert. In seiner schwarzer Lederkleidung und mit dem lauernden Gesichtsausdruck hat er selber etwas von einem Vampir. Als er vom Tod seines Widersachers erfährt, meint er, dass dies Karma sei, „alles hängt mit Allem zusammen"[93], wobei offenbleibt, ob Meierling tatsächlich die vedisch-buddhistische Karmalehre meint oder bloß in sehr allgemeiner Weise davon spricht.

Eine letzte Figur sei hier noch vorgestellt, die schrullige Frau Maria Fröbel aus „Engel 07" (2017) der Serie *Rentnercops*. Sie glaubt an Schutzengel und wird deswegen von allen für psychisch angeschlagen gehalten. Polizeianwärter Ko hält die Frau schlicht für bekloppt und irre („Engelstante"⁹⁴), die Leiterin der Mordkommission hat für ihre religiösen Vorstellung nur ein ironisches Lächeln übrig.⁹⁵ Polizist Bremer bezeichnet ihre spirituellen Anwandlungen als Folge der Wechseljahre.⁹⁶ Die entrüstete Frau Fröbel bringt die feindselige Haltung gegenüber religiösen Menschen auf den Punkt: „Ich bin es mir gewohnt, dass man mich wegen meines Glaubens nicht ernst nimmt. In diesem Land sind wahrhaft Gläubige seit Jahrzehnten eine Randgruppe zum Witze drüber zu machen."⁹⁷ Doch ironischerweise ist Frau Fröbel tatsächlich eine Witzfigur am Rande der Gesellschaft: Sie lebt alleine in einer von Kitschengeln überbordenden Wohnung, sie ist übergewichtig, vernachlässigt ihr Äußeres und scheint intellektuell recht eingeschränkt zu sein. Was sie über den religiösen Menschen in der modernen Gesellschaft sagt, erweist sich daher innerhalb der Narration der Serien als doppelt richtig: Der religiöse Mensch wird einerseits von der nicht-religiösen Mehrheitsgesellschaft als lächerlich und randständig angesehen und andererseits ist das Urteil über ihn durchaus gerechtfertigt.

Die „Engelstante" Maria Fröbel staubt in ihrer Wohnung die Sammlung der Kitschengel ab.

*Rentnercops*, Folge 24, „Engel 07" (min. 00:39)

# 2.
## INSTITUTIONELLE VERTRETER: PRIESTER UND PASTOREN

Kirchenvertreter stellen eine eigene Kategorie innerhalb der Gruppe religiöser Menschen dar. Als offizielle Vertreter ihrer Religion sind sie gewissermaßen religiöse Menschen „von Amtes wegen". Damit wird ihre Religiosität und die damit verbundene Praxis in die Normalität zurückgeholt. Als Berufsstand sind sie aber auch stark der Stereotypisierung ausgesetzt, im gleichen Maße wie andere Berufsgattungen (strenge Lehrer, korrupte Politiker, gierige Immobilienmakler und Ähnliches).

Im folgenden Kapitel soll die Darstellung von Kirchenvertretern untersucht werden. Ich beschränke mich dabei auf weltliche Geistliche, also Priester und Pastoren. Ordensleute, die zumeist von der Gesellschaft getrennt in Klostergemeinschaften leben, werden an anderer Stelle untersucht,[1] da sich ihre, in der Regel negative Darstellung grundsätzlich von derjenigen des Weltklerus unterscheidet. Zunächst werden die verwendeten Stereotypen, die für die Darstellung von Priestern und Pastoren zur Anwendung kommen, untersucht. Dann interessieren wir uns für die Kritik am traditionellen Bild des Pfarrers, dem ein modernes, zeitgemäßeres gegenübergestellt wird. Der letzte Abschnitt widmet sich dem in der öffentlichen Diskussion umstrittenen Zölibat.

Eine Auffälligkeit sei vorweggenommen: Weibliche Kirchenvertreter, also evangelische Pastorinnen, kommen in den Serienhandlungen keine vor. Doch treten mehrere Frauen auf, die im Umfeld des Pfarrers arbeiten, als Haushälterin und Mesnerin. Auch Nonnen erscheinen gelegentlich, sie werden jedoch grundsätzlich anders dargestellt als Männer in geistlichen Berufen. Deshalb wird das „Nonnenklischee" Gegenstand eines anderen Kapitels sein.

## KLERIKALE STEREOTYPEN

Wir wollen die Darstellung der katholischen und der evangelischen Geistlichen getrennt untersuchen, um Abweichungen in der Darstellung besser herauszuarbeiten. Allerdings lässt sich eine konfessionelle Zuordnung der dargestellten Kleriker nicht in jedem Fall mit Sicherheit durchführen. Katholische Geistliche eignen sich offensichtlich besser zur Stereotypisierung, da sie schon ikonografisch (Kleidung, religiöse Gegenstände) leichter dargestellt werden können. Das mag ein Grund dafür sein, dass auch dort, wo eigentlich ein evangelischer Pastor erwartet wird (beispielsweise in Hamburg), ikonografische und religiöse Versatzstücke zum Einsatz kommen, die zum Katholizismus gehören.

Beginnen wir mit den evangelischen Pastoren. In der Serie *Großstadtrevier* tritt der Pastor der Schiffskapelle, die im Hamburger Hafen vertäut ist, in mehreren Folgen prominent auf (seine Berufsbezeichnung taucht denn auch jedes Mal im Titel auf): „Der Hafenpastor" (Folge 214 aus dem Jahr 2005), „Das Geheimnis des Hafenpastors" (Folge 258 von 2008) und „Hafenpastor – Der Schein trügt" (Folge 282 von 2009). Obschon wir uns in der vorliegenden Untersuchung im Wesentlichen auf die Serienfolgen nach 2010 Jahre beschränken wollen, werden wir eine Ausnahme machen und die letzte der genannten Folgen, jene aus dem Jahr 2009, ebenfalls berücksichtigen.

Der Hafenpastor Hinrich Petersen steht im Mittelpunkt der Folge „Hafenpastor – Der Schein trügt". Er bewohnt mit seiner Frau Corinna und dem gemeinsamen Baby die Schiffskapelle. Der Pastor ist ein eher kleiner, leicht untersetzter Mann mit freundlichem Gesicht. Er trägt einen grauen Anzug und ein weißes Hemd mit weißem Kollar („Römerkragen"). Er wird als liebender, fürsorglicher Familienmensch gezeichnet.[2] Allerdings vermag er sich, wenn nötig, handfest zu wehren. Als ein junger Mann ihn angreift, wird er mit ein paar Handgriffen rasch Herr der Situation.[3] Im Gegensatz zu vielen Kirchenvertretern in anderen Serien ist Pastor Petersen ein realistisch gezeichneter Mensch. Seine Sprache kommt weitgehend ohne die üblichen klischeehaften religiösen Floskeln aus. Sogar als er im Spital seine im Komma liegende Frau besucht, spricht er fürsorglich mit ihr, ohne dabei religiöse Sprache zu verwenden. Erst am Ende der Folge, als er von der Genesung seiner Ehefrau hört, entfährt ihm ein frommer Ausruf: „Gott sei Lob und Dank!"[4] Auch die übrigen Personen haben Hochachtung vor dem Pastor. Der Polizist Henning Schulz meint, er würde immer das Gute im Menschen suchen.[5]

In derselben Serie *Großstadtrevier*, in der Folge „Ausnahmezustand" (2017), erscheint ein weiterer evangelischer Kirchenvertreter: Pfarrer Blohm. Es handelt sich um einen etwa 30jährigen jungen Mann mit rotem Wuschelkopf und rotem Bart. Er sitzt querschnittgelähmt in einem elektronisch gesteuerten Rollstuhl. Gespielt wird er von Samuel Koch, der 2010 in der Sendung *Wetten dass* schwer verletzt worden war und seither tatsächlich Tetraplegiker ist. Die Figur wird manchmal als „Pfarrer", manchmal als „Pastor Blohm" angesprochen. Obschon er also ein evangelischer Geistlicher ist, wurde er ikonografisch recht katholisch ausgestat-

## 2. INSTITUTIONELLE VERTRETER: PRIESTER UND PASTOREN

Pastor Blohm betet nachts in seiner Kirche für die Kleptomanin Anna Müllerschön.

*Großstadtrevier*, Folge 405, „Ausnahmezustand" (min. 24:43)

tet: in schwarzer oder grauer Kleidung mit entsprechendem Kollar und einem kleinen Kreuz am Revers. Um eine notorische Kleptomanin auf den rechten Weg zurückzuführen, greift der Pastor zu etwas ungewöhnlichen Methoden.[6] Er setzt seine Behinderung und das daraus resultierende Mitleid dazu ein, die Polizisten zu beeinflussen. Den Vorwurf, dass er sie damit erpressen würde, kontert er mit einem leicht verkürzten Zitat aus Psalm 103,8: „Barmherzig ist der Herr, geduldig und von großer Güte."[7]

Ein charakterlich eigenwilliger Religionsvertreter ist der Seemannsdiakon Fiete Jansen, der in der Folge „Fremd unter Fremden" (2021) aus *Großstadtrevier* auftaucht. Jansen, offensichtlich ein evangelischer Diakon, ist drahtig, hat einen kahlen, kantigen Schädel und trägt normale Straßenkleidung. Einzig in seinem karg eingerichteten Büro findet sich ein Hinweis auf seine seelsorgerische Tätigkeit in Form eines schlichten Holzkreuzes an der Wand. Der Diakon setzt sich uneigennützig für einen jungen vietnamesischen Matrosen ein, doch kommt er dadurch selber mit Drogenhändlern in ernsthafte Konflikte.

Ein charakterlich ambivalenterer Pastor tritt in der der Folge „Tod unter dem Kreuz" (2017) aus der Serie „Alles Klara" auf. Pfarrer Piepenbrinck ist ein sympathischer Herr mittleren Alters, etwas bieder gekleidet, in einen braunen Tweed-Anzug mit Pullover.[8] Er soll den „Magdeburger Friedenspreis" erhalten haben und gilt deshalb als besonders sanftmütig.[9] Er bewohnt mit seiner Frau und den Kindern ein biederes Reihenhäuschen etwas außerhalb des Zentrums von Quedlinburg. „Familie ist ein Geschenk Gottes", entgegnet er in blumigen Ton auf die Frage nach seiner Familie.[10] Seine Frau bestätigt die beim Pastor Piepenbrinck übliche traditionelle Rollenverteilung. Sie erklärt glücklich, dass sie ihren Beruf für die Familie aufgegeben habe, ohne es jemals bereut zu haben. Doch die Familienwelt des Pastors ist nicht so glücklich, wie es den Anschein hat. Piepenbrinck hat über eine Seitensprung-App seine Frau betrogen – genauso wie viele andere verheiratete Männer seiner Kirchgemeinde – und wird nun erpresst.

Katholische Priester kommen ungleich viel häufiger vor, in erster Linie in jenen Krimis, die in katholischen Gebieten spielen wie *Hubert und/ohne Staller*, *München 7* und *Watzmann ermittelt* (Bayern) oder *Mord mit Aussicht* (Eifel). Die Priester tragen stets schwarz mit Kollar. Pfarrer Michael Engel beispielsweise in „Ein Ton zuwenig" (2012) aus *Hubert und Staller* wird als konventioneller katholischer Geistlicher dargestellt, obwohl er sehr jung wirkt. Er spielt in der lokalen Musikgruppe die Posaune (weswegen man ihn den „Engel mit der Posaune" nennt). Pfarrer Engel führt gerne lateinische Sprichwörter im Mund: „De mortuis nihil nisi bene", antwortet er den Polizisten, als sie ihn über den aufgefundenen Toten ausfragen wollen.[11] Er kann es nicht unterlassen, die Polizisten zum Kirchenbesuch anzuhalten.

Ein besonders gestrenger Pfarrer erscheint in der Folge „Der Flug des Phoenix" aus *Hubert und Staller* (2015) auf dem Polizeirevier, um einen Diebstahl aus dem Opferstock zu melden.[12] Pfarrer Reich ist ein großer, hagerer Mann mit stechendem Blick. Er trägt entweder eine schwarze Soutane oder einen ebenso schwarzen Anzug mit Kollar und einem kleinen Kreuz am Revers. Er ist ziemlich humorlos, denn als Polizeimeister Riedel das Wort „Teufelskreis" ausspricht, blickt er sofort grimmig drein.[13] Die Darstellung des Pfarrers streift hier das Komische, so wenn er geflissentlich die Hände faltet, als Hubert sich bei ihm mit einer zum Himmel zeigenden Geste nach einem „Tipp vom Chef" erkundigt.[14] Generell trägt das Stereotyp des katholischen Geistlichen in dieser Serie komische Züge und wird entsprechend parodiert. In „Die letzte Ruhe" (2014) mokieren sich die beiden Polizisten Hubert und Staller über den Pfarrberuf.

**Pfarrer Franz Reich meldet den Diebstahl aus dem Opferstock.**
*Hubert und Staller*, Folge 41, „Der Flug des Phoenix" (min. 06:13)

## 2. INSTITUTIONELLE VERTRETER: PRIESTER UND PASTOREN

Angesichts des stattlichen Pfarrhauses wundern sie sich, dass der Pfarrer so herrschaftlich wohnen kann für ein bisschen Predigen am Sonntag. „Dann ist ja der mittags schon fertig." „Stimmt, das ist dann eher ein Vierhundert-Euros-Job."[15]

In der Serie *Mord mit Aussicht* kommt ein junger, recht modern wirkender katholischer Priester vor.[16] Pfarrer Lepetit, in „Blutende Herzen" (2010), trägt dunkle Jeans und dunkles Hemd, nur das Kollar und ein diskretes, an die Brusttasche geheftetes Kreuz verraten den geistlichen Stand. Seine Darstellung ist nicht frei von Ironie: Wir sehen ihn im Verlauf der Handlung, wie er vor seiner Kirche Möhren aus der Erde zieht und sie mit ruckartigen Handbewegungen von Erdkrümeln befreit, was an Onanieren erinnert.[17] Pfarrer Lepetit wird zu Unrecht verdächtigt, aus Habgier ein Testament gefälscht zu haben.[18] Als er von den gefälschten Testamenten erfährt, beschließt er seine nächste Predigt dem achten Gebot zu widmen.[19] Dabei kommt es zu einer komischen „Katechismusstunde", indem die beiden Polizisten Schäffer und Schmied abgefragt werden, welches denn der Inhalt des besagten achten Gebotes sei.[20]

Der katholische Pfarrer von Berchtesgaden aus der Serie *Watzmann ermittelt* ist ebenfalls stereotyp charakterisiert. Der große, imposante Mann Mitte fünfzig mit Glatzkopf tritt überall in schwarzer Kleidung mit Kollar auf, als würde er gleich die Messe feiern. Verkörpert wird er vom Kabarettisten Wolfgang Krebs, der sich mit Politikerparodien (Stoiber, Seehofer, Söder) einen Namen gemacht hat. Die Darstellung des Serienpfarrers ist ebenfalls kabarettistisch angelegt, darauf verweist schon der ungewöhnliche Name des Pfarrers: Hölleisen. Dieser säuselt stets mit hoher, salbungsvoller Stimme. Er tritt zum ersten Mal in der Folge „Der Fischer vom Königssee" (2019) auf, wo er den Diebstahl einer unersetzbaren Holzfigur des heiligen Joseph meldet.[21] Abgesehen von seinem geistlichen Stand er-

Pfarrer Hölleisen erscheint auf dem Polizeirevier, um den jungen Polizisten Max Rufer für die musikalische Gestaltung des Gottesdienstes anzuwerben.

*Watzmann ermittelt*, Folge 16, „Kristalle glänzen ewig" (min. 7:18)

fahren wir über ihn, dass er früher Marathon gelaufen sei und dann einen Sportunfall gehabt habe.[22]

In der Folge „Zu späte Einsicht" aus *Hubert ohne Staller* (2020) tritt ein katholischer Pfarrer auf, der in einem Altenheim für betreutes Wohnen wirkt. Es ist ein freundlicher Mann mittleren Alters, er trägt schwarze Kleidung mit Kollar und hält stets Gebetbuch und Rosenkranz in den Händen. Zum Polizisten Hubert bemerkt er (ähnlich wie sein Kollege in der Folge „Mord im Schweinestall"): „So andächtig würde ich Sie gerne am Sonntag in der Kirche sehen", was der Polizist mit dem launigen Spruch kontert: „Ich hab' da leider diese Weihrauchallergie."[23] Im Gegensatz zu anderen Pfarrern der Serie kommt er ohne salbungsvolles Reden aus, obschon seine Darstellung nicht ganz frei von Komik ist: „Ich muss jetzt auch wieder hoch zu Frau Dorn. Letzte Ölung, die sechste." Wir sehen ihn darauf, wie er der alten Frau das Sakrament spendet:[24] Er spricht mit tiefer Stimme über sphärischen Klängen, als würde hier etwas Mysteriöses geschehen. Doch kaum hat er den – übrigens korrekten – Text einer Krankensalbung fertig rezitiert, steht er schon gutgelaunt neben dem Bett der Sterbenden und schlürft gemütlich seinen Tee. Hier wird der Pfarrer zu einer komischen Figur, dessen sakrale Funktion zu einer routinierten Amtshandlung geworden ist.

Später lässt sich der Pfarrer dazu überreden, dem als Altenheimbewohner getarnten Polizisten Girwidz eine fiktive Krankensalbung zu spenden, um den Mörder zu überführen.[25] Er protestiert, dass er mit einem Sakrament nicht Schabernack treiben dürfe, was Girwidz mit dem Hinweis quittiert: „Herr Pfarrer, Sie ja haben schon das Beichtgeheimnis gebrochen. Da kommt es jetzt auch nicht mehr darauf an."

Das Beichtgeheimnis spielt auch in der Folge „Heiliger Zorn" (2017) aus derselben Serie eine Rolle.[26] Pfarrer Paul Wiedemann plaudert unter Alkoholeinfluss aus, was ihm jemand im Beichtstuhl anvertraut hat. Wiedemann, der wie alle anderen Vertreter seines Standes schwarze Kleidung mit Kollar und Kreuz am Revers trägt, wird als Pfarrer mit menschlichen Zügen, ohne übertriebene Klischees, dargestellt. Er ist entsetzt und empört, als er erfährt, dass jemand ein Aufnahmegerät im Beichtstuhl versteckt hat. Aber er weigert sich, den Polizisten Angaben über die Personen zu machen, die bei ihm die Beichte abgelegt haben. Erst als Staller ihn unter Berufung auf einen (nicht existierenden) Paragraphen im „Bonifatiusboten" vom Beichtgeheimnis entbindet, will der Pfarrer der Polizei Einsicht geben, zieht seine Zusage aber sogleich wieder zurück.

Die Stereotypen äußern sich also zunächst in der Kleidung, bei der sich in den Serien katholische und evangelische Geistliche wenig unterscheiden, obschon in der Realität lutherische Geistliche in Deutschland selten Kollar tragen (ganz zu schweigen von reformierten Pastoren, die in den untersuchten Serien aber nicht auftauchen), dann auch in Gesten und salbungsvoller Rede. Ein weiteres Stereotyp ist zudem der Aufruf des Pfarrers an seine Gesprächspartner, doch häufiger zur Kirche zu kommen. Generell sind die evangelischen Pastoren charakterlich präziser und weniger stereotyp gezeichnet als ihre katholischen Kollegen, dabei können sie allerdings auch ambivalente Züge erhalten (wie der ehebrechende Pastor Piepenbrinck).

Betrachten wir im Folgenden einige spezielle Fälle, bei den katholische Pfarrer und ihre Tätigkeit ausführlich dargestellt werden.

### TRADITIONELLE ROLLE UND MODERNE ANSPRÜCHE

Der Kirche (vor allem der katholischen) wird in den Serien oft latent oder direkt vorgeworfen, eine veraltete Institution zu sein, die der modernen Gesellschaft nicht gerecht werde. Die Spannung zwischen Tradition und Moderne wird in der Figur des bereits erwähnten Pfarrers Hölleisen aus *Watzmann ermittelt* mehrfach dargestellt. In der Folge „Kristalle glänzen ewig" (2021) möchte Pfarrer Hölleisen den Gottesdienst in Berchtesgaden modernisieren und versucht deshalb, den jungen Polizisten Max Rufer zu bewegen, mit dessen erfolgreichen Band sonntags in der Messe zu spielen[27] – was dieser ablehnt und lediglich alleine mit Gitarre auftritt. „Da droben gibt es jemanden, der wär' dir ausgesprochen dankbar", argumentiert der Pfarrer vor dem zögernden Polizisten.[28] Als mit einem Bibelspruch eine Wand verschmiert wird, was die Polizei zunächst für einen „Kinderstreich" hält, bedauert der Pfarrer: „So bibelfest sind Kinder heutzutage nicht mehr. Leider!"[29]

In der Folge „Weihnachtsmänner im Sommer" (2021) lässt sich Pfarrer Hölleisen sogar in eine lokale PR-Veranstaltung einspannen, einen Flashmob, bei dem die Teilnehmer mitten im Sommer als Weihnachtsmänner verkleidet auftreten sollen.[30] Der Pfarrer erscheint dabei in seiner üblichen klerikalen Kleidung und gibt durch seine Äußerungen kein Bild einer modernen Kirche ab. Als die PR-Managerin mit den wenigen erschienenen Weihnachtsmännern den Song „Santa Claus is coming to town" singen will, schlägt der Pfarrer stattdessen das traditionelle Lied „Lasst uns froh und munter sein" vor, das die Menge tatsächlich anstimmt. Im Gegensatz zum modernen Santa Claus, den die PR-Managerin vor Augen hat, lenkt Pfarrer Hölleisen den Anlass in traditionelle Bahnen zurück, denn das alte Weihnachtslied spricht vom Heiligen Nikolaus von Myra und nicht vom Santa Claus der amerikanischen Popkultur.

In der Serie *München 7* kommen in mehreren Folgen Pfarrer Peintner von der Münchner Heilig-Geist-Kirche und seine unkonventionelle Mesnerin Cornelia vor. Pfarrer Peintner ist der Prototyp des traditionellen, konservativen katholischen Geistlichen. Er ist Anfang siebzig, trägt entwe-

Der konservative Pfarrer Peintner entdeckt den Diebstahl der Opferkerzen.

*München 7*, Folge 35, „Letzte Hoffnung München" (min. 08:23)

der schwarze Kleidung mit Kollar oder liturgische Gewänder. Zum ersten Mal tritt er in der Folge „Asche" (2014) auf, wo er einen Trauergottesdienst in einer Abdankungskapelle leitet.[31] Die kleine Trauergemeinde besteht aus alten Leuten, die inbrünstig und ziemlich falsch Kirchenlieder singen.

In der Folge „Letzte Hoffnung München" (2014) gerät er in Konflikt mit einer verwahrlosten, obdachlosen Frau, die ihm die Opferkerzen stiehlt.[32] Polizist Xaver Bartl greift die Frau in den U-Bahnschächten auf und bringt sie in die Kirche, damit sie dort zu ihrer Resozialisierung als Mesnerin arbeite. Dabei stehen sich von Anfang an zwei grundverschiedene Welten gegenüber: die Welt der sozial Rückständigen, mit Verwahrlosung, Not, Gewalt der Cornelia einerseits, und die behütete, heile Welt des verbürgerlichten Katholizismus andererseits, für die Pfarrer Peintner steht. Mit ihrer neuen Aufgabe als Mesnerin gelingt Cornelia die Wiedereingliederung in die Gesellschaft. Am Schluss dieser Folge sieht man die schwarz gekleidete Mesnerin, wie sie in der nächtlichen Kirche die Kerzen vor dem Hochaltar löscht.[33] Mit ihrem langen, offenen Haar stellt sie iko-

Die ehemalige Obdachlose Cornelia arbeitet nun als Mesnerin. Sie gleicht mit ihrem langen Haar der Büßerin Maria Magdalena.

*München 7*, Folge 35, „Letzte Hoffnung München" (min. 47:13)

nografisch die Büßerin Maria Magdalena dar. Pfarrer Peintner steht im Dunkel der Kirche und beobachtet ihre Verwandlung zufrieden.

Doch in einer späteren Folge – „Die zwölfte Frau" (2014) – kommt es zu einem Konflikt zwischen dem Pfarrer und seiner neuen Mesnerin.[34] Cornelia war vor ihrem Absturz Managerin gewesen und will nun die Seelsorge der Kirchgemeinde mit unternehmerischen Methoden völlig umkrempeln, um einen „Stützpunkt für verlorene Seelen" aufzubauen. „Dafür ist eine Kirche da, Herr Pfarrer!" Doch der konservative Geistliche ist von den Plänen entsetzt und will nichts von Neuerungen wissen. Kurz darauf findet er im Beichtstuhl einen geöffneten Laptop mit der Seite: „Beichte dich gesund. Die Webseite für verlorene Seelen der Heilig-Geist-Kirche München".[35] Als er sich in das Beichtforum klickt, findet er zahlreiche Anfragen von Menschen, die ihm ihre Sorgen online bekennen: ein leitender Angestellter, der seine Untergebenen quält, sogar ein Moslem, der dem Pfarrer den Verzehr eines Schweinefleisch-Burgers beichtet. Doch Pfarrer Peintner fordert die sofortige Löschung der Seite. Der ältere Geistliche wird im Hinblick auf die Computertechnologie und die modernen Kommunikationsmittel als ignorant und inkompetent dargestellt. Er gleicht einem Vertreter des konservativen Ultramontanismus, welcher der modernen Welt prinzipiell feindlich gegenübersteht, so wie das Papst Pius IX. in seinem *Syllabus errorum* 1864 festgehalten hat.

Der erzürnte Pfarrer Peintner fordert die Löschung des Online-Beichtportals. Er wird als technisch inkompetent und fortschrittsfeindlich dargestellt.

*München 7*, Folge 37, „Die zwölfte Frau" (min. 29:13)

Mesnerin Cornelia vertritt den Standpunkt, man müsse sich nur der modernen Technologie bedienen, um die Kirche wieder voll zu bekommen. Sie reduziert die christliche Religion einseitig auf die Diakonie: „Ein bisschen modern, aber Hauptsache es hilft. Und Sie wollen doch helfen, oder? Damit kriegen Sie Ihre Kirche wieder voll. Sinnbildlich."[36] Doch der Pfarrer bleibt bei seinem Entschluss und lässt sich in seinem Zorn sogar zu einer beleidigenden, wenig christlichen Bemerkung über die Vergangenheit seiner Mesnerin hinreißen. Diese weist den Pfarrer zurecht: „Dort wo ich unten war, können Sie sich nicht einmal hindenken."[37]

In dieser Serienfolge wird das traditionelle Bild des katholischen Geistlichen in mehrerer Hinsicht kritisiert. Zum ersten fordert hier eine Frau den männlichen Klerus heraus. Die „gefallene Sünderin" erhebt den Anspruch, das Beichtwesen besser zu organisieren als der männliche Kirchenvertreter, dem dies von Amtes wegen allein zustünde. Cornelia gibt dem Pfarrer zudem indirekt zu verstehen, dass dieser weltfremd sei, weil er über die Verfehlungen anderer urteilen wolle, wo er selbst keine Ahnung von den Lebenswirklichkeiten der Menschen habe.

Ein zweiter Konflikt zwischen dem Pfarrer und Cornelia bricht in der Folge „Kurschaden" (2015) aus.[38] Dort will die dynamische Mesnerin die lokalen, echten Bettler vor der organisierten, auswärtigen Konkurrenz mit Ausweisen schützen, welche ihnen die Kirchgemeinde aushändigen soll. Doch dieses Mal setzt beim Pfarrer ein Meinungsumschwung ein. Während er anfänglich noch versucht, die Aktion zu verhindern, unterstützt er später seine Mesnerin und begleitet sie sogar zum Oberbürgermeister, um die Aktion politisch absegnen zu lassen. Der Konflikt zwischen dem konservativen Kirchenvertreter und der ehemaligen Managerin verweist auf die Öffnung, die in der Gesellschaft von den Kirchen verlangt werden, eine Öffnung in Richtung sozialer Tätigkeit und mit den Mitteln und Werkzeugen aus der Welt des Unternehmertums.

Ein letztes Mal tauchen Pfarrer Peintner und seine Mesnerin in der Folge „Ein Tag in München" (2015) auf. Hier spielt der Pfarrer wieder seine konventionelle Rolle als Kirchenvertreter. Er nimmt einem Unbekannten die Beichte ab, ganz traditionell im Beichtstuhl ohne Computer.[39] Als der Mann ihm den Mord am eigenen Bruder beichtet, kann der Pfarrer das Verbrechen wegen des Beichtgeheimnisses nicht anzeigen, doch das hindert ihn nicht, seiner Mesnerin davon zu erzählen, die ihrerseits den Mord umgehend der Polizei meldet. Am Schluss der Folge hört der Pfarrer dem Mörder geduldig zu, wie dieser sein Geständnis ablegt.[40] Auch Cornelia ist zahmer geworden, sie hat sich in die Rolle der Mesnerin eingefügt. Zwar debattiert sie weiterhin auf Augenhöhe mit dem Pfarrer, aber ohne dessen klerikale Rolle in Frage zu stellen.[41]

In der vorletzten Folge von *München 7*, „Eine Reise in den Süden" (2016), tritt der Nachfolger von Pfarrer Peintner auf, wiederum an der Seite der Mesnerin Cornelia. Sein Name wird nicht genannt, aber es handelt sich um einen „wirklichen" Geistlichen: Rainer Maria Schießler, der Pfarrer von St. Maximilian in München und zum Zeitpunkt der Dreharbeiten auch der Heilig-Geist-Kirche. Schießler hat sich durch eine Reihe medienwirksamer Aktionen hervorgetan. Er moderierte von 2012 bis 2015 seine

## 2. INSTITUTIONELLE VERTRETER: PRIESTER UND PASTOREN

eigene Talkshow am Bayerischen Rundfunk, veröffentlichte Bücher, in denen er auf unkonventionelle Weise für den christlichen Glauben warb und arbeitete am Münchner Oktoberfest als Bedienung, wobei er die Einnahmen gemeinnützigen Zwecken spendete. Bekannt sind auch seine „Viercherl-Messen", bei denen Tierbesitzer ihre Liebsten mitbringen und segnen lassen können.

Mit Pfarrer Schießler wird in der Serie *München 7* ein äußerlich modernerer Typus des katholischen Pfarrers gezeigt. Schießler ist einiges jünger als sein „Vorgänger" (er war zur Zeit der Aufnahmen 56 Jahre alt). Er trägt im Film eine dunkle Lederjacke über einem schwarzen Hemd, ohne jegliche Kennzeichnung seines geistlichen Standes. Doch verkörpert er weiterhin den Typus eines vorsichtigen katholischen Geistlichen, der sich nicht zu weit vorwagen will.

Die erwähnte Serienfolge handelt von einem afrikanischen Flüchtlingsjungen, der aus einem in der Münchner Innenstadt gestrandeten italienischen Reisebus entwichen ist. Eine Marktfrau bringt ihn in die Heilig-Geist Kirche zum Pfarrer, um das Flüchtlingskind dem Zugriff der Polizei zu entziehen. Der Pfarrer ist zunächst zögerlich: „Du, da gibt es Vorschriften, gibt es Verfahren".[42] Die Mesnerin fordert Kirchenasyl für den Jungen und verweist auf den „Herrn der Kirche", der jetzt handeln müsse, wodurch eine Ambivalenz entsteht, ob hier der Pfarrer als Hausherr oder Gott als der eigentliche „Herr" gemeint ist. Jedenfalls bekreuzigt sich der Pfarrer devot und entspricht so wieder ganz dem Bild des traditionellen Geistlichen. Als der Flüchtling sich vor dem ausladenden barocken Hochaltar bekreuzigt, kann der Pfarrer nicht anders, als ihm Asyl zu gewähren. „Er ist einer von uns", kommentiert er.[43] Die Vermutung, dass der Junge aus Afrika ein Christ ist (vielleicht sogar ein Katholik), führt beim Pfarrer zu einem Meinungsumschwung. Er setzt nun alles in Bewegung, dass der Junge in Deutschland bleiben kann und nicht in ein Flüchtlingslager muss.

Auch in dieser Folge wird von einem Pfarrer verlangt, dass er sich für Randständige und Verfolgte einsetzt. Mit dem Einbezug eines „echten" katholischen Geistlichen entsteht in der Serie zudem ein weiterer Subtext, denn der richtige Pfarrer Schießler hat sich immer wieder für Flüchtlinge und Ausgegrenzte eingesetzt. Allerdings gab es auch einen Vorfall, der für Schlagzeilen sorgte, als Schießler anfangs 2019 das Kirchenportal mit einem Gitter nachts vor campierenden Obdachlosen abriegelte.[44]

### DER KATHOLISCHE PRIESTER UND DAS ZÖLIBAT

Das Auftreten von Pfarrer Schießler in *München 7* stellte auch die Frage des Zölibats in den Raum, da dieser katholische Geistliche (in seinem wirklichen Leben) seit Jahren mit einer Lebensgefährtin zusammenlebt, ohne das Zölibat zu brechen. Schießler hat daraus öffentlich keinen Hehl gemacht.[45]

Das Thema der Sexualität der Priester wird auch in anderen Serien aufgegriffen. In „Die letzte Ruhe" (2014) aus *Hubert und Staller* verdächtigen die Polizisten die Mesnerin des Pfarrers, dass sie „vielleicht sogar noch ein bisserl mehr" machen würde als bloß den Haushalt.[46] Mit dem Vorwurf konfrontiert, sie habe mit dem ermordeten Pfarrer ein Verhältnis gehabt und sei zudem hinter seinem Erbe her, reagiert die Haushälterin empört. „Uns verbindet eine rein geistige Liebe, die Liebe zu Gott."[47] Polizeirat Girwidz will nichts von solchen Verdächtigungen wissen und hält am Klischee fest: „Die leben doch asketisch, sexuell enthaltsam und aufopfernd", was Hubert zur Bemerkung veranlasst: „Jetzt sind Sie aber eher bei Grimms Märchen."[48]

In „Mord im Schweinestall" (2012) aus derselben Serie kehrt der Theologiestudent Rolf Hartmann für sein Pastoralpraktikum wieder auf den elterlichen Hof zurück und ist entsetzt über das dort eingerichtete Bordell (das Wort „Schweinestall" im Titel der Folge verweist einerseits auf den ehemaligen Schweinezuchtbetrieb als auch auf den neuen „schweinischen" Erwerb). Hubert und Staller besuchen den zukünftigen Pfarrer vor seiner Kirche.[49] Obschon er noch Student ist, trägt er bereits schwarze Kleidung mit Kollar, letzteres eigentlich das Zeichen des geistlichen Standes. Der angehende Pfarrer steht eine Treppenstufe höher als die Polizisten und spricht salbungsvoll „von oben herab", die Hände vor der Brust gefaltet. Er informiert die Polizisten über seine Absicht, „den weltlichen Dingen zu entsagen." Deshalb wolle er den geerbten Hof (mitsamt dem Bordell) der Lebensgefährtin des verstorbenen Bruders überschreiben. So viel Großmut kann Hubert nicht verstehen. „Wenn sie den Worten Gottes etwas mehr Gehör schenken würden, dann könnten sie es", entgegnet der Pfarreranwärter salbungsvoll. Sogleich monierte er bei den Polizisten an, sie noch nie sonntags im Gottesdienst gesehen zu haben – ein Stereotyp, das wir bereits weiter oben festgestellt haben. Bei einem späteren Treffen im Pfarrhaus serviert er Tee und Kekse mit einem lateinischen Sprichwort („plenus venter non student libenter").[50]

Der Praktikant als noch unfertiger Priester wird demnach in seiner Rolle einige Male in Frage gestellt. So zweifeln Hubert und Staller daran, dass der Ermordete von seinem „heiligen" Bruder wieder auf den rechten Weg zurückgebracht worden ist. „Noch dazu wo der erst sein Pastoralpraktikum hat. Ob man da schon jemanden zur inneren Einkehr bewegen kann?"[51]

Doch hauptsächlich interessiert sich die Serienfolge für die sexuelle Abstinenz des katholischen Geistlichen. Das zeigt sich bereits zu Beginn als sich die Polizisten in der Stammkneipe über den angehenden Pfarrer unterhalten.⁵² „Der wollte Priester werden! Lebenswandel um 360 Grad", ereifert sich der Wirt. „180 Grad", korrigiert Staller und fügt ironisch hinzu, dass dies gut zu dem Saustall passe, womit er das im Stall versteckte Bordell auf dem Hof der Hartmanns meint. Der nächste Schnitt zeigt eine Einblendung des hochaufragenden Turmes der St. Andreaskirche von Wolfratshausen, was auf die Doppelmoral der katholischen Kirche hinweisen könnte (Kirchturm als phallisches Symbol). Am Schluss ergibt sich, dass der Theologiestudent das Zölibat (das er als noch nicht geweihter Laie eigentlich nicht zwingend einhalten müsste) doch nicht so streng gehalten hat, da er nämlich „ein einziges Mal den Verlockungen des Fleisches erlegen" ist und das Bordell seines Bruders besucht hat.⁵³ Dessen Freundin, mit der er geschlafen hat, erpresst ihn nun. Seine angeblich von christlicher Nächstenliebe motivierte Großzügigkeit, der Frau den geerbten Hof zu überschreiben, war also unter Zwang entstanden, damit seine Zukunft als katholischer Geistlicher nicht kompromittiert würde.

Die Versuchung durch junge Frauen aus der Gemeinde ist Thema der Folge „Im Namen des Vaters" aus der Serie *Alles Klara* (2013). Der zurückhaltende, schwache Pater Johannes Täubner amtet als katholischer Gemeindepfarrer: ein gutaussehender Mann Anfang vierzig, der stets eine schwarze Soutane mit Kollar trägt, wenn er nicht gerade im Ornat Messe feiert. An seiner Seite steht eine um einiges ältere Haushälterin, Hermine Malinckrodt, die dem Pfarrer nicht nur treu ergeben ist, sondern ihn geradezu dominiert. So zögert sie nicht, an seiner Stelle zu antworten, wenn die Polizisten eigentlich den Pfarrer befragen wollen.⁵⁴ Sie wacht über den Priester, falls junge Frauen dessen Schwachheit ausnutzen und „den Dämon in ihm" wecken sollten.⁵⁵ Die Wirkung des Pfarrers auf junge Frauen ist ein stets wiederkehrendes Motiv der Serienfolge: „Es ist ja kein Geheimnis, dass es mit dem Zölibat nicht immer so einfach ist", meint eine Sängerin aus dem Chor, den der Pfarrer als Dirigent leitet.⁵⁶ Tatsäch-

**Pfarrer Täubner liest Psalm 126 in der Abendmesse.**
*Alles Klara*, Folge 17, „Im Namen des Vaters" (min. 43:21)

lich soll der Pfarrer 18 Jahre zuvor eine junge Frau geschwängert haben, die später tot aufgefunden wurde. Deshalb wird er nun verdächtigt, eine weitere junge, schwangere Frau, eine Sängerin aus seinem Chor, die mit einer Bibel in der Hand tot auf dem Friedhof gefunden worden ist, ermordet zu haben. Allerdings stellt sich heraus, dass der Pfarrer unschuldig ist: Weder ist das Kind der Ermordeten von ihm, noch ist er der Mörder. Getötet hat die bigotte Haushälterin Malinckrodt, damit sich keine Frau dem schönen Pfarrer nähert.

Die Ehelosigkeit der katholischen Pfarrer weckt ein doppeltes Interesse. Einerseits wird das Zölibat als ein unzeitgemäßes Relikt dargestellt, das weder in die heutige Zeit gehört, noch überhaupt einzuhalten ist. Andererseits verdächtigt man den katholischen Priester stets, doch nicht so enthaltsam zu sein, wie er es seinem geistlichen Stand zufolge sein müsste. Interessanterweise spielt keine der Serienfolge auf den Skandal um den sexuellen Missbrauch von Minderjährigen an, der die katholische Kirche seit vielen Jahren erschüttert – ein Thema, das man nicht mit derselben Leichtigkeit ironisch hätte angehen können.

# 3.
## FREIKIRCHEN UND SEKTEN

### BEGRIFFE UND STEREOTYPEN

Nach der Untersuchung der landeskirchlichen religiösen Vertreter wenden wir uns nun weiteren Religionsgemeinschaften, Freikirchen und Sekten, zu. Während der Begriff Freikirche zunächst neutral ist, wird der Begriff Sekte heute überwiegend negativ gewertet. Die Wahrnehmung, dass Sekten gefährlich und kriminell seien, hängt mit mehreren Schlagzeilen zusammen, die in den 1990er Jahren die Öffentlichkeit erschüttert haben. Die so genannte „Aun-Sekte" (die sich selber bis 2000 Ōmu Shinrikyō nannte) hatte infolge einer apokalyptisch-endzeitlichen Radikalisierung verschiedene terroristische Attentate verübt, die im Giftgasanschlag auf die Tokioter U-Bahn im März 1995 gipfelte, bei dem es 13 Tote und fast tausend Verletzte gab. Zwei Jahre später begingen 39 Mitglieder der kalifornischen Bewegung „Heaven's Gate" Selbstmord, um in ein Raumschiff zu gelangen, das angeblich hinter dem Kometen Hale-Bopp versteckt war. Bei den Suiziden der esoterischen „Sonnentempler" kamen zwischen 1994 und 1997 in mehreren Ländern insgesamt 74 Menschen ums Leben.

Aufgeschreckt durch solche Schlagzeilen beauftragte die deutsche Regierung eine Enquete-Kommission zum Thema „Sogenannte Sekten und Psychogruppen", deren Abschlussbericht 1998 dem Bundestag vorgelegt wurde.[1] Darin wurde zunächst festgehalten, dass der Begriff „Sekte" problematisch sei, da er umgangssprachlich in eingeengter und negativer Weise verwendet und vom Begriff „Psychogruppen" nicht klar abgegrenzt wird. In umgangssprachlicher Verwendung ist eine Sekte eine Gruppe, die gegen grundsätzliche Überzeugungen einer freiheitlichen Gesellschaft verstößt: Menschenwürde, Menschenrechte, Freiheit, Toleranz, Selbstentfaltung, Selbstverwirklichung. Weiter wird suggeriert, eine Sekte erzeuge Abhängigkeit und sie sei potenziell gefährlich.[2] Die Kommission schlug deshalb vor, dass bei staatlichen Äußerungen auf den Begriff „Sekte" zu verzichten sei und von „neuen religiösen Bewegungen" bzw. „neuen weltanschaulichen Bewegungen" gesprochen werden sollte.[3] In Kontrast zu Medienberichten kam die Kommission zum Schluss, dass „von neuen religiösen und weltanschaulichen Bewegungen allgemein in Deutschland keine Gefahren für den einzelnen, die Gesellschaft oder den Staat ausgehe."[4]

Der Religionswissenschaftler Gerald Wilms hat 2012 eine umfangreiche Darstellung über die „wunderbare Welt der Sekten" geschrieben und dabei einen weiten Bogen vom Apostel Paulus bis zu Scientology geschlagen. Seiner Ansicht nach ist eine Sekte eine religiöse Bewegung, die sich ins Abseits gesellschaftlicher „Normalität" stellt, wobei er dies prinzipiell neutral verstanden haben will.[5] Bei einer derart weit gefassten Definition gehören denn auch Methodisten und Baptisten in die Kategorie Sekte, obgleich diese Bewegungen längst Mitglieder starke Kirchen geworden sind.

Im Gegensatz zu solch offenen Definitionen und entdramatisierten Bewertungen steht die Wahrnehmung von Sekten in der Öffentlichkeit heute immer noch im Zeichen der Irrationalität und der Gefährlichkeit. Ich möchte im Folgenden einige Serienfolgen untersuchen, wo als „Sekten" bezeichnete Gemeinschaften vorkommen. Dass einige von ihnen auch als „Kirchen" oder „Freikirchen" bezeichnet werden, ist symptomatisch für die Wahrnehmung christlicher Gruppierungen außerhalb der volkskirchlich organisierten Formen.

Freikirchen oder Sekten kommen in den Serienfolgen nicht sehr häufig vor, obschon diese abgeschlossene Welt doch einen guten Stoff für eine Krimihandlung hergibt. Eine idealisierte „Sektengemeinschaft" findet sich beispielsweise in der Folge „Gold und Silber" (2016) aus *Alles Klara*. Zwar handelt es sich nicht um eine eigentliche religiöse Gemeinschaft, sondern um einen Biohof, der von Jürgen Weisshaupt patriarchalisch geführt wird. Die Großfamilie besteht aus dem Ehepaar und neun Kindern, davon drei erwachsene. Alle Familienmitglieder tragen strahlend weiße Kleidung, die Mädchen haben langes blondes Haar. Alle strahlen sie Naturverbundenheit aus. Als sie vom Tod des Nachbarsjungen erfahren, fassen sich alle rund um den Tisch an den Händen, um mit den Nachbarn „mitzufühlen", ein Ritual, das an eine religiöse Praxis erinnert.[6] Nur die 16jährige Jule schert aus dem Familienverband aus: Sie benutzt sogar am Esstisch eifrig

Die Großfamilie Weisshaupt sitzt im Garten ihres Biohofs am Tisch. Alle halten sich an den Händen und fühlen mit dem Mordopfer.

*Alles Klara*, Folge 35, „Gold und Silber" (min. 26:47)

ihr Handy und trifft sich heimlich mit einem viel älteren Freund. Die Distanz zur Außenwelt, das Sendungsbewusstsein, der starke identitäre Zusammenhalt, die gemeinsamen Rituale sind alles Element, die von der Gesellschaft als sektenhaft wahrgenommen werden.

In der Folge „Leonies letzter Abend" (2019) aus *Morden im Norden* bekommt der Zuschauer Einblick in die Welt der Zeugen Jehovas. Die Darstellung ist verhältnismäßig zurückhaltend; die Zeugen werden nicht als Sekte, sondern als Gemeinschaft bezeichnet. Doch werden auch hier gängige Klischees gezeigt. So sind alle in der Folge vorkommenden Zeugen fanatische Außenseiter. Das Wohnzimmer der Familie Faber, die Mitglieder bei den Zeugen Jehovas sind, ist von einer erdrückenden Leere: weiße, kahle Wände, an denen einige wenige kleine Bilder hängen (mit belanglosen Blumen, nichts Religiösem). Es herrscht stets ein lastendes Schweigen in den Räumen. Über die Spiritualität oder Theologie der Vereinigung erfährt der Zuschauer nichts, aber umso mehr über deren moralischen Rigorismus, unter dem die 17jährige Leonie gelitten hat.

### DIE „KIRCHE DES BLUTENDEN HERZENS MARIÄ"

Eine ganz besonders negative Darstellung einer „Freikirche" findet sich in einer Folge aus *Mord mit Aussicht* mit dem Titel „Blutende Herzen" (2010). Kommissarin Haas untersucht den Tod einer alten Bäuerin, die ihren wertvollen Hof einer dubiosen Freikirche bzw. Sekte überschrieben hat. Die religiösen Konturen dieser „Freikirche" bleiben unklar. Der Name „Kirche des blutenden Herzens Mariä" lässt an eine konservative katholische Bewegung denken, dazu passt aber nicht, dass die Selbstbezeichnung der Gemeinschaft „Freikirche" lautet.[7] In der Serienfolge selber wird über die korrekte Bezeichnung diskutiert. Der Sohn der Ermordeten, der um sein Erbe betrogen werden sollte, bezeichnet die Gemeinschaft als „Scheißsekte", was seine Frau zu „Freikirche" korrigiert.[8]

Einen Hinweis auf die religiöse Verortung der „Freikirche" gibt ein Gebet, das Margot, die geistig zurückgebliebene Schwester der Bäuerin, herunterleiert: „Kirche der blutenden Herzen Maria. O meine Gebieterin, o meine Mutter, dir weihe ich mir ganz, und um dir meine Hingabe zu bezeigen, weihe ich dir heute meine Augen, meine Ohren, meinen Mund."[9]

Der Text ist eng an das Weihegebet an die Gottesmutter Maria angelehnt, das 1666 vom Jesuiten Nicolaus Zucchius verfasst worden ist. Dieses Gebet wurde zu Beginn des 20. Jahrhunderts von der Schönstattbewegung unter Josef Kentenich als „Liebesbündnis" aufgenommen. Diese katholische Erneuerungsbewegung hat ihren Ursprung in Vallendar (Rheinland-Pfalz), also nicht weit weg vom fiktiven Hengasch, wo die Fernsehserie sich abspielt. Allerdings handelt es sich bei der Schönstattbewegung um eine apostolische Vereinigung von Gläubigen innerhalb der katholischen Kirche, es kann also keinesfalls von einer Freikirche gesprochen werden. Die „Kirche des blutenden Herzens Mariä" wird auch ikongrafisch als eine katholische, marianisch ausgerichtete Gemeinschaft dargestellt. So sehen wir im Schlafzimmer der verstorbenen Bäuerin eine große Statue der Maria von Lourdes und ein kitschiges Gemälde, das die Heilige Familie unter blühenden Kirschbäumen zeigt.

Die einzigen wirklichen Mitglieder, die wir zu sehen bekommen, sind Sabine Ohlert, eine bigotte, böse Frau, und die geistig zurückgebliebene Margot. Wir haben die Beiden im Kapitel „Homo religiosus" eingehend vorgestellt. Die verwirrte Margot hat auf Geheiß der fanatischen Ohlert den Mord an der alten Bäuerin begangen (und sich dabei einer „biblischen" Methode bedient, der Frau nämlich einen „Pflock" in den Schädel getrieben wie Jael in Ri 4,21) und dazu auch noch die Polizistin Haas niedergeschlagen.

Zwar wird von der Sekte und ihrer religiösen Praxis kaum etwas berichtet. Doch die düstere und beklemmende Atmosphäre – die nicht zuletzt durch die Musik mit langgezogenen schneidenden Klängen entsteht – zeichnet das Bild einer pathologischen Gemeinschaft, die zur Brutstätte von Gewalt und Verbrechen wird.

### ZWISCHEN FREIKIRCHE UND GURUSEKTE

In der Folge „Kinder des Lichts" (2017) aus *Morden im Norden* ist eine Religionsgemeinschaft Schauplatz der Handlung. Die junge Karoline Hafemann, seit drei Monaten Mitglied der Gemeinschaft, kommt bei einem Autounfall ums Leben, wobei sich herausstellt, dass die Bremskabel ihres Fahrzeugs manipuliert worden sind, also ein Mordanschlag vorliegt. Die „Kinder des Lichts" bezeichnen sich selbst als Freikirche, als solche sei sie auch als Verein eingetragen.[10] Die religiösen Konturen dieser Kirche bleiben nebulös. Die Leiterin will an einem Kirchentag in Worms teilnehmen, wo sich die Freien Kirchen treffen würden.[11] Dort werde ihre Kirche ein „Lichtmahl" organisieren, um Interessenten zu gewinnen.[12] Hier ließ man sich offensichtlich vom alle zwei Jahre stattfindenden „Deutschen Evangelischen Kirchentag" inspirieren, der von den evangelischen Landeskirchen ausgerichtet wird.

Die Freien Kirchen sind in Deutschland in einer Arbeitsgemeinschaft organisiert, der „Vereinigung Evangelischer Freikirchen", wozu unter anderem die Mennoniten und die Heilsarmee gehören.[13] Die „Kinder des Lichts" hingegen lassen sich nicht in solche Kirchengemeinschaften einfügen. In der Serienfolge wird eine kleine Gemeinschaft von jungen Frauen gezeigt, die in klosterähnlicher Abgeschiedenheit auf einem Bauernhof leben; Kontakte zur Außenwelt werden nicht geduldet. Die zwölf Frauen (wie die Zahl der Apostel im Lukasevangelium) und die Leiterin sind alle in lange weiße Gewänder gekleidet und tragen ein schlichtes Medaillon um den Hals. Sie wohnen in einfachen, schmucklosen Zimmern; jeglicher Komfort und jede Technologie (Fernseher, Handy) sind verboten. Im nüchternen Aufenthaltszimmer steht ein großer Tisch, zwei Gongs hängen an der Wand, es brennen Kerzen. Eigentliche religiöse Symbole sind nicht auszumachen.

Das Oberhaupt der Gemeinschaft, Marianne Ruthenbeck, ist eine freundliche, vielleicht etwas kühle Frau Mitte fünfzig. Die wenigen Angaben, welche Ruthenbeck zur Spiritualität der Gemeinschaft macht, lassen an eine christliche Gemeinschaft denken, schließlich soll es sich ja um eine „Freikirche" handeln. Mehrmals ist von „Gott" die Rede: die „wiedergefundene Liebe zu Gott" oder „Gottes Plan".[14] Doch was die Mitglieder praktizieren, ist fernöstliche Meditation: Die Frauen sitzen draußen auf dem Rasen im Kreis, im Zentrum steht ein Holzgerüst mit einem großen Gong, darum herum sind helle Steine kreisförmig ausgelegt. Die weißgekleideten Frauen sitzen mit gekreuzten Beinen auf Meditationskissen und halten die Hände in einer Art buddhistischen Mudrahaltung.[15] Als ein weiteres Mitglied dazu tritt, lädt die Leiterin sie mit den Worten „Komm zu uns ins Licht" zur Teilnahme ein. Die Frauen „beten für die Seele" der ermordeten Karoline, ein ehemaliges Mitglied ihrer Gemeinschaft.

**Die Frauen der Sekte „Kinder des Lichts" beim Meditieren im Gras.**

*Morden im Norden*, Folge 58, „Kinder des Lichts" (min. 19:07)

Das Emblem oder Logo der „Kinder des Lichts" zeigt ein Rad mit zwölf Speichen, dahinter breiten sich Sonnenstrahlen aus. Diese Ikonografie erinnert einerseits an das buddhistische Dharmarad (wie es zum Beispiel die European Buddhist Union im Logo führt) und andererseits mit den Strahlen an die Flagge von Tibet. Nach Asien passen zudem auch die beiden durchbrochenen chinesischen Jadesteine, die im Flur der Freikirche auf einer Kommode stehen.[16]

Das eigentliche Ziel, das Marianne Ruthenbeck mit ihrer „Freikirche" verfolgt, ist anscheinend eine Art Therapie für junge Frauen in schwierigen Lebenslagen. So erklärt sie den beiden Polizisten: „Ich habe einen spirituellen Ort der Erleuchtung erschaffen, an dem Menschen eine zweite Chance bekommen. Das war Gottes Plan."[17] Das einzige Mitglied, das man näher zu sehen bekommt, ist Ute Hansen, eine offensichtlich schwer traumatisierte junge Frau. Sie ist ängstlich und verstört, ihr Blick verschlossen und feindselig.[18] Auch die ermordete Karoline kommt aus einem schwierigen Elternhaus. Nachdem die Mutter an Krebs verstorben ist, wurde der Vater darüber zum Alkoholiker und hat seine Arbeitsstelle verloren, so dass er und die beiden Mädchen von Sozialhilfe leben müssen. Karoline ist dem unerträglich gewordenen Elternhaus entflohen und hat bei den „Kindern des Lichts" Unterschlupf gefunden. „Die wiedergefundene Liebe zu Gott hat ihre Wunden allmählich heilen lassen"[19], kommentiert die Leiterin den Heilungsprozess. Zweifel an der altruistischen Einstellung der Frau Ruthenbeck ergeben sich aus der Tatsache, dass die Mitglieder der „Freikirche" der Leiterin all ihre Besitztümer überschrieben haben, die ermordete Karoline sogar eine hochdotierte Lebensversicherung.

Aus diesem Grund wird die Gemeinschaft von den übrigen Personen der Serie äußerst negativ beurteilt. Karolines Vater bezeichnet sie als „verdammte Sekte"[20], und der Exfreund des ermordeten Mädchens beschimpft die Leiterin als „Hexe".[21] Auch Polizist Kiesewetter äußert sich abfällig. Er unterstellt der Leiterin, die er als „Seelenfängerin vor dem Herrn" bezeichnet, sie habe ihre Freikirche nur deshalb aufgezogen, um den stark verschuldeten Familienhof zu retten.[22] Über die Anhängerinnen der Sekte meint er: „Wer sich in einer solchen Sekte wohlfühlt, muss echt einen Schaden haben."[23]

Die abfällige Terminologie wird innerhalb der Serienfolge selbst thematisiert. Als die junge Polizistin Nina Weiss von einer „Sekte" spricht, erntet sie einen missbilligenden Blick ihrer Chefin, die den Ausdruck zu „Glaubensgemeinschaft" korrigiert, woraufhin Frau Weiss den neutralen Ausdruck übernimmt.[24] Innerhalb der Narration bleibt die Darstellung der „Kinder des Lichts" ambivalent und schwankt stets zwischen „Freikirche" und „Sekte". Einerseits finden dort nur schwer angeschlagene Individuen Unterschlupf, die für die „spirituelle Therapie" ihr ganzes Erspartes abgeben. Andererseits ergibt die polizeiliche Untersuchung, dass das „Sektenoberhaupt" Ruthenbeck am Mordanschlag völlig unbeteiligt war.

## 3. FREIKIRCHEN UND SEKTEN

### NOAH UND DER WELTUNTERGANG AUF DEM STARNBERGER SEE

In *Hubert ohne Staller* kommt eine Sektengemeinschaft namens „Die Kinder der fünf Seen" vor, die auch namensgebend für eine Serienfolge von 2021 ist. Der Name der Sekte beinhaltet einen ironischen Subtext: Er bezieht sich zunächst auf die oberbayerische Fünfseenlandschaft. Da diese Region zu den besonders beliebten Wohngegenden gehört, dürfte es sich bei den „Kindern der fünf Seen" um besonders Wohlhabende und Privilegierte handeln. Die dubiose Sekte lebt auf einem riesigen Waldstück beim Starnberger See und ist als gemeinnütziger Verein und Freikirche eingetragen.[25] Das Sektenmitglied Eva Fritz fasst die Ideologie der Gemeinschaft folgendermaßen zusammen: „Alle Vermaledeiten sind dem Tode geweiht. [...] Wir, die Kinder der fünf Seen, wir werden gerettet werden, weil wir den Weg des Lichts gehen. Für alle anderen gibt es leider keine Rettung."[26]

Für die Darstellung der Gemeinschaft gibt es mehrere Vorlagen. Sie orientiert sich einerseits am Peoples Temple, einer Bewegung, den der US-amerikanische Sektenführer Jim Jones Ende der 1950er Jahren gegründet hatte. Seit 1974 gab es die Siedlung Jonestown im Nordwesten Guyanas mit über tausend Mitgliedern. Die Anhänger lebten dort in völliger Isolation, ohne Möglichkeit, die Gemeinschaft verlassen zu können. Bewaffnete Wächter kontrollierten die Siedlung und bestraften Übertretungen mit Brutalität. Als der amerikanische Kongressabgeordnete Leo Ryan 1978 Jonestown einen Besuch abstattete und mit Ausreisewilligen wieder abreisen wollte, wurde er ermordet. Über neunhundert der Sektenmitglieder kamen anschließend bei einem erzwungen Massensuizid ums Leben oder wurden ermordet.[27]

Ein weiteres Modell sind die „Sonnentempler", ein esoterischer Geheimorden, der von Joseph Di Mabro gegründet und von Luc Jouret weitergeführt wurde. Die Mitglieder lebten teilweise in strenger Abgeschiedenheit und wurden finanziell und als Arbeitskraft ausgebeutet. Sie unterlagen einer radikalen Bewusstseinskontrolle und litten an Realitätsverlust. In den 1990er Jahren nahm die Bewegung zunehmend apokalyptische Züge an und erwartete den Weltuntergang: Die Auserwählten sollten nach der Zerstörung der Erde im Sternensystem Sirius wiedergeboren werden. In den Jahren 1994, 1995 und 1997 kam es zu mehreren Suiziden und Morden, bei denen insgesamt 74 Menschen umkamen.

In der Folge „Die Kinder der fünf Seen" gibt es am Eingang ein Schild, ähnlich dem am Eingang zur Siedlung Jonestown in Guyana.[28] Als Hubert und Girwidz das Gelände der Sekte besuchen, wird ihnen ein Zettel zugesteckt, in dem ein Mitglied um Hilfe bittet[29] – genauso wie es dem Kongressabgeordneten Ryan passiert ist. Die endzeitlichen Visionen hingegen inspirieren sich mehr an den „Sonnentemplern". Die Kinder der fünf

Seen erwarten den unmittelbar bevorstehenden Weltuntergang, bei dem sie alleine gerettet werden. Sie schotten sich von der Umwelt ab, sobald sich einer der Polizisten nähert, laufen sie wortlos weg. Auf den Selbstmord der „Sonnentempler" spielt zudem die Szene an, wo die Polizisten die Sektenmitglieder im Kreis herum im Gras liegend sehen und glauben, sie seien alle tot.[30]

Die archaische Lebensweise erinnert an Gemeinschaften wie die Amischen, die aus der Täuferbewegung hervorgegangen sind. Diese wanderten seit Ende des 17. Jahrhunderts aus der Schweiz, Süddeutschland und dem Elsass nach Nordamerika, hauptsächlich nach Pennsylvania, aus, wo sie heute noch leben. Die Kinder der fünf Seen sind in selbstgenähte, graue Gewänder gehüllt, die sie mit Aschenlauge waschen. Sie essen Hirsebrei aus irdenem Geschirr und verzichten auf jede moderne Technologie. Ihre Kinder gehen in die sekteneigene Schule: Zwei Grundschulkinder werden von einem jungen Lehrer unterrichtet, die einzigen Hilfsmittel sind Tafel und Kreide.[31] Trotzdem entpuppen sich die beiden Schüler als außergewöhnlich intelligent.

Der Sektenführer nennt sich Noah (mit bürgerlichem Namen Norbert Sedelmeier). Er hat die Mitglieder dazu gebracht, ihr Vermögen der Gemeinschaft zu übergeben. Der etwa 60jährige Mann hat einen kantigen, kahlen Schädel und trägt einen weißen, gestutzten Vollbart, dessen Ende zu einer kleinen Zottel gezwirbelt ist. Über der Brust trägt er eine Kette mit dem Symbol der Sekte als Anhänger (eine Art Sonnenkreis). Bei der ersten Begegnung taucht er gerade aus dem Innern seines Bootes auf, zusammen mit einer jungen Frau, die ziemlich außer Atem ist.[32] Der zärtlich-vertraute Blick, den die Frau ihrem Guru zuwirft, lässt erahnen, was die Beiden im Schiffsrumpf getrieben haben.

Noah verkündet eine Religion im Einklang mit der Natur, ohne Technologie und ohne Wettbewerb unter den Menschen. Dazu praktizieren

Der „Sektenguru" Noah erscheint mit einer jungen Anhängerin aus dem Innern seines Bootes.

*Hubert ohne Staller*, Folge 146, „Die Kinder der fünf Seen" (min. 15:30)

sie Meditation. Wie sein biblischer Namensvetter bereitet sich auch der Sektenguru auf die große Flut vor. Doch statt einer riesigen Arche steht in einer Waldlichtung bloß ein recht maroder Kahn, ein kleines Kajütenboot. Noah verkündet, dass der Asteroide XD231 auf die Erde zurasen und im Meer einschlagen werde. Eine Welle von unvorstellbarem Ausmaß werde darauf die Erde überfluten.[33] Die Welt soll dadurch gereinigt werden, damit „das Licht die Menschen wieder erreichen"[34] kann. Doch Noahs Weltuntergang entpuppt sich am Ende als eine dürftige Inszenierung: Während alle Sektenmitglieder dicht gedrängt auf dem kleinen Boot am Ufer des Starnberger Sees ausharren, rettet sich der Guru mit einem Sprung ins Wasser, um sich mit seiner Geliebten in die Schweiz abzusetzen.[35]

Während der nüchterne Polizist Hubert keinerlei Verständnis für Noah und seine Sekte aufbringen kann, fühlt sich Girwidz davon angezogen. Zwischen ihm und Noah entspannt sich sogar eine kurze Diskussion, welche Motive jemanden dazu bringen könnten, auszusteigen und einer Sekte beizutreten.[36] Warum sich Girwidz von der Sektenideologie angezogen fühlt, wird jedoch klar, als er eine Vision von der angeblich bevorstehenden Monsterwelle hat. Er sieht, wie das Polizeirevier mitsamt der neuen Leiterin verschlungen wird; aus den Fluten taucht nur ein einzelner Bürostuhl wieder auf: der leere Sessel, auf den sich Girwidz ohne Zweifel wieder setzen möchte.[37]

### DAS „MOHAIR-KANINCHEN" UNTER DEN CHRISTEN

Die ganze Folge „Der Amisch" (2016) von *Großstadtrevier* ist den Amischen und ihren besonderen Bräuchen gewidmet. Die Gemeinschaft der Amischen war durch verschiedene Filme ins Bewusstsein der Öffentlichkeit gerückt. Der mit zwei Oscars ausgezeichnete Film *Witness* (auf Deutsch: *Der einzige Zeuge*) aus dem Jahr 1985, mit Harrison Ford in der Rolle des Detektiven Bock, wird sogar explizit in der Serienfolge als Quelle genannt.[38] Aus dem Film *Der einzige Zeuge* wurde beispielsweise die Szene kopiert, wo Betrunkene die Amischen angreifen, während diese sich aus religiösen Gründen nicht wehren. Ab 2012 wurde in den USA die kontrovers diskutierte Reality-Fernsehserie „Amish Mafia" mit insgesamt 35 Folgen gesendet;[39] sie war auch auf Deutsch ab 2014 auf dem Sender DMAX zu sehen. Darin wird der einflussreiche Levi King Stoltzfus gezeigt, der das Lancaster Amish Aid Syndicate leitet, eine kriminelle Vereinigung, die sich für die amischen Gemeinden einsetzt. Verschiedene Spezialisten der Amischen Kultur haben sich öffentlich sehr negativ über die Serie geäußert und deren Wahrheitsgehalt vehement bestritten.[40] Dennoch haben sich die Autoren des *Großstadtreviers* möglicherweise von der amerikanischen Serie inspirieren lassen, so etwa im Hinblick auf die Verbindung zwischen den Amischen und dem organisierten Verbrechen. So arbeitet der junge Amisch Abram Schwartz in Hamburg für eine Bande von Autodieben, allerdings nur deshalb, weil er sich in eine Prostituierte verliebt hat, die er aus den Fängen der brutalen Zuhälter retten will. Er merkt zu spät, dass die Frau nur auf sein Geld aus ist.

Im Gegensatz zu den bisher analysierten Darstellungen von Freikirchen und Sekten, die vorwiegend negativ oder lächerlich gezeigt wurden, werden der junge Abram Schwartz, der Amisch, und seine Glaubensgemeinschaft ohne Polemik mit viel Einfühlungsvermögen und Verständnis dargestellt. Dies geht soweit, dass die eigentliche Krimihandlung streckenweise in den Hintergrund gerät. Die Polizistin Harry Möller nennt die Amischen sogar „die Mohair-Kaninchen unter den Christen, völlig harmlos und friedfertig. Die Zehngebote sind ihr Ein und Alles."[41] Zu Beginn der Serienfolge erfahren wir einiges über die Amischen aus zweiter Hand. Nachdem die Polizisten die Amischen zunächst mit den Mormonen verwechselt haben, besorgt sich Polizist Schirmer ein Buch, aus dem er sein Wissen schöpft. Er beschreibt die Amischen als eine „christliche Glaubensgemeinschaft aus Pennsylvania", deren Mitglieder an den breitkrempigen Hüten zu erkennen seien.[42] Die Polizisten schauen sich ein Video über Amische an, das eine Pferdekutsche zeigt. Dabei werden vor allem deren Vorbehalte gegenüber dem technischen Fortschritt in den Vordergrund gestellt: kein Auto, kein Fernsehen, kein Internet.

Abram Schwartz in seiner traditionellen Kleidung der Amischen.
*Großstadtrevier*, Folge 383, „Der Amisch" (min. 46:18)

Für die Darstellung des Abram Schwartz haben die Autoren offensichtlich einiges recherchiert. Schwartz gibt an, dass seine Vorfahren aus Bern kämen,[43] was historisch plausibel ist, da viele verfolgte Täufer im 19. Jahrhundert aus dem Berner Jura oder dem Emmental nach Amerika geflohen sind. Es gibt im Bundesstaat Indiana auch noch amische Gemeinden, die einen berndeutschen Dialekt sprechen.[44] Allerdings spricht

Schwartz (gespielt vom Schweizer Schauspieler Max Hubacher) ein korrektes Hochdeutsch mit etwas gekünstelter berndeutscher Färbung. Mit dem „Schwyz", das die Amischen in Indiana sprechen hat dies nicht das Geringste zu tun. Der junge Mann gibt zudem an, dass er gerne schnitze,[45] und tatsächlich sind die Amischen Berner Herkunft in Indiana für ihre Möbelproduktion bekannt.

Neben Anekdotischem – wie etwas, dass Amische Spiegel und Bilder verhängen, weil diese nur „überflüssige Eitelkeiten" seien[46] – erfährt der Zuschauer auch Kernpunkte aus dem religiösen Leben der Gemeinschaft. So erzählt Schwartz mit großer Ernsthaftigkeit, warum die Amischen die Kindertaufe ablehnen: „Wie soll ein Baby bitte schön ein Glaubensbekenntnis ablegen?",[47] fragt er die Polizistin Harry Möller und zitiert auch gleich den entsprechenden Vers aus der Apostelgeschichte: „Die sein Wort annahmen, ließen sich taufen." (Apg 2,41) Wir erfahren, dass der junge Mann deshalb selber noch nicht getauft ist, sondern damit zuwartet, bis er sich definitiv entschlossen hat, sein Leben innerhalb der amischen Gemeinschaft zu leben. Die Ablehnung der Kindertaufe war im 16. Jahrhundert – neben der Weigerung, die Obrigkeit anzuerkennen – einer der Hauptgründe für die Verfolgung der Täufergemeinden. Vom Rückzug der Amischen aus dem politischen und sozialen Leben der amerikanischen Mehrheitsgesellschaft wird jedoch nichts erwähnt.

Die Gewaltlosigkeit der Amischen wird in *Großstadtrevier* ebenfalls thematisiert. Als man ihn der Mittäterschaft an den Autodiebstählen beschuldigt, predigt der junge Abram eindringlich: „Wir glauben an eine Welt ohne Gewalt und ohne Kriminalität", was der ihn befragende Polizist ironisch als „nette Utopie" abtut.[48] Später wird der junge Mann in einer Bar von drei betrunkenen jungen Männern angegriffen, will sich aber zuerst nicht wehren. Einer schlägt Abram mehrere Mal auf die Wange, in Anspielung wohl auf Mt 5,39 („Wenn dich jemand auf deine rechte Backe

Der Amisch Abram Schwartz wird in einer Kneipe von Besoffenen provoziert, wehrt sich aber nicht.

*Großstadtrevier*, Folge 383, „Der Amisch" (min. 36:37)

schlägt, dem biete die andere auch dar.") Erst als seine Begleiterin Harry Möller ebenfalls belästigt wird, schlägt er zu, um die Frau zu schützen.[49]

Auf einen besonderen Brauch der Amischen kommt die Serienfolge eingehend zu sprechen: das so genannte „Rumspringa" (eigentlich „Herumspringen"). Gemeint ist die bei den Amischen übliche Übergangszeit zwischen Jugend und Erwachsensein, wo ziemlich alles erlaubt ist: Reisen, Fernsehen, ja sogar Alkohol und Drogen. Am Ausgang dieser Zeit entscheiden die Jungen, ob sie definitiv in der Gemeinde leben wollen oder nicht. Über dieses Phänomen existiert der Dokumentarfilm *Devil's Playground* von Lucy Walker aus dem Jahr 2002.[50] Abram Schwartz gibt an, dass dieses „Rumspringa" dazu da sei, „die andere Welt zu erkunden."[51] Man fragt sich allerdings, weshalb die amische Gemeinschaft den jungen Mann allein nach Deutschland geschickt hat, wo er sich anscheinend mit Prostituierten und Kriminellen herumtreibt.

Die Darstellung der Amischen in der Folge von *Großstadtrevier* ist erstaunlich einfühlsam. Zwar machen einige Polizisten zuweilen kritische Kommentare über die ihnen fremde Lebenswelt, aber abwertend ist dies nie. Die große Sorge um eine ausgewogene Darstellung kommt in einer Äußerung der Kommissariatsleiterin Küppers zum Ausdruck, die sich nach einer witzigen Bemerkung über die Amischen selber korrigiert: „Ich will mich nicht über den Glauben anderer lustig machen."[52] Um den Glauben geht es allerdings selten. Wie wir gesehen haben, handelt es sich um eine fast „ethnologische" Spurensuche seitens der Polizisten, die ergründen wollen, wie und warum dieser junge Mann in einer so fremden Welt lebt. Einzig die erwähnte Verweigerung der Kindertaufe verweist auf einen religiösen Hintergrund. Es ist bezeichnend, dass das einzige vertrauliche Gespräch über Religion zwischen dem jungen Amischen und Harry Möller stattfindet, einer Hamburger Polizistin mit griechischen Wurzeln. Der Amisch wird hier als der „Andere", der Fremde, gezeigt, dessen Andersartigkeit aber doch mit Respekt begegnet wird.

# 4. LIFESTYLE-RELIGIONEN

Ich möchte in diesem Kapitel auf jene Praktiken eingehen, die im „Supermarkt der Religionen"[1] angeboten werden: Yoga, Aromatherapien, Gesundfasten etc. Anhänger solcher religiösen Praktiken stellen sich ihre Religion selber zusammen, als eine Art „Bricolage". Sie stehen institutionalisierter Religiosität kritisch gegenüber und sakralisieren oft ihr eigenes Ich mit dem Ziel, das persönliche Glück zu maximieren.[2] In den untersuchten Serien kommen zahlreiche Menschen vor, welche die unterschiedlichsten Formen von Religion praktizieren. Solche Praktiken werden alle recht undifferenziert als lächerlich oder als Humbug dargestellt.

### SKURRILE SPINNER

Eine durchwegs lächerliche Figur ist Anne Krause, die Schwester des Mordopfers, in der Folge „Schachmatt" (2013) aus der Serie *Alles Klara*. Ihre spirituelle Praxis lässt sich irgendwo zwischen Esoterik, Yoga und Buddhismus einordnen. Sie verkörpert das Stereotyp der etwas älteren Frau, die ohne Kinder und Beruf auf Sinnsuche aus ist. Frau Krause (ihr Name ist bereits Programm) trägt schlabberige Kleidung in schrillen Farben und berichtet mit hysterischer Stimme vom Verlust ihres spirituellen Meisters, „weil ihm meine Spiritualität zu viel ist, zu stark".[3] Um über den Verlust ihrer ermordeten Schwester hinwegzukommen, bittet sie den jungen Kommissar

Die stark esoterisch veranlagte Anne Krause hat einen Nervenzusammenbruch.

*Alles Klara*, Folge 18, „Schachmatt" (min. 07:03)

Wolter, sie zu umarmen. Die daraufhin herbeigerufene Polizeisekretärin Klara Degen praktiziert mit ihr ein „gemeinsames Hum".[4] Die völlig überzeichnete Figur wird in der Filmhandlung durch einen sarkastischen Kommentar von Wolter charakterisiert: Die Frau brauche jemanden, „der ihr die Chakren wieder richtet."[5] Auch die anderen Serienfiguren witzeln über die Lifestyle-Religionen. „Herr Kleinert, Sie sollten an Ihrer Aura arbeiten! Die ist immer so düster"[6], meint Klara ironisch zu ihrem Vorgesetzten.

In der Folge „Zuviel Zukunft ist auch nicht gut" (2013) aus der Serie *Zwischen den Zeilen* recherchiert die tollpatschige Journalistin Maja Becker im Esoterik-Milieu. Dessen Vertreter werden durchwegs negativ dargestellt. Der Esoteriker Jochen Kranz, ein exzentrischer Spinner, trinkt ein Glas „Morgenurin" und verwendet gegen gefährliche Kunden eine angeblich äußerst wirksame „Saturn-Essenz".[7] Er dreht Maja Becker ein „kosmologisches Hufeisen" an sowie mehrere Flakons mit den feinstofflichen Essenzen der Planeten, die man sich angeblich „auf die Chakren reiben" soll.[8] Eine Mondexpertin, deren berufliche Kompetenz in einer Ausbildung zur Fußpflegerin besteht, führt einen Esoterik-Laden mit einem bunt zusammengewürfelten Sammelsurium von Steinen, Mineralien, Fläschchen und Amuletten. Ein weiterer Heiler betreibt Pendeln und Heilschwenken. Eine leichtgläubige indische Restaurantbesitzerin vermischt Esoterik und groben Aberglauben.

**Maja Becker recherchiert im Esoterikgeschäft der Mondexpertin.**
*Zwischen den Zeilen*, Folge 5, „Zuviel Zukunft ist auch nicht gut" (min. 19:21)

Eine weitere komische Figur, die auf Esoterik abfährt, ist Uschi Hartmann in der Folge „Mord im Spukschloss" (2017) aus *Alles Klara*.[9] Die etwa 70jährige Dame sitzt zu Hause im Lotussitz auf ihrem Teppich und beantwortet Fragen der Polizisten über ihr Verhältnis zu ihrem ermordeten Mann, einem wohlhabenden Immobilienhändler. Ihr Wohnzimmer ist mit esoterischen Versatzstücken überreich ausgestattet. Auf dem vor ihr stehenden niederen Tisch brennen Räucherstäbchen, im Hintergrund des

Raumes sind verschiedene indische Gegenstände zu sehen: eine Elefantenstatue, ein Wandbehang, ein gehäkeltes Meditationskissen. Dazu erklingen meditative Sitarklänge. Auf dem Kamin steht eine steinerne Buddhafigur, an der Eingangstür hängt eine übergroße tibetische Flagge.[10] Die Dame selber trägt eine orangefarbene indische Bluse, eine Perlenkette und ein buntes Stirnband über dem rot gefärbten Haar. Den Polizisten berichtet sie von der freien Beziehung, die sie mit ihrem Mann geführt hat. Später entzündet sie in der Rechtsmedizin neben der Leiche ihres Mannes ein Räucherstäbchen und flüstert dem toten Mann zu: „Wir sehen uns wieder. Wo auch immer."[11] Ganz offensichtlich ist die Figur lächerlich angelegt: ein Althippie mit einer aus der Mode geratenen Spiritualität aus längst vergangenen Zeiten.

Die fernöstlich beeinflusste Spiritualität der Hippie-Bewegung wird auch in der Folge „Zu späte Einsicht" (2020) aus *Hubert ohne Staller* persifliert. Dort kommt ein Radiosender namens „Glücks-FM" vor, der im Hippie-Milieu anzusiedeln ist und als Maskottchen eine bunte Ganesha-Figur hat. Eine junge Frau mit buntem Blumenhemd moderiert die Themenwoche „Glück" und verkündet positives Denken als universelle Problemlösung. Der Einzige, der daran glaubt, ist der degradierte ehemalige Polizeirat Girwidz. Wie schon in der oben erwähnten Folge der „Kinder der fünf Seen" instrumentalisiert Girwidz die Spiritualität zu höchst eigennützigen Zwecken: Er hofft, sich durch positives Denken die neue Chefin vom Hals zu schaffen, um auf seinen alten Posten zurückkehren zu können.

**Innenansicht des Yogastudios „Prana and Soul" mit buddhistischen Versatzstücken.**
*Alles Klara*, Folge 31, „Letzte Ruhe Lotussitz" (min. 01:34)

Auch die Kundinnen des Yogastudios „Prana and Soul" in der Folge „Letzte Ruhe Lotussitz" (2014) aus der Serie *Alles Klara* sind lächerliche und überdrehte Figuren. Der Übungsraum bietet einen ikonografischen Querschnitt durch alle möglichen fernöstlichen Religionspraktiken: Entlang der Rückwand spannt sich eine Reihe vielfarbiger tibetischer Gebetsfahnen, darunter steht ein großer goldener Buddha in thailändischer Tradition, an einer Seitenwand ist ein indischer Wandbehang mit der hinduistischen Elefantengottheit Ganesha zu erkennen, im angrenzenden Büroraum stehen Klangschalen. Die Teilnehmer des Yogakurses sind ausnahmslos Frauen, die hier neben der spirituellen Selbstverwirklichung auch Gefallen am attraktiven Yogalehrer Jan Ahrens finden. „Ja, schöner Mann zieht eben immer"[12], wie die Vermieterin des Studios lakonisch kommentiert. Die Praktizierenden werden als „Desperate Housewives"[13] aus der Provinz dargestellt. Darunter sticht eine Frau Mitte dreißig besonders hervor, Marlene Strobel, die als Stalkerin in geradezu nymphomanischer Weise hinter dem Yogalehrer her ist. Der Yogalehrer selber erscheint als eine durchaus positive Figur. Er interessiert sich nicht für die jungen und weniger jungen Frauen mit ihren erotischen Projektionen, da er homosexuell ist. Ganz selbstverständlich praktiziert er Yoga und Meditation, da er selber in Indien gelebt hat. Die Mordanklage weist er mit dem Hinweis auf seine Yogapraxis zurück: „Die Gewaltlosigkeit, Ahimsa, steht auf der ersten Stelle auf dem achtstufigen Yogaweg."[14] Yoga ist sein Lebensziel: „Früher, da hatten wir Visionen [...]. Wir wollten dem Menschen durch Yoga ein neues Lebensgefühl schenken."[15]

**Der Yogalehrer Jan Ahrens in tiefer Versenkung.**
*Alles Klara*, Folge 31, „Letzte Ruhe Lotussitz" (min. 20:32)

In der Folge „Aliens" aus *Rentnercops* (2020) wird Meditationspraxis wesentlich parodistischer dargestellt. Die Hauptkommissarin Vicky Adam sitzt mit ihrer Frau im Wohnzimmer, beide in Meditationshaltung.[16] Dazu erklingen sphärische Klänge, überall brennen Kerzen, zwei Tassen Tee stehen bereit. Auf einem Tablett sieht man eine Buddhafigur. Eine ruhige Männerstimme gibt Anweisungen zum Meditieren. Während ihre Frau mit verbissenem Ernst meditiert, langweilt sich Adam und schielt verstohlen nach ihrem Handy.

## 4. LIVESTYLE RELIGIONEN

Vicky Adam und ihre Frau meditieren gemeinsam in einer eher parodistischen Szene, da Frau Adam bereits heimlich nach ihrem Smartphone greift.

*Rentnercops*, Folge 46, „Aliens" (min. 02:41)

Eine andere Art von lächerlicher Lifestyle-Religion wird in der Folge „Omm, du bist tot" (2013) aus *Hubert und Staller* vorgestellt. Zwar handelt es sich hier eigentlich um praktische Selbstfindungskurse, die wohlhabenden Führungspersönlichkeiten angeboten werden. Doch die religiösen Referenzen sind unübersehbar. Rainer Boll, der Inhaber eines Coachingszentrums, erklärt, dass es sich beim Ziel des angebotenen Seminars (ein „Work-Life-Balance Gruppencoaching") um eine Art „Wiedergeburt" handle: „Das eigene Ich wird wiedergeboren, um gestärkt neu zu beginnen."[17] Der ermordete Seminarleiter Engelbert Gerber, Spezialist für Selbstentwicklung, Persönlichkeitserweiterung und eigene Zielfindung, hatte um den Hals ein Amulett gehängt, das wohl indianisch sein dürfte. An der Wand des Seminarraums sehen wir eine runde, vermutlich südamerikanische Holzmaske, auf dem Klavier stehen zwei Regentrommeln. Anfänglich sehen wir die Gruppe nicht in Aktion, hören nur merkwürdige, stöhnende Geräusche aus dem Seminarraum. Später werden wir Zeugen einer Gruppensitzung, an der auch die beiden Polizisten Hubert und Staller teilnehmen.[18] Die Sitzung gestaltet sich recht abstrus. Die geübte Praxis ist irgendwo zwischen Gruppenfindung und Meditation anzusiedeln. Es erklingen langgezogene, tiefe Töne, wie bei einem schamanistischen Ritual. Bei einer Familienaufstellung, an der Polizist Hubert undercover teilnimmt, sitzen die Teilnehmer am Boden und summen mit geschlossenen Augen „Omm".[19] Im Hintergrund ist ein sitzender thailändischer Buddha zu sehen. Hier werden weniger die teilnehmenden Menschen lächerlich gemacht, als vielmehr die Selbstfindungspraktiken an der Grenze zwischen Psychologie und Religion, die als Humbug entlarvt werden.

Eine weitere Gruppe esoterischer, skurriler Spinner treten in der bereits erwähnten Folge „Aliens" (2020) aus der Serie *Rentnercops* auf. Es handelt sich um einen Verein namens „Kölner Sichter" (in Anspielung auf das jährliche Feuerwerksspektakel „Kölner Lichter"), dessen Mitglieder nach UFOs Ausschau halten und behaupten, selber mit Außerirdischen in Kontakt getreten zu sein. Ihre Weltanschauung ist eine bunte Mischung aus Pseudowissenschaft und esoterischem Synkretismus. Insbesondere vertreten sie die Theorie der Präastronautik, der zufolge Außerirdische in prähistorischer und frühhistorischer Zeit die Erde besucht und die kulturelle und technologische Entwicklung der Menschheit nachhaltig beeinflusst haben. Religiöse Erzählungen und Mythen (beispielsweise die biblische Schöpfungsgeschichte oder die Sintflut) werden wissenschaftlich-technologisch umgedeutet. Im deutschsprachigen Raum wurde die Präastronautik vor allem durch den Schweizer Erfolgsautoren Erich von Däniken in der breiten Öffentlichkeit bekannt.[20]

## ESOTERISCHE BETRÜGER

Eine weitere Gruppe von Esoterikern, Heilpraktikern und Hypnotiseuren besteht aus Betrügern, die naive Menschen ausnehmen oder sich irgendwelche Vorteile verschaffen wollen.

In der Folge „Jackpot" (2013) aus *Morden im Norden* hat Tante Ria, eine ältere, etwas schrullige Dame, ihrem Neffen Finn Edelstein-Wasser aus dem „Eso-Laden" mitgebracht, das „positiv-feinstofflich informiert" sei, mit anders angeordneten Wasserstoffatomen, und das Ganze habe sie zudem zu einem angeblichen Schnäppchenpreis erworben.[21] Als Finn Kiesewetter das Probefläschchen anschaut, hören wir asiatische Klänge. Die leichtgläubige Tante sollte von einem Esoterikverkäufer des Geschäftes „Heilwasser und Spiritualität" um ihre Ersparnisse gebracht werden. Dieser bietet ihr „Energie-Pyramiden" (für ein gutes Karma) sowie eine Beteiligung an der Heilquelle des Wunderwassers an, alles für stattliche Geldbeträge.[22] Kiesewetter lässt eine Probe durch den Gerichtsmediziner untersuchen, der zum Schluss kommt, dass es sich um normales Leitungswasser handelt.

In „Offene Rechnungen" (2013) aus der Serie *Hauptstadtrevier* wendet die Wahrsagerin Madame Rubina einen skurrilen „Mondzauber" an.[23] Hier ist es ein erfolgreicher Geschäftsmann, der zwar im Geschäftsleben seiner schwäbischen Heimat fest auf dem Boden der Tatsachen steht, daneben aber auch eine Magierin engagiert, um seine Frau, die ihn verlassen hat, zu sich zurückzuholen. Immerhin lässt sich der Geschäftsmann freiwillig ausnehmen, offensichtlich nach dem Prinzip der „Gewinnmaximierung": Wo die merkantilen Gesetzmäßigkeiten nicht mehr zum Ziel kommen, setzt er spirituelle Praktiken ein.

Eine Mischung aus Heilpraktiker und Esoteriker ist Udo Simon, der in der Folge „Der letzte Akkord" (2016) aus *Hubert und Staller* den Polizisten Johannes Staller wegen seiner Stimmprobleme behandelt.[24] Er praktiziert Akupunktur und verschreibt homöopathische Medikamente. In seiner Praxis sind verschiedene Elemente aus dem Lifestyle-Bereich zu sehen: brennende Kerzen, Räucherstäbchen, ein sitzender Buddha, das Dharmarad, ein schamanistisches Bild. Dazu erklingt dezente indische Musik mit Sitar und Flöte. Für die kurze Behandlung verlangt der Heilpraktiker die stolze Summe von 81 Euros, die er dem Polizisten gleich selber aus dem Portemonnaie klaubt.[25] Seine paramedizinisch-esoterische Behandlung erweist sich letztlich als Abzockerei, zumal sich der Zustand von Stallers Stimme in der Folge nicht merklich verbessert. Der Heilpraktiker wird am Schluss des Mordes überführt: Auch hier war Geldgier das Motiv gewesen.

Die Gedankenleser und Magier in der Folge „Dringender Tatverdacht" (2017) aus der Serie *Hubert und Staller* täuschen mit psychologischen Tricks. Die angebliche Gedankenleserin Madame Medusa, mit bürgerlichem Namen Carola Schnoor (nomen est omen), gibt vor, Stallers Gedanken lesen zu können.[26] Später gesteht sie jedoch, dass sie keine übersinnlichen Fähigkeiten habe, sondern dass sie mit Menschenkenntnis und Beobachtungsgabe arbeite.[27] Trotzdem glaubt Staller weiterhin daran, mit Hilfe von Selbsthypnose ein attraktiver und erfolgreicher Mann werden zu können.[28] So kann er scheinbar die hübsche Carola Schnoor verführen, doch nur solange bis er aus seiner Selbsthypnose erwacht. Im Hinblick auf die Wirksamkeit von Hypnose entsteht allerdings eine Ambivalenz, denn in einem Fall funktioniert sie innerhalb der Serienfolge dann doch – mit bösen Absichten: Die Polizisten hypnotisieren ihren tyrannischen Chef Girwidz, der daraufhin, unter Hypnose, wie ein Besessener schuftet, tapeziert und malt, um das Revier neu zu renovieren. Und durch Hypnose wird Staller – wenigstens vorübergehend – zu einem attraktiven Womanizer, und die Pathologin Anja Licht verliert zeitweise ihre Erinnerung daran, dass sie Zeugin eines Mordes gewesen ist.

Esoterik wird also pauschal lächerlich gemacht, genauso wie die Menschen, die solches praktizieren. Esoterische Praktiken werden in den Serienfolgen meist von Frauen, mittleren bis höheren Alters, ausgeübt. Ihre überdrehte und oft schrille Spiritualität, verbunden mit entsprechend exzentrischer Kleidung, wird so dem Typus der intellektuell und sozial unausgefüllten Frau zugeordnet, die in der zweiten Lebenshälfte nach einem neuen Betätigungsfeld sucht. Bei esoterische Heilpraktiken handelt es sich entweder um Betrügerei, und somit funktionieren sie überhaupt nicht. Oder die praktizierten Methoden funktionieren tatsächlich (meist aus wissenschaftlich erklärbaren Gründen), werden aber in betrügerischer Absicht eingesetzt.

# 5.
## MAGIE UND GEISTERBESCHWÖRUNG

Die Vorabendkrimiserien bewegen sich auf dem Boden des Realen, des alltäglichen, rational erklärbaren Lebens. Im Gegensatz zu Fantasy-Filmen hat hier das Übersinnliche und Magische keine eigene Wirklichkeit. Ich möchte einige Fälle aufzeigen, wo magische Praktiken, insbesondere die Kontaktaufnahme mit dem Jenseits, thematisiert werden. Dabei werden jeweils unterschiedliche Erzählstrategien angewendet: Wahrsagerei und übersinnliche Phänomene als arglistige Täuschung, das Übersinnliche als Spiegel der eigenen Innenwelt, Psychologie als Magie getarnt, Geisterbeschwörung als Parodie, Magie als Verblendung. Doch welche narrative Strategie auch zur Anwendung kommt, das Übersinnliche wird letztlich als existierende Möglichkeit stets ausgeschlossen.

### DAS TRICKSENDE MEDIUM

Untersuchen wir als erstes aus der Serie *Morden im Norden* die Folge „Blumenopfer" (2014). Wie ich bereits gezeigt habe, handelt es sich bei dieser Serie um ein ausgesprochen „realistisches" Format, wo Personen und Handlungen, trotz aller gattungsbedingten Stereotypen, möglichst echt dargestellt werden sollen. Wenn in einem solchem Format nun plötzlich Botschaften aus dem Jenseits auftauchen, entsteht von Anfang an eine Spannung: Der Zuschauer fragt sich, ob er der ausgelegten Spur folgen darf oder ob es sich um eine falsche Fährte handelt.

Im Zentrum der Folge steht das Medium Annette Döring, die von einer beunruhigenden Vision erschreckt wird und darauf die Polizei benachrichtigt. In der Vision sieht sie, wie ein junges Mädchen, Nina Freitag, die 18jährige Tochter ihrer Kundin, in einem „roten Grab" um ihr Leben kämpft.[1] Die Vision stellt sich bald als wahr heraus: Das Mädchen wird ertrunken im roten Auto ihrer Mutter in einem See aufgefunden. Die Obduktion ergibt, dass ein Selbstmord nicht in Frage kommt. Das Medium Döring bietet der Polizei ihre Hilfe an, um Ninas Mörder zu finden. Dazu will sie mit der Toten im Jenseits Kontakt aufnehmen.

Annette Döring wird als mysteriös, aber gleichzeitig undurchsichtig gezeigt. Sie hatte einen verstörten, etwas leidenden Blick. Sie trägt dunkle Kleidung, und ihre modische Baskenmütze lässt sie burschikos aussehen.

Sie ist stark geschminkt und hat ein ausladendes Dekolleté, was offensichtlich auf den Ermittler Lars Englen mindestens ebenso stark wirkt wie ihre medialen Fähigkeiten. Sein Kollege Finn Kiesewetter hingegen will kein Wort von dieser Vision glauben und hält die Entscheidung seines Kollegen Englen, das Medium in die Ermittlungen der Polizei einzubeziehen, für völlig verrückt. Die beiden Interpretationsmöglichkeiten des Zuschauers werden innerhalb der Narration durch die jeweiligen Positionen der beiden Ermittler dargestellt: der ablehnende Rationalist Kiesewetter und der für Spiritismus offene Englen. Letzterer kommt in Erklärungsnot und redet sich mit dem Argument heraus, dass es ja nicht schaden könne, die Hilfe des Mediums anzunehmen, auch wenn sich die Herkunft der Information nicht erklären ließe.

Der Zuschauer wird nun in diese Spannung zwischen rationalistischer Erklärung, welche die Möglichkeit eines Jenseits, mit dem man kommunizieren könnte, grundsätzlich ablehnt, und dem Einlassen auf das Übersinnliche, hineingezogen, und er muss sich die Frage stellen: Kann es in einer realistischen Krimiwirklichkeit tatsächlich übersinnliche Visionen geben? Obschon die narrative Strategie des Films über lange Strecken so funktioniert, dass eine andere Erklärung als die übersinnliche des Mediums Döring unmöglich scheint, muss der Zuschauer doch bald Zweifel hegen – nicht zuletzt, weil Englens Interesse an dem geheimnisvollen Medium mehr erotischer als spiritueller Natur ist.

Die Vision vom roten Grab, die Annette Döring den Polizisten schildert, wird dem Zuschauer durch eine Rückblende ausschnittweise gezeigt: Wir sehen aufsteigende Luftblasen an der Wasseroberfläche und das ertrinkende Mädchen im verschlossenen Fahrzeug.[2] So wird der Zuschauer Zeuge des wirklichen Geschehens (wie sich später herausstellen wird), aber eben innerhalb der Erzählung des Mediums. Der Film suggeriert, dass Döring tatsächlich den Todeskampf des ermordeten Mädchens „sehen" konnte. Sie muss also ein echtes Medium sein, das Einblick in verborgene Geschehnisse hat. Um weiter in Kontakt mit dem ermordeten Mädchen zu bleiben und ihren Mörder zu finden, inszeniert Döring ein spiritistisches Ritual, für das sie eine Haarlocke der Toten benötigt. Der Gerichtsmediziner Strahlemann, ein nüchterner Mann der Wissenschaft, ist darüber entsetzt.[3]

Der weitere Fortgang des Krimis enthüllt den wahren Charakter der „Vision". Frau Döring hat auf dem Handy ihrer Kundin heimlich eine Spionagesoftware installiert, mit der sie zu Informationen gelangt, die sie später als „Botschaften" aus dem Jenseits verkauft. So hat sie auch das letzte Telefonat, welches das mit dem Tod ringende, im Auto eingeschlossene Mädchen der Mutter auf die Mailbox gesprochen hat, mitgehört.

# 5. MAGIE UND GEISTERBESCHWÖRUNG

Aufs Höchste beunruhigt, hat sie darauf der Polizei den Vorfall als eine Vision gemeldet, da sie ja nicht zugeben konnte, wie sie tatsächlich an die Information gelangt ist. Der Mörder des Mädchens ist der leibliche, aber unbekannte Vater, der am Vorabend der Geschäftsübernahme eines großen Familienunternehmens sich nicht von der Vergangenheit einholen lassen wollte. Gefasst wird er schließlich durch ganz normale, rationale Polizeiarbeit.

Die Folge vermittelt die Einsicht, dass Spiritismus, Geisterbeschwörung und Botschaften aus dem Jenseits also nichts anderes als Scharlatanerie sind. Letzten Endes lässt sich alles rational erklären: Der Zuschauer war zwar sehr wohl Zeuge, als das Mädchen im Auto eingeschlossen ertrank – aber nicht durch die Vision eines sogenannten Mediums, sondern durch ein technisches Hilfsmittel, eine Spionage-App. Ironischerweise wird auf rationale Weise möglich, was die Geisterbeschwörung durch Spiritismus verspricht: Dank der Technik kann man tatsächlich an fernen Orten anwesend sein und von dort Botschaften hören.

Das Genre „realistischer Krimi" bestätigt sich am Ende: So wie Englen innerhalb der Filmhandlung kleinlaut zugeben muss, dass er sich von der Frau (und ihren Reizen) hat täuschen lassen, muss sich auch der Zuschauer eingestehen, dass er am Anfang wohl etwas zu leichtgläubig bereit war, der spiritistischen Spur zu folgen.

## ALLES FINDET EINE LOGISCHE ERKLÄRUNG

Eine ganze Folge von *Großstadtrevier* dreht sich um den „Fluch des Pharao" (2014). Mittels der verwendeten filmischen Mittel, die dem Genre des Grusel- bzw. Spukfilms entnommen sind, suggeriert die Folge, dass hier etwas Übernatürliches im Gange ist.

Die Idee, dass übernatürliche Kräfte am Werk seien, um jene Menschen zu bestrafen, die das Grab eines Pharaos entweihen, geht auf die Entdeckung des Grabes von Tutenchamun durch Lord Carnarvon und Howard Carter im Jahr 1922 zurück. Nachdem Carnarvon infolge einer Entzündung nach einem Moskitostich überraschend verstorben war, ging die Meldung von einem „Fluch des Pharao" durch die Presse. Angeblich sollen noch weitere Mitglieder des Grabungsteams auf mysteriöse Weise ums Leben gekommen sein. Dieser „Fluch" wurde in der Folge von der Literatur und Populärkultur aufgenommen und verbreitet. Es gab zahlreiche Filme dazu[4], und ein berühmter Comic von Hergé zeigt im Band *Die Zigarren des Pharaos* aus dem Jahr 1934 wie Reporter Tim mit seinem Hund Struppi mumifizierte Ägyptologen in einer unterirdischen Grabanlage findet.[5]

Die Folge von *Großstadtrevier* handelt von der Witwe eines Ägyptologen, der als Student mit Carter zusammengearbeitet hat. Frau Wohlers fühlt sich in ihrer noblen Villa, wo sie die ägyptischen Schätze ihres Mannes – Statuetten, Mumien, Grabbeigaben – aufbewahrt, nicht mehr sicher, da sie nachts Stimmen hört und Schatten sieht. Polizist Krabbe, an den sie sich in ihrer Angst wendet, begleitet sie abends nach Hause.[6] Die Szenerie ist in der Art eines Gruselfilms gestaltet. Bei der Ankunft vor der Villa wird die Fassade von einem Blitz grell erleuchtet, ein krachender Donnerschlag lässt die Beiden aufschrecken. Während sie im dunklen Wohnzimmer zwischen brennenden Kerzen Tee trinken, erklingen schneidende hohe Töne. „Sie glauben also, die Toten könnten immer noch unter uns sein?", fragt Krabbe. „Wenn man ihnen sehr nahestand, ja." Frau Wohlers hat offenbar ihren verstorbenen Mann mehrere Male im Haus gesehen. Plötzlich hören wir unheimliche Stimmen, das Licht geht aus, und ein Windzug bläst die Kerzen aus. Auf dem Weg zum Sicherungskasten scherzt Krabbe, dass dies wohl der Fluch des Pharao sei, als oben an der Wand über dem Treppenaufgang ein Schatten sichtbar wird, der langsam die Treppe hinaufsteigt.

Der Zuschauer ist zwar Zeuge der unheimlichen Erscheinung geworden, aber vielleicht ließe sich alles rational erklären: ein Stromausfall in einer Gewitternacht, eine ängstliche alte Witwe, ein Einbrecher oder Eindringling, vielleicht auch nur bloße Einbildung. Genau dies tut die Revierleiterin Küppers, welche die angeblich übernatürlichen Vorfälle der verwirrten Verfassung der alten Frau zuschreibt. Doch Polizist Krabbe sieht den vermummten Mann aus der Villa sogar einen Augenblick lang vor dem Polizeirevier stehen. Die anderen Polizisten machen sich über Krabbe lustig, da dieser dafür bekannt ist, dass seine Empathie zuweilen über das Ziel hinausschießt.[7]

Doch je weiter die Handlung fortschreitet, wird klar, dass der angebliche Fluch nur eine Inszenierung ist. Der stellvertretende Leiter des Völkerkundemuseums will Frau Wohlers dazu bewegen, die wertvolle ägyptische Sammlung ihres Mannes herauszurücken.[8] Er ist der Meinung, der Archäologe Gisbert Wohlers sei ein Dieb der „heiligen Kultur Ägyptens". Er versteigt sich zu der widersprüchlichen Aussage: „Ja, der Fluch der Pharaonen mag ein Mythos sein. Aber die Geschichte hat gezeigt, dass er Opfer gefordert hat. Warum nicht auch heute." Die unheimliche Figur des Museumsleiters ist ambivalent: Er bestreit einerseits, an den Fluch zu glauben, prophezeit aber gleichzeitig, dass sich noch weitere Unglücksfälle ereignen werden, denn: „Das Eigentum der Pharaonen zu stehlen hat noch keinem Glück gebracht." Neben einem ägyptischen Sarkophag stehend, fügt er mit prophetischer Stimme hinzu: „Denken Sie an meine Worte!"

Bis hierher werden dem Zuschauer zwei Interpretationsmöglichkeiten angeboten: an den unheimlichen Fluch des Pharao zu glauben und damit auch an das Vorhandensein übernatürlicher Kräfte, die in unser Leben eingreifen können, oder aber alles für eine Inszenierung zu halten.

Mit dem Auftreten der komischen Figur des Kleinkriminellen Olli Schwacke (der in mehreren Folgen von *Großstadtrevier* mitspielt) wird die Hypothese eines mächtigen, übernatürlichen Fluches lächerlich gemacht. Schwacke ist von den ägyptischen Schätzen im Keller der Villa zu einem Einbruchsversuch angelockt worden. Doch als er sich an einem Sarkophag zu schaffen macht, schlägt ihm eine staubige Wolke entgegen, und eine giftige Kobra erhebt sich vor ihm. Der „Fluch des Pharao" kippt vollends ins Lächerliche, wenn Dirk Matthies dem völlig verängstigten Schwacke erklärt, dass ihn der Pharao persönlich wegen Grabschändung verfolge.[9] Dann löst sich alles auf: Der Spuk war eine gezielte Inszenierung, welche der stellvertretende Museumsleiter gemeinsam mit einem Zoohändler (der die Kobra besorgt hat) mit dem Ziel organisiert hat, dass die alte Frau Wohlers ihre ägyptischen Antiquitäten ans Museum verkaufe. „So findet doch alles wenigstens eine logische Erklärung. Dann war zu guter Letzt doch alles von Menschenhand gemacht", fasst Krabbe zusammen.[10] Nur wird am Schluss der Serienfolge noch einmal augenzwinkernd die Möglichkeit in Erwähnung gezogen, dass es übersinnliche Phänomene vielleicht doch geben könnte: Polizist Krabbe trifft vor der Haustür der Ägyptologenvilla auf einen Gärtner, der ihm den Tod der Frau Wohlers mitteilt. Doch Frau Wohlers ist wohlauf und behauptet ihrerseits, der Gärtner sei seit drei Jahren tot.[11]

In ähnlicher Weise ist das Übersinnliche in der Folge „Mord im Spukschloss" (2017) aus der Serie *Alles Klara* angelegt. Der Handlungsort ist dort ein verwunschenes Schloss, wo das Übersinnliche in Form eines geheimnisvollen Gemäldes erscheint, dessen Augen die Farbe zu wechseln scheinen.[12] Das erinnert an Geheimtüren und Spionageaugen in Gruselfilmen. Akustisch wird das Gruselige mit verschiedenen Versatzstücken inszeniert: Krähen schreien in der Ferne, wir hören sphärische Musik mit Marimbaphon-Klängen und schneidend hohen Tönen, wie von Gläsern gespielt.[13] Die einzige Bewohnerin des Schlosses, die junge Frau von Schanz, ist ganz in Schwarz gekleidet. Sie redet langsam und gedämpft, ihr Gesicht ist ernst und ohne jede Mimik. Aber letztlich erweist sich der Spuk auch hier als eine betrügerische Inszenierung. Die Polizeisekretärin Klara Degen findet einen geheimen Mechanismus, der mittels einer tiefen Taste eines Cembalos ausgelöst wird und eine Geheimtüre öffnet.[14] Dahinter befindet sich die Wohnung eines angeblich Verschollenen, der sich dort seit Jahren vor der Polizei versteckt hält.

## MAGIE UND TOTENBESCHWÖRUNG ALS INNERE WELT

Auf subtile Weise wird das Thema einer „anderen Welt" sowie der magischen Kommunikation mit dem Jenseits in der Serienfolge „Immer wieder Montag" (2020) aus *Großstadtrevier* dargestellt. Die Darstellung folgt dem amerikanischen Film *Und täglich grüßt das Murmeltier* aus dem Jahr 1993.[15] Dort ist ein zynischer Wetterpräsentator in einer Zeitschleife gefangen und erlebt immer wieder denselben Tag. Nachdem er zunächst verschiedene Ausschweifungen ausprobiert hat (er braucht ja keine Konsequenzen zu fürchten, da am folgenden Tag alles wieder von vorne beginnt), nutzt er die Wiederholungen, um ein besserer Mensch zu werden, wodurch am Ende die Zeitschlaufe überwunden werden kann.

In *Großstadtrevier* ist es der etwas behäbige Polizist Hannes Krabbe, der in eine solche Zeitschlaufe gerät (hier ist es Montag, der 2. November, in der Filmvorlage der 2. Februar). Im Gegensatz zur amerikanischen Filmkomödie wird in *Großstadtrevier* der *Time loop* angeblich durch eine dubiose „Wahrsagerin" namens Arkadia ausgelöst. Die ältere Frau hat auf dem Hamburger Jahrmarkt den Leuten vorgemacht, sie könne mit den Toten sprechen, und sitzt nun sturzbetrunken in der Ausnüchterungszelle des Polizeireviers.[16] Das Tattoo auf ihrem linken Oberarm, das sie als ihre „Brücke zum Jenseits" bezeichnet, soll ihr eine weise Frau aus dem Stamm der Huzulen mit Schlangenblut gestochen haben. Dieser Hinweis und ihr slawischer Akzent weisen sie als Osteuropäerin aus. Die Huzulen sind ein Volk, das in den Karpaten auf dem Gebiet der heutigen Ukraine (sowie anderer, angrenzender Länder) lebt. In der breiten Öffentlichkeit sind sie durch die ukrainische Sängerin Ruslana, die 2004 den Eurovision Song Contest gewonnen hat, bekannt geworden.

Als Polizist Krabbe Arkadia über die Vorfälle befragen will, spricht sie Beschwörungsformeln in einer unbekannten Sprache. Da sie gegen ihren Willen festgehalten wird, stößt sie eine Drohung gegen Krabbe aus: „Das wird Ihnen noch leidtun!" In der Folge ereignen sich merkwürdige Dinge. Polizist Krabbe erlebt immer und immer wieder denselben Montag. Sobald er sich abends ins Bett legt, spult die Anzeige seines Radioweckers rückwärts, bis es wieder sechs Uhr in der Frühe ist. Der Tag läuft noch einmal von vorne ab, wobei Krabbe der Einzige ist, der dies wahrnimmt. Er glaubt deshalb, in einem „Paralleluniversum" gefangen zu sein. Von Arkadia, die jeden Montagmorgen von Neuem in der Ausnüchterungszelle sitzt, verlangt er, dass sie den Fluch zurücknehme, aber die vom Alkoholexzess immer noch angeschlagene Frau scheint nicht zu begreifen.[17] Verzweifelt fordert Krabbe Arkadia auf, ihre „Brücke ins Jenseits" zu aktivieren.[18] Sie soll eine Verbindung zum Totenreich herstellen. Doch die Frau bricht in Weinen aus und gesteht, dass sie keinerlei übersinnliche Fähigkeiten besitze: „Ich bin nur eine mittelmäßige Jahrmarktsattraktion."

Krabbes Horror ist ein zunächst banaler Auffahrunfall an einer stark befahrenen Hamburger Ausfallstraße, der jeden Montag von Neuem in einer Katastrophe endet. Krabbe versucht stets, das Schlimmste zu verhindern, doch bei jeder Wiederholung des fatalen Montags kommt es zu einem Todesfall: Während die angeforderten zwei Polizisten vor Ort den Unfall klären wollen, rast ein Sportwagen heran. Beim ersten Mal wird der eine der beiden Unfallfahrer vom Auto erfasst, am nächsten Montag erwischt es den anderen Fahrer, am dritten Tag Polizist Schirmer. Als Krabbe den Anruf gar nicht mehr weiterleitet, um durch Nichthandeln den unausweichlichen Unfall zu verhindern, kommt es erst recht zur Katastrophe: Gleich beide Unfallfahrer und dazu noch die Verlobte des einen werden von einem Lastwagen überrollt.

Überwinden kann Krabbe diese Endlosschleife erst, als er einsieht, dass er nicht alles alleine erledigen kann, sondern mit den Anderen zusammenarbeiten muss.[19] Er zeigt Empathie und lässt Platz für seine Kollegen. Mit Arkadia führt er ein einfühlsames, fast seelsorgerisches Gespräch, im Verlauf dessen klar wird, dass Arkadia ihren Mann an Krebs verloren hat und deshalb mit der Welt der Toten Kontakt aufzunehmen versuchte. Krabbe hat ihre Tricks – das angeklebte Tattoo und die erfundene Geistersprache – durchschaut. Damit ist der „Bann" gebrochen. Am Auffahrunfall klären die beiden herbeigerufenen Polizisten die Angelegenheit, ohne dass sich der geringste Zwischenfall ereignet. Am nächsten Morgen, als Krabbe aufwacht, ist es endlich Dienstag geworden.

Auch hier ist es klar, dass es nicht wirklich möglich ist, mit den Toten in Kontakt zu treten. Die angebliche Wahrsagerin gibt selber zu, eine Betrügerin zu sein. Sie handelt allerdings aus Verzweiflung, denn nur zu gerne würde sie tatsächlich mit ihrem geliebten verstorbenen Mann sprechen. Dass sie einen Fluch über Krabbe gelegt haben soll, erweist sich als Unsinn. Die Zeitschlaufe mit den sich wiederholenden Katastrophen war wohl nichts anderes als ein böser Traum Krabbes. Allerdings hat der Alptraum einen pädagogischen Charakter: Er hält dem übereifrigen Polizisten den Spiegel vor. Er soll sich dem Nächsten zuwenden und Empathie zeigen.

## MAGIE ALS THERAPIE

Auch in einer Folge von *Hauptstadtrevier* – „Offene Rechnungen" (2013) – kommt Wahrsagerei vor, allerdings nur in der Nebenhandlung. Der erfolgreiche schwäbische Geschäftsmann Gerhard Schaller wurde von seiner Frau Claudine verlassen und nimmt deshalb die Dienste einer Wahrsagerin in Anspruch. Madame Rubina hat Schaller versprochen, mittels eines Mondzaubers Claudine zur Rückkehr zu bewegen. Da die versprochene Wirkung ausgeblieben ist, zeigt Schaller die Wahrsagerin wegen Betrugs an. Die junge Polizistin Julia Klug, die im Berliner Betrugsdezernat arbeitet, verspricht ihm, der Sache nachzugehen. Madame Rubina empfängt in luxuriösen Empfangsräumen mit dezenter, halbseidener Eleganz.[20] Die attraktive junge Frau, mit dem kurzen, tiefschwarzen Haar und einem orientalischen Kleid erinnert an Elizabeth Taylor im Film *Cleopatra* von Mankiewicz (1963)[21]. Dazu passt die perlende Hintergrundmusik mit sanften Flötentönen.

Innerhalb der Filmhandlung wird zu Beginn suggeriert, dass es sich bei Madame Rubina um eine Betrügerin handelt oder zumindest um eine Frau, die leichtgläubigen und wohlhabenden Kunden Versprechungen macht, die nicht einzuhalten sind. Julia Klug formuliert es in juristischer Sprache: das Versprechen einer nicht zu erbringenden Leistung.[22] Der geprellte Kunde Schaller selber ist sich der Ambivalenz seines Besuches bei Madame Rubina bewusst: „Ich weiß, was Sie jetzt denken. Wie kann so ein intelligenter, so ein weltgewandter Mann wie der Schaller zu einer Wahrsagerin gehen."[23]

**Madame Rubina in ihrem orientalischen Empfangszimmer.**
*Hauptstadtrevier*, Folge 16, „Offene Rechnungen" (min. 07:31)

Doch bald schon lässt sich innerhalb der Narration eine Doppelstrategie erkennen. Während auf der einen Seite eine polizeiliche Ermittlung gegen die potentiell betrügerische „Wahrsagerin" läuft, mehren sich die Hinweise, dass Madame Rubina vielleicht doch übersinnliche Fähigkeiten besitzen könnte. Beim zweiten Zusammentreffen enthüllt die Wahrsagerin Einzelheiten zu Julia Klugs gescheiterter Beziehung. Die Polizistin sucht zunächst nach rationalen Erklärungen für dieses Wissen („Welche Frau ist nicht schon einmal verlassen und betrogen worden?"[24]), muss sich aber bald über die Genauigkeit der Angaben wundern. Madame Rubina spricht zum Abschluss einen „Venuszauber" über Julia Klug: Der Zauberspruch in einer erfundenen Sprache ist eine Mischung aus hebräischen, lateinischen und slawischen Brocken. Madame Rubina lässt dabei goldene Pailletten auf die verdutzte Polizistin regnen. Sollte sich der Zuschauer über diesen Firlefanz lustig machen, wird er bald eines Besseren belehrt. Kaum steht Julia Klug auf der Straße, taucht ihr Exgeliebter Sergej auf, der damals abgehauen ist und Julia mit Kind und einem Berg Schuld hat stehen lassen. Sergej entführt Julia unter Waffenandrohung. Madame Rubina, die vom Fenster ihres Hauses Zeugin der Szene geworden ist, meldet die Entführung der Polizei.

Die Ambivalenz der magischen Fähigkeiten von Madame Rubina setzt sich fort. Sie gesteht der Mutter des Entführungsopfers, ebenfalls Polizistin, dass sie sich mitschuldig an der Entführung fühle: „Immerhin war es ja mein Zauber, der diesen Kerl zurück in ihr Leben geführt hat."[25] Worauf Marianne Klug antwortet: „Haben Sie eigentlich einen Zauber, der ihn wieder verschwinden lassen kann?" Hier ist nicht ganz klar, wie weit die Frage ernst gemeint ist. Glaubt die nüchterne Polizistin tatsächlich an Magie oder klammert sie sich nur an jeden möglichen Strohhalm? „Ich bin mir sicher, dass ihr nichts passiert", versichert Madame Rubina. Eine ruhige, leicht orientalische Musik unterstreicht das Geheimnisvolle, Magische der Szene.

Das Geheimnis um die „magische" Begabung der Madame Rubina wird etwas später in einer Szene zwischen ihr und dem enttäuschten Kunden Schaller aufgelöst.[26] Die Wahrsagerin ist nämlich eine Frau mit großer Einfühlsamkeit und Menschenkenntnis, welche die Probleme ihrer Kunden mit psychologischem Gespür durchschaut und so wertvolle Ratschläge erteilt. Die vermeintliche Magie entpuppt sich als konventionelle Therapie, das Magische der Madame Rubina und ihrer Zaubersprüche ist als Inszenierung Bestandteil der Behandlung. Für den Zuschauer stellt sich die Frage überhaupt nicht, ob die Magie echt ist oder nicht, denn die Therapie scheint ohnehin zu wirken. Selbst der überhebliche Geschäftsmann Schaller, der sich nach eigenen Angaben hätte „in den Arsch beißen können", weil er an den Hokuspokus geglaubt hat, wird am Schluss im Gespräch mit der Wahrsagerin weich und umgänglich – und bekommt möglicherweise auch das Problem mit seiner vernachlässigten Ehefrau in den Griff.

Als eine Art Therapie versteht auch die Kommissarin Bradulic die Tätigkeit der Wahrsagerin Gorumbati in „Zuviel Zukunft ist auch nicht gut" (2013) aus der im Aachener Krimiserie *Zwischen den Zeilen*. Kaum hat die Wahrsagerin mit den magischen Beschwörungen der Glaskugel begonnen, unterbricht Bradulic: „Können Sie nicht einfach den ganzen Kokolores lassen und gleich zur Sache kommen? [...] Wissen Sie, ich möchte mich einfach zurücklehnen, die Augen schließen und lauter schöne, positive Sachen über mich hören."[27] Was folgt, sind „Voraussagen", die genau den Erwartungen der Kundin entsprechen.

Nicht anders handelt auch die Wahrsagerin Oxana, die in der Folge „Wiedersehen mit einer Toten" (2015) aus *Großstadtrevier* auf dem Jahrmarkt des Hamburger DOM arbeitet. Sie ist ein Medium, das angeblich Kontakt zu Geistern und toten Menschen aufnimmt.[28] Der Losverkäufer bezeichnet sie als „Hexe", die man verhaften und wegschließen müsse. Oxana ist eine etwa 50jährige Frau mit rötlichen Haaren. Sie könnte aus Osteuropa stammen, worauf auch ihr Name weist. Das Interieur ihrer Bude ist ganz in gedämpftes rötliches Licht getaucht, auch die Wände und der Tischüberwurf sind rot. Vor sich hat Oxana verschiedene Wahrsagerutensilien (Glaskugel, Räuchergefäß) stehen. Sie spricht mit ernster, trauriger Stimme. Vom Polizisten Paul Dänning weiß sie, dass dieser seine Frau verloren hat und jetzt neu verliebt ist. Dänning ist mächtig beeindruckt, seine Kollegin Sieveking hält die Frau für eine Betrügerin.[29] „Ist Ihr Job? Sie lügen Menschen an und erzählen ihnen, was sie gerne hören wollen", wirft Sieveking der Wahrsagerin vor.[30]

## DER SPIRITISTISCHE CLOWN

Eine ganz andere Strategie wählt die Serie *Hubert und Staller* in der Folge „Villa – gekauft wie gesehen" (2012), wo spiritistische Séancen im Mittelpunkt stehen. In diesem Fall steht von Anfang an fest, dass es sich beim Spiritismus um bloßen Unfug handelt. Die Folge schwankt zwischen gruselig und komisch, so dass die Thematik des Übersinnlichen nicht wirklich ernst genommen werden kann.

Inszeniert wird das Genre des Gruseligen in der Art alter englischer Krimiverfilmungen, wie beispielsweise Miss Marple.[31] In der Eingangsszene betreten die beiden Polizisten Hubert und Staller nachts eine verlassene Villa, wo noch die Requisiten einer spiritistischen Séance herumstehen: Kandelaber mit brennenden Kerzen, rauchende Weihrauchgefäße. Die Musik baut einen Spannungsbogen auf: dumpfe Basstöne, darüber schrille Töne wie von vibrierenden Gläsern, dann Streicherklänge und ein bedrohliches Crescendo, auf dessen Höhepunkt eine Katze ins Bild springt, womit das vermeintliche Gespenstische jäh abbricht.

Das Übersinnliche ist eine einzige Quelle von Komik. Als Polizeiobermeister Staller einen Spezialisten in übersinnlicher Thematik engagieren will, fällt seine Wahl auf die zwielichtige Gestalt des Yazid mit seiner Firma „Ich mach alles". Yazid – gespielt vom bayrischen Urgestein Hannes

## 5. MAGIE UND GEISTERBESCHWÖRUNG

Ringlstetter – soll wegen seiner „anderen Wurzeln" mit der übersinnlichen Materie vertraut sein.[32] Yazid beteuert, mit Voodoo-Zauber nichts am Hut zu haben, gesteht aber, dass er schon einmal Gläserrücken praktiziert hat, um mit einem verstorbenen Onkel Kontakt aufzunehmen. Die Einzelheiten dieser Kontaktnahme hören sich indes so komisch an, dass der Zuschauer an der Authentizität des übersinnlichen Erlebnisses Zweifel hegen darf.

Der Einzige in dieser Folge, der Angst vor Gespenstern hat, ist der junge Polizist Martin Riedl, der in der Serie als tollpatschige, unbeholfene Figur angelegt ist. Zusammen mit der Kollegin Sonja Wirth muss er ein unheimliches Schloss inspizieren, wo seine Kollegen ein Skelett eingemauert gefunden haben.[33] Während die Filmmusik mit langgezogenen Basstönen und dumpfen Glockenschlägen eine gespenstische Atmosphäre verbreitet, brechen die Dialoge die Stimmung gleich wieder ins Komische herunter. Riedl nimmt einen merkwürdigen Geruch wahr, die „Seele des Schlosses", denn wie sein Großvater meinte, Seelen kann man riechen. Auf die Nachfrage der Kollegin – „Und wie riecht so was?" – meint Riedl: „Nach Zimt."

Auch die beiden Polizisten Hubert und Staller wollen, ähnlich wie in *Morden im Norden* („Blumenopfer" von 2014), für die polizeiliche Untersuchung die Hilfe eines Mediums in Anspruch nehmen. Sie wenden sich an das „Medium von Miesbach". Der Name ist Programm, und so kalauert Hubert mit weiteren Alliterationen fröhlich weiter: der Prophet von Pullach, der Schamane vom Schliersee.[34] Die Begegnung mit dem Medium von Miesbach gestaltet sich als groteske Szene, als eigentliche Parodie der Wahrsagerei, wo kein Klischee ausgelassen wird. Das Medium ist eine etwa 60jährige, rothaarige Dame mit dick aufgetragenem Make-up, roten Lippen, dunkelrotem Kleid und Perlenkette. Sie spricht mit müder Stimme und schaut ins Leere. Im Hintergrund sieht man eine Bibliothek mit alten Bänden. Auf dem großen Holztisch finden sich stereotype Objekte

Das blinde „Medium von Miesbach" mit Hubert und Staller in ihrem skurrilen Empfangszimmer.

*Hubert und Staller*, Folge 21, „Villa – gekauft wie gesehen" (min. 15:40)

der Wahrsagerei: zahlreiche mit Korken verschlossene Flakons, eine aufgerichtete Ureus-Schlange aus Kupfer und mehrere brennende Räucherstäbchen, im Zentrum vor dem Medium steht eine Glaskugel. Am Schluss der Szene behauptet die Wahrsagerin auch noch, dass sie blind sei, und verweist so auf den Typus des blinden Sehers.

Yazid führt eine nächtliche Séance durch.
*Hubert und Staller*, Folge 21, „Villa – gekauft wie gesehen" (min. 31:21)

Etwas später in derselben Folge leitet Yazid eine angebliche spiritistische Séance an, die jedoch nur ein Vorwand ist, um die drei Täter aus dem Spukschloss zu entlarven. Dabei kommen aus Okkultismus und katholischem Volksglauben zusammengewürfelte Versatzstücke zum Einsatz, wie ein umgedrehtes Kreuz und rückwärts gesprochene Gebete. Im nächtlichen Schuppen der Firma „Ich mach alles" sitzen die Teilnehmer, darunter Polizist Staller, der in seinem Kapuzenpullover einem finsteren Mönch ähnelt, um einen schwarzen Tisch mit Kerzen und Räucherwerk.[35] Mit salbungsvoller Stimme und pastoraler Sprache wendet sich Yazid an die Teilnehmer. Er verschwindet zur Kontaktnahme mit den Geistern in einem schwarzen Zelt, wo er eine CD mit esoterischer Musik einlegt. Während die Teilnehmer sich an den Händen fassen und eine monotone Litanei intonieren, erschallt Yazids Grabesstimme aus dem Jenseits. Als die anwesende Verdächtige sich verrät, wird die Séance abgebrochen. Yazid erscheint unter dem Zelt mit einem Rollenbuch in der Hand, aus der seinen Text abgelesen hat – schließlich war ja alles nur eine Inszenierung.

Für Staller hingegen handelte es sich nicht nur um Klamauk und Täuschung. Er will während der Séance gespürt haben, wie ihn jemand an die Schulter gefasst hat. Angesichts der clownesken Figur des Staller ist dieser Behauptung im Rahmen der Narration keine größere Bedeutung zuzumessen. Allerdings wird die angebliche Begegnung mit einem Toten am Schluss der Folge zum Gegenstand des Schlussgags. Staller hat sich nämlich, um den wahren Mörder in eine Falle zu locken, im Schloss exakt an der Stelle einmauern lassen, wo zu Beginn das Skelett gefunden worden ist. Als ihn der Kollege Hubert aus dem makabren Gefängnis befreit, erzählt Staller von einer merkwürdigen Wärme, „wie wenn sich einer neben mich hinstellt und mir die Hand auf die Schulter legt."[36] Der rationalistisch denkende Hubert kann über diesen Unsinn nur den Kopf schütteln, bis er auf dem Rücken der Uniform seines Kollegen einen Handabdruck erkennt – den er rasch abwischt. Was nicht sein kann, darf es nicht geben.

Eine ganze Folge der Krimiserie *Zwischen den Zeilen* handelt von okkulten Praktiken. Auf die ironisch gebrochene Darstellung verweist schon der Titel „Zuviel Zukunft ist auch nicht gut" (2013). Auch hier tritt eine komische Wahrsagerin auf: Madame Gorumbati ist eine beleibte, biedere Dame mittleren Alters ohne jede übersinnliche Ausstrahlung. Bevor sie mit ihrer wahrsagerischen Tätigkeit beginnt, muss sie sich erst eine billige schwarze Theaterperücke überstreifen. Sie legt nachts alleine Tarotkarten, wo beim Stichwort „Zukunft" die Karte „Tod" erscheint, worauf Frau Gorumbati sofort ihren Geliebten anruft, um ihn vor der drohenden Gefahr zu warnen.[37] Tatsächlich wird dieser am nächsten Tag ermordet aufgefunden, eine Entdeckung, welche die Wahrsagerin selbst in Panik geraten lässt. Ihre Angst vor der Macht der Karten ist größer als ihr Glaube an die Wirksamkeit der eigenen okkulten Praxis. Denn eigentlich verdankt sie ihre „übersinnlichen" Fähigkeiten mehr ihrer scharfen Beobachtungsgabe. Als der junge Sportjournalist Rajesh eine Voraussage über „die Frau seines Lebens" wünscht, genügt ihr ein Blick auf seine Laptoptasche mit Comics-Aufklebern, um zu wissen, wie der Kunden einzuschätzen ist und welche Antwort er erwartet. Auch hier wird eine narrative Doppelstrategie gewählt. Einerseits wird die Wahrsagerin als grotesker Clown gezeichnet, andererseits kann Madame Gorumbati anscheinend doch wirkliche Vorhersagen treffen – allerdings aus Menschenkenntnis und nicht aufgrund magischer Fähigkeiten (genau so wie Madame Rubina in *Hauptstadtrevier*).

**Die groteske Wahrsagerin Frau Gorumbati befragt die Glaskugel.**

*Zwischen den Zeilen*, Folge 5, „Zuviel Zukunft ist auch nicht gut" (min. 12:03)

## GEHEIMNISVOLLES WISSEN AUS FERNEN KULTUREN

Eine undurchschaubare Figur, die möglicherweise über magische Fähigkeiten verfügt, kommt in der Folge „Das zweite Gesicht" (2019) aus der Serie *Großstadtrevier* vor. Der Folgentitel bezieht sich auf die „magischen" Gaben eines nordamerikanischen Schamanen namens „Howling Wolf", der sich in seiner Hamburger Mietswohnung nicht nur Hühner hält, sondern dort auch merkwürdige Rituale mit Trommelmusik und Gesang abhält. In seinem abgedunkelten, leeren Wohnzimmer stehen brennende Kerzen, an den Wände sind indianische Zeichnungen zu sehen. Die wachsame Nachbarin von der Wohnung gegenüber äußert sich abfällig über seine Tätigkeit, die sie „Hokuspokus" nennt.[38] Der Schamane mit seiner aus einem Tierfell gefertigten Kopfbedeckung und schwarzen Streifen als Gesichtsbemalung wendet sich mit fremdländischem Akzent in einer unverständlichen Sprache an die beiden herbeigerufenen Polizeibeamten. Er scheint über geheimnisvolles Wissen aus unbekannten Quellen zu verfügen. Die Polizistin Sieveking bezeichnet er als „die Schlange, die sich nach Westen wendet" und den Polizisten Petersen als „den Biber mit den Augen gen Osten". Petersen informiert sich über die Bedeutung dieser indianischen Totemtiere, und alles scheint auf sie beide zuzutreffen.

Der Schamane „Howling Wolf", der merkwürdige Praktiken in einem Mietshaus abhält.
*Großstadtrevier*, Folge 433, „Das zweite Gesicht" (min. 14:11)

Ganz im Sinne seines Namens hat Howling Wolf heilende Kräfte. Einmal sticht er mit einem Röhrenknochen auf den Hund der Nachbarin ein, die natürlich glaubt, es handle sich um ein Attentat auf ihr Tier.[39] Doch stellt sich heraus, dass der Hund eine akute Magendrehung hatte, der Stich mit dem Knochen hatte die gestaute Luft herausgelassen und dem Tier das Leben gerettet.[40] Howling Wolf gibt an, er habe die Heilung deshalb vollbringen können, weil ein großer Geist ihm Macht verliehen hätte.[41]

Für den weiteren Fortgang der Handlung wird eine Prophezeiung wichtig, die Howling Wolf an den Polizisten Piet Wellbrook richtet, als dieser ihm seine entlaufenen Hühner zurückbringen will.[42] Der Schamane bietet dem eintretenden Polizisten zunächst eine Indianerpfeife an. „Der Ort, an dem wir stehen, ist heilig", begrüßt er ihn und macht damit eine (wohl unbewusste) Anspielung auf die biblische Episode von Moses und dem brennenden Dornbusch (Ex 3,5). Die Szene wirkt befremdend und skurril. Nun macht Howling Wolf eine rätselhafte Prophezeiung: „Dein Weg wird dich durch eine steinerne Wand ins Feuer führen. Doch du musst ihn gehen, willst du deiner Schwester das Leben bewahren." Der nüchterne Polizist reagiert auf die religiöse Zeremonie und die unverständliche Weissagung sachlich und offensichtlich skeptisch. Doch am Ende der Folge wird sich die Prophezeiung als richtig herausstellen: Wellbrook muss den zugemauerten Eingang eines brennenden Hauses einschlagen, um seine verletzte Kollegin Harry Möller aus den Flammen zu retten.[43]

Die Folge lässt letztlich offen, was von dem Schamanen und seinen Praktiken – Heilungen und Prophezeiungen – zu halten ist. War alles nur Einbildung und Zufall oder hat hier wirklich jemand geheimnisvolles Wissen aus übernatürlichen Quellen? Wenn auch beide Erklärungen am Ende möglich bleiben, wird zumindest die Möglichkeit eingeräumt, dass es Menschen mit Fähigkeiten geben könnte, die das allgemein anerkannte Wissen übersteigen. Allerdings ist der hier gezeigte Vertreter eines solchen Menschenschlags ein Schamane aus einer fremden, archaischen Kultur. In einer postmodernen Sicht könnte man dieses Wissen als das Resultat einer Kultur deuten, die ungleich viel stärker mit der Natur in Einklang steht als wir Vertreter der westlichen, hochtechnologischen Zivilisation. Damit hätten wir es mit einer kulturkritischen Sichtweise zu tun, die unsere Skepsis oder Ablehnung der Religion als Verlust einschätzt.

## MAGISCHE PRAKTIKEN AUS GIER NACH MATERIELLEM VORTEIL

Paul Jacobs, der zynische Chef der Aachener Lokalzeitung, verkörpert in der erwähnten Folge „Zuviel Zukunft ist auch nicht gut" aus *Zwischen den Zeilen* den rational denkenden Menschen und bezeichnet deshalb zunächst „Wahrsagerei als Mumpitz".[44] Als er jedoch mit Hilfe von Magie einen materiellen Vorteil zu erlangen hofft, ändert er seine Ansicht. Er bucht eine Konsultation bei der Wahrsagerin Gorumbati, um Vorhersagen für Pferdewetten zu erhalten, gemäß dem Motto, dass – wenn Magie auch bestimmt Unsinn ist – man trotzdem davon profitieren sollte, falls sie denn doch wirksam sei.[45]

Ganz ähnlich verhält es sich in einer weiteren Folge aus *Zwischen den Zeilen*, in „Der Herr des Rings" (2013). Hier geht es um einen geheimnisvollen Ring mit Zauberkräften, nämlich den Schlangenring Karls des Großen, hinter dem Hobby-Archäologen und eine verrückte Universitätsprofessorin her sind. Karls Schlangenring ist Gegenstand einer Sage, die im 18. Jahrhundert verschriftlicht wurde und sich später in den *Deutschen Sagen* der Gebrüder Grimm findet.[46] Es handelt sich um eine Ätiologie, eine Gründungssage der Stadt Aachen. Danach soll Kaiser Karl bei seinem Aufenthalt in Zürich in den Besitz eines wundertätigen Edelsteins gelangt sein. Eine große Schlange habe ihn zu ihrem Nest geführt, wo eine riesige Kröte auf den Schlangeneiern saß. Karl entschied zu Gunsten der Schlange und verurteilte die Kröte zum Tode. Die Schlange schenkte ihm zum Dank einen kostbaren Stein, den Karl in einen Ring fassen ließ und seiner Gemahlin Fastrada schenkte. Die Zauberkraft des Rings bewirkte, dass Karl sich zur Trägerin des Ringes mit nicht erlöschender Liebe hingezogen fühlte. Als seine Gemahlin starb, übertrug sich diese Liebe sogar auf den Leichnam. Ein Höfling nahm den Ring an sich, und nun konnte der Kaiser nicht mehr von jenem lassen. Der Höfling warf den Ring in eine heiße Quelle. Karl fühlte sich zu jenem Ort hingezogen und gründete seine zukünftige Lieblingsresidenz, Aachen.

In der Serienfolge ist es der Redaktionsmitarbeiter Rajesh, ein junger Computer-Nerd und Fan von Fantasy-Filmen und -Comics, der die Geschichte vom Schlangenring in etwas verkürzter und umgeformter Weise erzählt.[47] Für Rajesh handelt es sich um eine Art Fantasy-Geschichte. Er zieht den Schluss: „Wo immer sich der Ring befindet, muss auch Karl sein." Der Schlangenring wird so zu einem magischen Gegenstand, mit dessen Hilfe man das Rätsel über den Begräbnisort von Kaiser Karl lösen könne. Wiederum wird eine narrative Doppelstrategie angewandt: Der korrupte Journalist Paul Jacobs interessiert sich aus rein pekuniären Motiven für den Ring, da er hofft, das gesuchte Stück für teures Geld an einen reichen Sammler zu verkaufen. Rajesh hingegen glaubt an die Macht des Ringes, so wie er auch an die Wirklichkeit der Magie in der Trilogie *Herr der Ringe* glaubt.[48]

Eine weitere Person ist hinter dem magischen Gegenstand her, eine Geschichtsprofessorin an der Aachener Universität. Frau Professor Kleist ist etwa Mitte fünfzig, resolut, energisch, etwas überheblich (sie spricht die Reporterin Maja Becker, die sie für eine Studentin hält, mit „Kindchen" an[49]). Ihr Motiv ist nicht Geldgier, sondern wissenschaftlicher Ehrgeiz: Sie hofft mit Hilfe des Rings die sterblichen Überreste Kaiser Karls zu finden und damit zu Ruhm zu gelangen. Das würde allerdings nur funktionieren, wenn der Ring tatsächlich Zauberkraft besäße, d.h. dass durch eine

Art sympathetische Kraft der Ring zu Karl führen könnte – so wie es in der Legende Karl zum Ring hinzieht.

Die Suche nach dem Ring lehnt sich an Dan Browns Bestseller *The Da Vinci Code* von 2003 an, der drei Jahre später auch als Film in die Kinos gekommen ist.[50] Der Protagonist begibt sich dort ebenfalls auf die Suche eines magischen Gegenstandes (der Heilige Gral). Wie im Fantasy-Roman von Brown geht Paul Jacobs geheimnisvollen Spuren nach, so einem Geheimcode, der auf der Rückseite eines Gemäldes mit Hilfe von ultraviolettem Licht sichtbar gemacht werden kann.[51] Der Schluss gestaltet sich als komische nächtliche Gruselszene. Im Innenhof des Aachener Domkomplexes schreitet Professorin Kleist mit ausgestreckten Armen das Pflaster ab, damit der Ring in ihrer Hand den Ort verrate, wo Kaiser Karl begraben liegt. Im Gerangel mit Paul Jacobs, der ihr den magischen Gegenstand entreißen will, fliegt der Ring durch die Luft und landet im Abflussloch des Paradiesbrunnens im Zentrum des Platzes. Dazu erklingt mystisch-sphärische Musik. In dem Moment, als der Ring im Brunnenloch verschwindet, schießen Flammen aus der Öffnung. Es bleibt unklar, ob die Funken der überhitzten Fantasie der Schatzsucher entsprungen sind, die letztlich alle aus Gier gehandelt haben, oder ob die TV-Serie kurzzeitig das Genre gewechselt hat und zu einem Fantasy-Film geworden ist. Jedenfalls ist Magie hier keine Wirklichkeit, die effektiv Vorteile schaffen kann, sondern nur ein Vektor, der die Gier anstachelt und letztlich zu Unheil und Enttäuschung führt. Ein geradezu moralischer Schluss.

## SELBSTGESPRÄCH MIT EINER TOTEN

Eine besondere Darstellungsweise des Kontaktes mit dem Jenseits zeigt die Folge „Wiedersehen mit einer Toten" (2015) aus der Serie *Großstadtrevier*. Das Thema wird hier allerdings weder lächerlich gemacht, noch handelt es sich um Betrügerei.

Nachdem Revierleiterin Küppers ihre alte Mutter verloren hat, will sie ihr Elternhaus, eine prächtige Villa, verkaufen. Da taucht plötzlich die Verstorbene wieder auf, zuerst im ehemaligen Elternhaus, später auch im Büro der Polizeiwache. Da Frau Küppers die verstorbene Mutter Renate (was übrigens „die Wiedergeborene" heißt) nur vor ihrem inneren Auge erschaut, können die übrigen Personen innerhalb der Filmhandlung die Tote nicht sehen. Frau Küppers führt mit der Toten lange Gespräche, manchmal streitet sie sich mit ihr. Die tote Mutter macht ihr Vorwürfe, ganz so wie sie es wohl auch zu Lebzeiten gemacht hat. Die konfliktreiche Beziehung von Mutter und Tochter wird so über den Tod hinaus, fiktiv in der Imagination von Frau Küppers, weitergeführt. Frau Küppers ist sich der Fiktion durchaus bewusst: „Was kümmert dich das? Du bist tot"[52], sagt sie zu ihrer Mutter. Die Tote selbst bezeichnet sich als Geist.[53]

Die Narration wechselt mehrmals die Perspektive, einmal sehen wir die tote Mutter wie auch Frau Küppers, ein andermal ist sie für uns unsichtbar so wie für alle anderen Personen. Mit der doppelten Perspektive wird im Weiteren gespielt. Allein in ihrem Büro auf der Wache führt Frau Küppers ein längeres Gespräch mit ihrer Mutter. Sie massiert sich dabei die Schläfen, als ob sie Migräne hätte und das „Gespenst" nur ihrer Einbildung entstamme. Doch die Tote hat sich, für den Zuschauer sichtbar, auf einem Sideboard breitgemacht. In dem Moment, wo sich die Tür öffnet und zwei Polizisten eintreten, ist die Tote wieder unsichtbar. Im Folgenden wechselt die Perspektive hin und her: Spricht Frau Küppers, sehen und hören wir die Mutter, drehen sich die Polizisten um, erblicken sie nur ein Möbelstück. Schließlich schnauzt Frau Küppers die tote Mutter an, was die Polizisten natürlich auf sich beziehen müssen und darauf das Büro verdutzt verlassen. Allein im Büro führt die Revierleiterin mit der toten Mutter ein längeres Streitgespräch und wird dabei von den Polizisten durch die Trennscheibe beobachtet.[54] Sie sind der Meinung, dass die Chefin, die allein im Büro „Selbstgespräche" führt, ein Burnout habe und psychologische Hilfe benötige.

Tatsächlich scheint ein psychisches Problem von Frau Küppers „materialisiert" worden zu sein. Der anstehende Hausverkauf löst in ihr Erinnerungen an Kindheit und Jugend aus, die sie dort mit der Verstorbenen verbracht hat.[55] Die eigenen widersprüchlichen Gefühle und die Unfähigkeit, mit der Vergangenheit abzuschließen, manifestieren sich in der Stimme der Mutter. Diese rät der Tochter zunächst, das Haus doch endlich zu verkaufen – als sich Frau Küppers dann dazu durchgerungen hat, ist die Mutter darüber entsetzt. Dennoch sind die Gespräche, die sie mit der Mutter führt, innerhalb der Filmhandlung keine inneren Monologe, sondern ein echter Austausch mit einem (auch für den Zuschauer) sichtbaren Gegenüber. Schließlich beginnt Frau Küppers, gegen diese Gespräche anzukämpfen.[56] In dem Moment, wo sie sich entschließt, das Elternhaus tatsächlich zu verkaufen, ist das „Gespenst" verschwunden. Der Aschenbecher, in dem kurz zuvor noch die Zigarette der Mutter glimmte, ist leer. Am Ende der Serienfolge, beim Warten auf den Hauskäufer, sieht Frau Küppers ihre Mutter ein letztes Mal: Renate spielt im Garten mit einem Kind Federball, in dem Frau Küppers sich selbst erkennen will. Auf die Frage, ob sie denn nicht verschwunden sei, antwortet die verstorbene Mutter: „Ich bin immer bei Dir, Rübchen. Auch wenn Du mich nicht sehen kannst."[57] Doch für die beiden Federballspielerinnen im Garten gibt es eine natürliche Erklärung: Der neue Besitzer hat seine kleine Tochter mitgebracht, die mit dem Kindermädchen spielt.

Dieser Nebenhandlung steht in der Serienfolge als Haupthandlung die Suche nach einem vermeintlichen Toten gegenüber. Die 15jährige Finja glaubt ihren Vater Andi Dombrowsky als Täter eines Banküberfalls erkannt zu haben, aber dieser soll seit vielen Jahren tot sein. Während Renate Küppers nach ihrem Tod weiterhin sichtbar ist und schließlich verschwindet, ist Finjas Vater – als Totgeglaubter – zunächst unsichtbar und entpuppt sich am Ende als lebendig. In beiden Fällen geht es letztlich um Psychologie. Finjas Mutter hat das Verschwinden ihres Mannes vor der Tochter verbergen wollen und deshalb die Geschichte eines Brandes erfunden, bei dem ihr Mann umgekommen sei. Frau Küppers ringt mit der Vergangenheit und dem Verlust der Mutter, die als „Geist" noch eine Zeitlang imaginär sichtbar wird. Die „Welt der Toten" ist in beiden Fällen nicht transzendent. Die tote Renate Küppers lebt nur in der Imagination ihrer Tochter, und der vermeintlich wiederauferstandene Dombrowsky hat in Wirklichkeit immer gelebt.

Die Figur der verstorbenen Renate Küppers taucht einige Jahre später noch einmal in einer weiteren Serienfolge auf. Im ersten Teil der Doppelfolge „Frau Küppers und Tod" (2021) wird Frau Küppers mit einer positiven Krebsdiagnose konfrontiert und muss sich nun mit der eigenen Endlichkeit auseinandersetzen. Abends nach der onkologischen Untersuchung liegt sie mit einem Weinglas im Bett ihres Hotelzimmers.[58] Sie hört aus der Dunkelheit des Raums, wie jemand die Melodie *Non, je ne regrette rien* von Edith Piaf pfeift. Frau Küppers steht auf und erblickt im Raum ein riesiges metallenes Ei, das durch die von außen eindringende Beleuchtung in wechselnden Farben erscheint. Die Kamera nähert sich langsam dem außerirdisch erscheinenden Objekt. Das Ei dreht sich um seine Achse

**Ein „außerirdisches" Ei steht plötzlich im Hotelzimmer von Frau Küppers. Es entpuppt sich als Designersessel, worin ihre verstorbene Mutter sitzt.**

*Großstadtrevier*, Folge 453, „Frau Küppers und der Tod 1" (min. 10:52)

und entpuppt sich als Designersessel[59], in dem die verstorbene Mutter von Frau Küppers sitzt. Dieses Mal erklärt sie ihren „ontologischen" Status explizit: „Ich bin doch nur eine Projektion deines Unbewussten." Die Mutter macht ihrer Tochter Vorwürfe: Ihre zugeknöpfte Art, ihr Perfektionismus und die Unfähigkeit, Gefühle zu zeigen, hätten unweigerlich zu Krebs führen müssen. Frau Küppers möchte eine beruhigende Antwort auf die Frage, ob sie wirklich Krebs habe. Doch in dem Moment ist der Sessel leer, die Mutter ist verschwunden. Im zweiten Teil der Doppelfolge taucht die tote Mutter noch ein weiteres Mal auf, als Frau Küppers einsam an der Bar eines schicken Bistros sitzt.[60] Wegen ihrer (wie sich später herausstellen wird: falschen) Krebsdiagnose versucht Frau Küppers vergeblich, eine Liste mit jenen Dingen zu verfassen, die sie vor ihrem Tod unbedingt noch machen möchte. Sie disputiert mit ihrer Mutter über die Frage, was denn ein erfülltes Leben ausmache. „Du streitest gerade mit dem Geist deiner toten Mutter", meint diese ironisch.

Auch wenn die tote Mutter nur eine Projektion ist, wird ihr Auftritt doch real inszeniert. Entweder spricht sie aus einem riesigen Ei-Sessel, das wie ein Ding aus einer anderen Welt auftaucht, oder sie sitzt als „Geist" rauchend an der Bar, während der Barkeeper den mit sich selbst sprechenden Gast scheel anblickt. Stets wendet sich Frau Küppers direkt an die nur in der Einbildung vorhandene Mutter, als ob es sich um ein reales Gegenüber handelt. Letztlich bestätigt die Darstellung immer dasselbe: Die Toten „leben" nicht wirklich in einer anderen Welt und können nicht in unser Leben zurückkehren, aber ihre Realität für die Lebenden ist deswegen nicht geringer.

## REALITÄT ODER NARRATIVE STRATEGIE

Wie unterschiedlich die übersinnlichen Phänomene – Wahrsagerei, Spiritismus, Magie, Gläserrücken, Geisterbeschwörung – auch dargestellt werden, eines bleibt stets gleich: Es gibt in den Serienfolgen keinen Platz für die Wirklichkeit von Übersinnlichem und Paranormalem. Wo immer solche Phänomene auftauchen und solche Praktiken geübt werden, handelt es sich um Betrug, Täuschung, Klamauk oder, im besten Falle, um eine Tarnung, hinter der sich therapeutisches Handeln verbirgt.

Dieser Befund kann innerhalb einer Gesellschaft, in der rationalistische und wissenschaftliche Diskurse vorherrschen, nicht erstaunen. Doch innerhalb eines theologischen Diskurses müssen wir das Thema differenzierter angehen. In der Bibel werden magische und spiritistische Praktiken mehrfach erwähnt. König Saul konsultiert die Totenbeschwörerin von En-Dor, die den Geist des verstorbenen Samuel erfolgreich erscheinen lässt (1Sam 28,3-20). Magie und Geisterbeschwörung werden als durchführbare, wirkliche Praktiken dargestellt, keinesfalls als Humbug. So findet sich unter den Gesetzen und Vorschriften, die Moses von Gott in Num 19,26 erhält, auch das Verbot von Wahrsagerei und Zauberei. Ganz ausführlich wird in den Gesetzen in Dt 18,9-11 vor Feuerordalien, Wahrsagerei, Hellseherei, geheimen Künsten, Zauberei, Bannungen und Geisterbeschwörungen gewarnt. Diese Praktiken mussten deshalb so nachdrücklich verboten werden, weil sie nach damaligem Verständnis durchaus funktionierten. Sie wurden verboten, weil sie eine Form von Götzendienst darstellten. Das zeigt sich beispielsweise bei der Kritik an König Manasse von Juda, dem eine ganze Reihe von götzendienerischen Praktiken vorgeworfen wird, darunter auch Feuerordalien, Orakelbefragung und Geisterbeschwörung (1Kön 21,4-7).

Im Neuen Testament stellt Paulus Götzendienst und Zauberei auf dieselbe Stufe wie Unzucht, Unreinheit, Ausschweifung, Feindschaft, Hader, Eifersucht, Zorn, Zank, Zwietracht, Neid, Saufen und Fressen (Gal 5,19-21) – es handelt sich demnach um ethische oder moralische Verfehlungen. Ebenso im Buch der Offenbarung (Offb 9,21), wo Zauberei mit Mord, Unzucht und Diebstahl in einem Atemzug genannt wird. Paulus und sein Gefährte Silas werden sogar einmal ins Gefängnis geworfen, weil sie einen Wahrsagegeist vertrieben hatten, der dem Besitzer viel Geld eingebracht hatte (Apg 16,16-23). Und die Geschichte vom Zauberer Simon (Apg 8,4-24), der von Paulus die Zauberkräfte abkaufen will, hat zum Ausdruck „Simonie" geführt, den wir immer noch für Ämterkauf verwenden.

Evangelikale Christen warnen auch heute vor Wahrsagerei, Totenbeschwörung und anderen okkulten Praktiken. Dabei werden verschiedene Argumente genannt: Wahrsagerei ist falsch, weil nur biblische Prophezeiungen sich als richtig erwiesen; Totenbeschwörung ist unmöglich, weil die Toten im Himmel oder in der Hölle weilen und deshalb kein Kontakt mit ihnen möglich sei. Vor allem wird eindringlich gewarnt, dass okkulte Praktiken ein Einlasstor für Satan und Dämonen seien. Dieses letzte, wichtigste Argument zeigt, dass solche magischen Praktiken auch heute für einige Christen durchaus real sind. Man erinnere sich an die Debatte in den 1980er Jahren, wo fundamentalistische Christen den Pop- und Rockmusikern vorwarfen, in ihren Songs mittels Backmasking (Rückwärtslaufen von Texten) versteckte Botschaften zu übermitteln, die nicht nur zu hemmungslosem Sex und Drogenkonsum aufrufen sollen, sondern auch Satan Macht über das Unterbewusstsein geben würden.[61]

Die untersuchten Vorabendserien dagegen stellen sich alle auf einen nicht-religiösen Standpunkt: Funktionierende okkulte Praktiken gibt es innerhalb der Serienhandlungen nicht. Figuren, die daran glauben oder solches praktizieren, sind – wie religiöse Figuren im Allgemeinen – suspekt: Sie sind naiv und leichtgläubig wie Martin Riedl, clownesk wie Polizist Staller, sie sind betrügerisch wie das Medium von Miesbach oder die tricksende Wahrsagerin Annette Döring, geschäftstüchtig wie Yazid oder Madame Rubina.

# 6.
## RELIGIÖSE POLEMIK UND ANTIKLERIKALISMUS

In mehreren Serienfolgen werden das Christentum und dessen Vertreter in stark polemischer Weise angegriffen. Solche polemischen und antiklerikalen Aussagen reihen sich in eine Tradition ein, die weit zurückreicht, insbesondere in die Zeit des Kulturkampfes der 1870er Jahre. „Ich dachte, der Kirche können die Kreuze nicht groß genug sein", meint Polizeirat Girwidz in der Folge „Die letzte Ruhe" (2014) aus *Hubert und Staller*.[1]

Oft werden der Kirche recht pauschal Untaten vorgeworfen. In der Folge „Mord im Schweinestall" (2012) aus *Hubert und Staller* werden – ohne aus der Filmhandlung ersichtlichen Grund – kirchenfeindliche und hier auch antiklerikale Klischees verbreitet. Auf der Hinfahrt zu einem angehenden Pfarrer äußern sich die beiden Polizisten Hubert und Staller abfällig über Geistliche: „Die sind doch bekannt dafür, dass die nicht bloß brav die Hände falten." „Das stimmt, ja. Kreuzzüge..." „...Hexenverbrennungen...", „...Inquisition." „Das ganze Programm."[2]

Hubert und Staller bringen in einem Atemzug einige weit verbreitete Kritikpunkte am Christentum zur Sprache, wobei die Vorwürfe hier nicht der Institution Kirche, sondern den „Geistlichen" angelastet werden. Die Aufzählung ist symptomatisch für eine pauschale und wenig differenzierte Kritik an der Kirche und ihren Vertretern. Abgesehen von der Tatsache, dass die der Kirche angelasteten Untaten mehrere Jahrhunderte zurückliegen, muss doch differenziert werden. So waren die Kreuzzüge nicht nur eine religiös motivierte Bewegung, sondern es ging dabei ebenso sehr um handfeste machtpolitische Interessen. Auch bei den Hexenverfolgungen muss differenziert werden: Zwar haben einige Theologen mit ihren Schriften aktiv zu den Verfolgungen beigetragen, aber die Prozesse wurden in der Frühneuzeit größtenteils von der weltlichen Obrigkeit durchgeführt und äußerst selten von der Inquisition (die sich mehr für das Aufspüren von Häretikern interessierte), zumal in evangelischen Gegenden ebenso Hexen verfolgt wurden wie in katholischen.

## DAS KLOSTER ALS HORT DES BÖSEN

Das Kloster als von der Welt abgeschlossener Ort dient besonders gut als antiklerikale Projektion. Ein besonders markantes Beispiel von Antiklerikalismus findet sich in der Folge „Tödliches Schweigen" (2019) aus *Wapo Bodensee*. Der Titel stellt mehrere Bezüge zum Inhalt der Folge dar: „Tödliches Schweigen" hatte der im Film ermordete Krimiautor als Buchtitel für seine neustes Projekt vorgesehen. Tödlich ist auch das Schweigen hinter den Klostermauern, wo die *Wapo*-Folge sich abspielt. Der erfolgreiche Autor Armin König, der sich zum Schreiben in ein Kloster auf der Reichenau zurückgezogen hat, wird eines Morgens tot aus dem See gefischt. Die Ermittlungen der beiden Wasserschutzpolizisten Nele Fehrenbach und Paul Schott ergeben, dass sich in demselben Kloster auch eine junge Frau unter falscher (männlicher) Identität versteckt, die mit dem ermordeten Autor ein heimliches Verhältnis hatte. Die ehemalige Prostituierte ist auf der Flucht vor einem osteuropäischen Menschenhändlerring und soll als Kronzeugin in einem Prozess gegen ihre ehemaligen Peiniger aussagen.

Die religiöse Thematik wird optisch und musikalisch gleich in der Eingangsszene eingeführt: Als die Leiche des Krimischriftstellers König von zwei Fischern aus dem Wasser gezogen wird, bekreuzigen sich die beiden Männer eifrig beim Anblick des grausigen Fundes. Es ertönen sphärische Klänge, als die Leiche langsam an die Oberfläche steigt; im Hintergrund kommt die Basilika St. Peter und Paul auf der Insel Reichenau ins Bild. Beim ersten Gespräch zwischen zwei jungen Wasserschutzpolizisten wird sogleich religiöses Vokabular verwendet, wenn nämlich Julia Demmler ihren Kollegen Pirmin Spitznagel, als dieser intensiv nachdenkt, spöttisch fragt: „Hattest du gerade eine Erscheinung, oder was ist los?"[3]

Der Hauptschauplatz der Serie ist ein Kloster im Nordosten der Insel Reichenau, etwa dort, wo sich in Wirklichkeit die Kirche St. Georg befindet. In der Filmhandlung heißt das Kloster „Armenau", ein Klostername, der sich weder auf der Reichenau noch sonst irgendwo findet. Möglicherweise soll damit in ironischer Weise auf den Anspruch der Klostergemeinschaft auf Besitzlosigkeit angespielt werden oder der Name verweist auf die „armen" Mönche.

Sobald die beiden Wasserschutzpolizisten Fehrenbach und Schott mit der Welt des Klosters in Kontakt treten, legen sie eine aggressiv antiklerikale Haltung zutage, insbesondere der Kollege Schott. Kaum hat er den Kreuzgang betreten, steckt er die Hände in die Hosentaschen und spaziert mit einer betont despektierlichen Nonchalance herum. Ohne Unterlass stellt er provozierende Fragen und greift den Abt verbal an. Als Abt

Barnabas – gefragt weshalb hier Gäste zu Besuch kommen – Arbeit, Gebet und innere Einkehr aufzählt, fährt Schott schroff dazwischen: „Und so was machen Leute freiwillig, ja?"[4] Und da der Abt auf diese Unfreundlichkeit nichts antwortet, setzt Schott beim Anblick der schweigsam vorbeigehenden Ordensbrüder noch einen drauf: „Oh ja, scheinbar wurde die gute Laune hier erfunden, richtig?" Auch die sonst eher zurückhaltende Kommissarin Fehrenbach versteigt sich zu bösen Kommentaren, worauf ich noch zurückkommen werde.

Im Kloster Armenau lebt die Gemeinschaft des Josephiner. Dabei handelt es sich um einen erfundenen Orden, denn in Wirklichkeit gibt es lediglich eine „Missionsgesellschaft vom heiligen Joseph von Mill Hill" mit Hauptsitz in London, die sich der Missionsarbeit in Afrika, Asien und anderswo in der Welt widmet. Möglicherweise haben sich die Drehbuchautoren beim Namen des Ordens davon inspirieren lassen, dass der Apostel Barnabas (der dem Abt der Serie den Namen gegeben hat) nach Apostelgeschichte 4,36 Joseph geheißen hat. Der fiktive Josephinerorden hat im Film nur vage Konturen. Der Orden kenne, so Abt Barnabas, kein Schweigegelübde, was nicht ungewöhnlich ist, da ein Schweigegebot ohnehin nur bei Gemeinschaften mit sehr strenger Observanz vorkommt (beispielsweise bei den Kartäusern). Gekleidet sind die Fernsehmönche in dunkelbraune Kutten mit weißen Kordeln, so wie es in Wirklichkeit die Franziskaner tragen.

Die Figur des Abtes ist, wohl unfreiwillig, zur Karikatur geraten. Sein etwas ungewöhnlicher Name Barnabas geht auf den Begleiter des Apostels Paulus zurück; ein Zusammenhang zwischen der biblischen Person und der Filmfigur ist nicht auszumachen. Der Abt spricht eine blumige Sprache in salbungsvollem, belehrendem Ton. „Wir denken hier in anderen Kategorien, lieber Herr Schott."[5] Abt Barnabas verwendet zahlreiche ungewöhnliche und nicht mehr verwendete Ausdrücke, spricht von „Schlafkammern"[6] und von „Habseligkeiten"[7]. Der Abt und sein Gehilfe, Bruder Vadim, reden abschätzig über die Krimis, die das Opfer verfasst hat. „Bei uns gibt es natürlich wertvollere Literatur."

In den Dialogen tauchen zahlreiche terminologische und inhaltliche Fehler auf, die darauf hinweisen, dass die Macher weder mit den Realitäten der religiösen, speziell klösterlichen Welt vertraut sind, noch es für nötig erachteten, darüber genauere Erkundigungen einzuziehen, da die anvisierten Rezipienten davon ohnehin keine Kenntnis hätten.[8]

Besonders abstrus wird die Situation, als die Polizisten den Abt über den Orden ausfragen. Die leitende Kommissarin Nele Fehrenbach erkundigt sich nach der Identität jener Männer die „Teil der Gemeinschaft" sind, womit sie offensichtlich die Ordensbrüder meint.[9] Aus der vagen Antwort des Abtes kann man schließen, dass sich im Kloster alles Männer befinden, welche „die Verlockungen der äußeren Welt hinter sich gelassen" haben. Daraufhin wollen die Polizisten wissen, ob „so etwas wie ein Personalregister, wo alle Mitglieder Ihrer Gemeinschaft registriert sind", existiere. Doch wie man dem weiteren Fortgang der Handlung entnehmen muss, scheint es ein solches „Register" im Kloster nicht zu geben, denn Bruder Vadim, der sich schon seit längerer Zeit als falscher Mönch im Kloster versteckt hält, ist in Wirklichkeit ein ehemaliges Mitglied der rumänischen Securitate, der jetzt als Menschenhändler und Killer arbeitet. Als dies ans Licht kommt, gesteht der Abt ein, er habe dem Mann etwas zu leichtsinnig blind vertraut[10] – als ob in einem katholischen Kloster jede zwielichtige Gestalt ohne Prüfung ihrer Identität der Ordensgemeinschaft beitreten könnte. Die Drehbuchautoren scheinen keine Ahnung von der straffen Organisation katholischer Orden zu haben. Sie gehen davon aus, dass eine Klostergemeinschaft eine Ansammlung finsterer Gestalten sei, wo niemand so recht wisse, woher einer komme und was er im Schilde führe. Damit wird eine Verbindung zwischen Kloster und Verbrechen hergestellt: Das Kloster, als Hort dunkler Mächte, zieht das Böse an und beherbergt es. Dies formuliert Ermittler Schott am Schluss der Folge, im Hinblick auf den falschen Mönch und Mörder, mit folgenden Worten: „Und wer in seinen Kreisen eine Kronzeugin auf dem Silbertablett serviert, wird von jeder Sünde freigesprochen."[11] Sünde und Verbrechen gehören demzufolge genauso zum Kloster wie ins Milieu der organisierten Kriminalität.

Das Kloster als Hort des Bösen steht literarisch – und ikonografisch – in der Tradition von Umberto Ecos *Der Name der Rose* (1980), insbesondere in der filmischen Umsetzung von Jean-Jacques Annaud (1986). Dies zeigt sich deutlich bei der nächtlichen Sequenz in der Klosterkapelle, die optisch und musikalisch als Gruselszene inszeniert wurde. Auf der Flucht vor dem falschen Mönch und echten Killer Vadim verstecken sich die Polizistin Fehrenbach und die als Bruder Max getarnte Exprostituierte Melinda in einem Beichtstuhl. Die unheimliche Nachtszene wird sinnigerweise mit Melindas geflüstertem Seufzer eröffnet: „Jetzt hilft nur noch beten!"[12] Während der böse Mönch in der dunklen Kirche herumschleicht, Kerzen flackern und der Wind den Vorhang des Beichtstuhles bewegt, intonieren tiefe Bässe einen monotonen pseudogregorianischen Gesang („Apostolos, domine"), dazu erklingen verzerrte Synthesizer- und Basstöne. In diese gruselige Atmosphäre mischen sich plötzlich helle Orgeltöne, welche die Ankunft der Mönchsgemeinschaft ankündigen, die offensichtlich zu der späten Stunde ihre „Mitternachtsmesse" feiert. Damit sind die beiden Frauen vorerst dem Zugriff des Bösewichtes entzogen.

## 6. RELIGIÖSE POLEMIK UND ANTIKLERIKALISMUS

**Der falsche Mönch und echte Securitate-Killer Vadim.**
*Wapo Bodensee*, Folge 23, „Tödliches Schweigen" (min. 33:20)

Die Serienfolge beschränkt sich nicht darauf, die Mönche der Heuchelei, Doppelmoral oder des Verbrechens anzuklagen, die Kritik dringt bis in theologische Schichten vor. Als der falsche Mönch Vadim die wahre Identität von „Bruder Max" herausgefunden hat und die Verfolgung der Frau aufnimmt, kommentiert dies Kommissarin Fehrenbach mit der steilen Aussage: „Barmherzigkeit scheint jedenfalls nicht angesagt zu sein. Eher Altes Testament."[13] Die antagonistische Gegenüberstellung von Barmherzigkeit, die hier implizit dem idealen Christentum zugeordnet wird, und dem Altem Testament, das für grausame Unbarmherzigkeit und Rache steht, bewegt sich in einer Tradition sowohl antijüdischer wie auch interkonfessioneller Polemik. Im Hintergrund steht offenbar das zu einer Chiffre komprimierte Alte Testament mit seinem rächenden und strafenden Gott, der ausrottet und vertilgt, der die Sintflut schickt und Sodom und Gomorrha auslöscht. „Aug um Auge, Zahn um Zahn" (Ex 21,24).

Diese Folge von *Wapo Bodensee* bewegt sich ganz im Fahrwasser des Antiklerikalismus, wie wir ihn aus dem 19. Jahrhundert kennen, aus den Zeiten des Ultramontanismus und des Kulturkampfes. „Wo der Mönch steht, wächst das Gras nicht", wie es der liberale Schweizer Politiker Augustin Keller 1841 anlässlich der Klosteraufhebung formulierte.[14] Die Mönche hinter den Klostermauern Armenau werden als verschworene, undurchsichtige Gemeinschaft dargestellt, die dem Obskurantismus frönt und der modernen Gesellschaft diametral entgegensteht. Ihre Vertreter sind entweder heuchlerisch, wie Abt Barnabas, oder verbrecherisch, wie Bruder Vadim. Die Ideale und die Lebensweise der Ordensleute werden abgelehnt und lächerlich gemacht. Verhaltensweisen wie Askese, Zölibat und Rückzug aus der Welt gelten als Feinde einer Gesellschaft, deren höchste Werte die freie Entfaltung des Individuums und die Erfüllung all seiner Wünsche darstellen.

Hinzu kommen die zahlreichen terminologischen und inhaltlichen Irrtümer im Bereich der Religion, was nicht nur den eklatanten religiösen Analphabetismus seitens des Produktionsteams aufzeigt, sondern auch bedingt, dass das Zielpublikum der Serie daran keinen Anstoß nimmt, offensichtlich weil es die Irrtümer gar nicht als solche erkennt.

Die künstlerische Umsetzung dieser antiklerikalen Ideologie bedient sich hauptsächlicher einer Reihe von ikonografischen und musikalischen Stereotypen, die ihren Ursprung in Mittelalterdarstellungen der Romantik haben (insbesondere des britischen Dark Age): Ikonen und Kerzen, Kutte und Kordel, gregorianischer Gesang und Orgelklang.

### DAS NONNENKLISCHEE

Auf ganz andere Weise äußert sich der Antiklerikalismus in der Folge „Nonnenlos" aus der Serie *Hubert ohne Staller*, die nur gerade eine Woche vor der oben erwähnten *Wapo Bodensee*-Folge ebenfalls Anfang April 2019 erstmals ausgestrahlt wurde. Hier steht eine weibliche Ordensgemeinschaft im Vordergrund. Bereits der Titel der Folge spielt auf die parodistische Darstellung der klösterlichen Welt an: „Nonnenlos" könnte das schwere Los oder Schicksal der Nonnen meinen, oder „die Nonnen sind los" (im Hinblick auf die ausgebüxte Schwester Lara) oder auch „frei von Nonnen" (da sich einige der Schwestern nicht besonders nonnenhaft verhalten).

**Die Schwestern des Klosters bei einer „Gegenüberstellung".**
*Hubert ohne Staller*, Folge 130, „Nonnenlos" (min. 11:11)

Die dargestellte Klostergemeinschaft besteht aus sieben Schwestern und der Oberin, alles skurrile Gestalten: Eine der Nonnen ist betagt und stützt sich auf einen Rollator, eine andere ist ziemlich beleibt, und die Novizin hat eine Beinprothese. Wie der Abt im Männerkloster Armenau aus der *Wapo*-Serie ist auch die Oberin des bayrischen Klosters eine undurchsichtige Figur, die als kalt und unbarmherzig dargestellt wird. Die

## 6. RELIGIÖSE POLEMIK UND ANTIKLERIKALISMUS

Abgeschlossenheit des klösterlichen Lebens wird mit besonderem Nachdruck inszeniert. Mehrere Szenen spielen am Eingangstor, wo die Mutter Oberin mit einem Schlüsselbund steht, um das massive schmiedeiserne Tor persönlich auf- und zuzuschließen. Später erfährt man, vor was die abgeschlossene Welt hinter den Klostermauern schützen soll. Die Oberin weist die junge Schwester Patricia zurecht, weil sie mit dem als Gärtner getarnten Yazid geflirtet hat: „Ich möchte nur sicher gehen, dass Du nicht vom rechten Weg abkommst."[15]

Als roter Faden zieht sich das Unverständnis der Polizisten durch die Handlung, weshalb eine Frau überhaupt ins Kloster geht. Als die Oberin den Polizisten erklärt, was „Profess" bedeutet – „Das ist der letzte Schritt, bevor sich unsere Schwestern für ewig ans Kloster binden" –, bemerkt der Polizist Girwidz: „Also die letzte Gelegenheit auszusteigen?"[16] Weshalb man hier „aussteigen" soll, wird sofort klar, als der Anblick der bildhübschen jungen Schwester Patricia die Polizisten aus der Fassung bringt: „Absolute Granate", flüstert Hubert seinem Kollegen ins Ohr. „Stellen Sie sich die einmal ohne Tracht vor!" Hier entlarvt sich das Unverständnis gegenüber dem Leben der Nonnen als lüsterner männlicher Blick auf die „unberührte" Frau, die hinter den Klostermauern seinem Zugriff entzogen ist.

Zurück vom Besuch im Kloster entsetzt sich Polizist Girwidz über das bevorstehende Gelübde der jungen Novizin:[17] „Dann sind die ein Leben lang ans Kloster gebunden, dann ist der Spaß vorbei. [...] Was ist, wenn die keine Lust mehr haben? Werden die bestraft? Exkommuniziert? Ich meine, Ihr Bayern kennt euch doch in so was aus." Worauf sein Kollege Hubert ironisch antwortet: „Ich tät sagen, im Zweifelsfall Steinigung." Zwar ist der Verweis auf die Steinigung zweifellos scherzhaft gemeint. Doch steckt dahinter auch der Hinweis, was der attraktiven Novizin tatsächlich vorgeworfen wird. Steinigung ist im Alten Testament vorwiegend die Strafe für Götzendienst oder schwere Verfluchung Gottes[18], dann aber werden auch sexuelle Verfehlungen (Sexualverkehr mit einer verlobten Frau, Vergewaltigung[19]) mit Steinigung bestraft. Aus dem Neuen Testament ist vor allem die Erzählung von der Ehebrecherin bekannt (Joh 8,1–11), die Jesus von der Steinigung rettet und freispricht. Wenn nun die Polizisten scherzhaft die Steinigung als Strafe für eine Nonne, die aus dem Kloster austritt, fordern, wird damit implizit den Nonnen sexuelles Fehlverhalten vorgeworfen, d.h. eben dass sie sich den Männern verweigern. Dass das Klosterleben in erster Linie als sexuelle Abstinenz verstanden wird, ergibt sich auch aus dem darauffolgenden Dialog zwischen Hubert und der Konditoreibesitzerin Barbara Hansen. Sie schlägt dem Polizisten Hubert vor, dass er doch ins Kloster gehen soll: „Mit Frauen hast du sowieso schon lange nichts mehr am Hut."[20] Auf Sexualität wird auch später implizit verwiesen. Als die beiden Polizisten das Zimmer der verschwundenen Nonne durchsuchen, entdecken sie einen (wie sich später herausstellt vermeintlichen) Blutfleck auf dem Bettlaken, das sie sogleich mitnehmen, als ob es sich um das Beweisstück einer erfolgreichen Entjungferung handle.[21]

Im Verlaufe des weiteren Fortgangs der Handlung geht es um die Gründe, weshalb die verschwundene Schwester Lara ins Kloster gegangen ist. Girwidz erkundigt sich bei der Oberin danach.[22] „Es gibt unendlich viele Möglichkeiten, den Weg zu Gott zu finden. Bei manchen sind es positive Erfahrungen, bei anderen negative, die den Weg ebnen." Diese an sich neutrale Antwort wird sofort ins Lächerliche gekippt. „Gottes Wille ist unergründlich", fügt die Oberin mit salbungsvoller Stimme und verklärtem Blick hinzu, und sogleich erklingen sphärische Synthesizer-Klänge. Die weiteren Nachforschungen über das Vorleben der verschwundenen Nonne sollen die Gründe für ihren Entschluss, ins Kloster zu gehen, plausibel machen. Schwester Lara hat bei ihren Eltern in sehr bescheidenen Verhältnissen gelebt (Hubert kommentiert: „Also bei dem Haus hätte ich mich vielleicht auch fürs Kloster entschieden."[23]). Die Eltern werden als bigotte und skurrile Figuren dargestellt: Die Mutter erscheint als biedere Hausfrau in schäbiger Kleidung, der Vater tritt triumphierend mit einer eben erlegten toten Ratte auf. Er flucht ohne Hemmungen drauflos, beharrt aber dennoch darauf, religiös zu sein: „Ich war sogar einmal Ministrant." Hubert fasst die Situation zusammen: „Da kann man glauben, warum die ins Kloster ist." Schwester Lara hatte zudem offenbar eine Schwäche für ältere Männer, „die sich am Wochenende als Ritter verkleiden und auf Mittelalterfeste gehen." Am Ende dieser wechselnden Beziehungen stand ihr Entschluss, ins Kloster zugehen. Die Mutter erklärt dies folgendermaßen: „Und eines schönen Tages ist sie heimgekommen und hat gesagt: Ab jetzt ist der Jesus mein einziger Bräutigam."

**Hubert und Girwidz besuchen die skurrilen Eltern der verschwundenen Nonne.**
*Hubert ohne Staller*, Folge 130, „Nonnenlos" (min. 21:38)

Zusammenfassend lässt sich sagen, dass die Gründe, welche in der Serienfolge für den Eintritt ins Kloster gegeben werden, in einem schwierigen sozialen Milieu sowie in einer krankhaften Persönlichkeit liegen. Einerseits war für die junge Frau das familiäre Umfeld unerträglich belastend, andererseits ist ihre Liebe zu Jesus die Fortsetzung der problematischen Beziehungen, die sie mit älteren, absonderlichen Männern hatte. Auch Girwidz sieht eine Parallele zwischen den Beziehungen zu weltlichen Liebhabern und der Liebe zu Jesus, als er ein aktuelles Foto von Lara und ihrem viel älteren Klavierlehrer erblickt: „Ist das der Nachfolger vom Jesus? Als Bräutigam?"

In den letzten Szenen der Folge „Nonnenlos" dringt der militante Antiklerikalismus, den wir schon für die *Wapo*-Folge „Tödliches Schweigen" festgestellt haben, durch. Das Kloster ist auch hier ein abgeschlossener Ort, hinter dessen Mauern sich Unheimliches und Ungeheuerliches tut. Die Mutter Oberin, so Girwidz, „fühlt sich als Richter Gottes. Sie bestraft die Nonnen, die gesündigt haben."[24] Deshalb will er „das Nest von innen ausräumen." Girwidz benützt hier ein Vokabular, wie wir es aus dem 19. Jahrhundert von der Polemik gegenüber den Jesuiten kennen.[25]

Die gruselige Schlussszene zeigt ein gespenstisches Ritual, das Schwester Lara an sich selber vollzieht.[26] Sie liegt in einem düsteren unterirdischen Kellergewölbe wie ein Opferlamm auf einem schweren Holztisch, umgeben von zahlreichen flackernden Kerzen, die über der Brust gekreuzten Hände halten ein Kruzifix. Dazu erklingen dumpfe Glockenschläge und flirrende hohe Streicherglissandi. Kurz darauf kniet die junge Nonne, mit einem weißen Gewand bekleidet, vor dem Altar in der nächtlichen Kirche. Die übrigen Nonnen stehen um sie herum im finsteren Chorraum, der bloß von einigen Kerzen schwach erleuchtet wird. Schwester Lara leiert in fanatischem Ton der Selbstanklage ihre Sünden herunter, die ausschließlich aus ihren sexuellen Verfehlungen bestehen: „Ich habe

Schwester Lara vollzieht in den unterirdischen Gewölben des Klosters ein unheimliches Ritual.

*Hubert ohne Staller,* Folge 130, „Nonnenlos" (min. 44:12)

noch nicht bis aufs Blut widerstanden dem Kampf gegen die Sünde." Sie gebraucht dabei ein archaisches Vokabular, das mit Bibelzitaten oder -anklängen durchsetzt ist.[27] Die gruselige Szene endet mit einer Überblendung in die Intensivstation der Klinik, wo der im Komma liegende ehemalige Geliebte von Schwester Lara plötzlich die Augen öffnet und zu sich kommt, als handle es sich um ein okkultes Voodoo-Ritual.

In ikonografischer Hinsicht gibt es ebenfalls filmische Vorlagen. Die eben erwähnte Schlussszene erinnert an eine Reihe okkulter Horrorfilme wie zum Beispiel *The Believers* (auf Deutsch: *Das Ritual*) von 1987.[28] Doch vor allem ergeben sich bei der Darstellung des Nonnenklosters Anklänge an den Film *Sister Act* aus dem Jahr 1992,[29] wo Whoopi Goldberg eine Sängerin spielt, die sich auf der Flucht vor Berufskillern in einem katholischen Kloster versteckt. In der Folge „Nonnenlos" kommt ebenfalls eine Szene mit einer Gesangsprobe des Nonnenchors vor.[30] Allerdings singen hier die Schwestern ganz korrekt, es ist der Polizist Girwidz, der mit falschen Tönen den Chorgesang stört. Der Gesang, den die Nonnen üben, passt wiederum zu der freudlosen Welt der Kasteiung, wie sie sich die Polizisten vorstellen: „Herr, strafe mich nicht in deinem Zorn. Und züchtige mich nicht in deinem Grimm." (Ps 6,2).

## BIBEL- UND KIRCHENNAZIS

Die Ausdrücke „Bibelnazi" bzw. „Kirchennazi" sind im öffentlichen Diskurs geächtet. Sie bezeichnen eigentlich radikale Christen, die weit im politisch rechten oder sogar völkischen Spektrum beheimatet sind. Inflationär gebraucht können die Schimpfwörter jeden Christen meinen, der für seine Überzeugung lautstark und unflexibel eintritt – so ähnlich wie „Bibeltaliban". In zwei Folgen der Serie *Rentnercops* werden die Schimpfwörter „Bibelnazi" bzw. „Kirchennazi" verwendet.

Zum ersten kommt der Ausdruck „Kirchennazi" in der Folge „Wunder gescheh'n" (2014) vor. Der christlich-konservative Politiker Karl-Heinz Brunner berichtet von einem Streit mit seiner viel jüngeren Verlobten, die er als „geldgeile Schlange" bezeichnet hat, während sie ihn als „misstrauischen Kirchennazi" beschimpfte.[31] Es zeigt sich allerdings, dass der Politiker ein aufrichtiger Mensch ist, der einer Betrügerin aufgesessen ist. Das Schimpfwort „Kirchennazi" erweist sich als ungerechtfertigt.

In der Folge „Willkommen im Chaos" (2018) aus derselben Serie dient der Ausdruck zur Herabsetzung einer kleiner, nicht näher bezeichneten Gruppe Christen. Ein Start-up in Bioengineering will Patente in einem ethisch sensiblen Bereich anmelden. Nachdem eine der Wissenschaftlerinnen ermordet wurde, verdächtigt die Mitinhaberin Ute Birt drei junge militante Christen, von denen sie sich belästigt und sogar bedroht fühlt: „Weil sie glauben im Namen Gottes gegen den Fortschritt kämpfen zu müssen."[32] Die „Bibelnazis" haben unklare Konturen. Nur einer davon ist im Film direkt zu sehen, ein etwa 30jähriger, unauffälliger Mann, der weder gefährlich noch fanatisch wirkt. Laut der bedrohten Ute Birt lesen sie sich aus der Bibel vor und predigen ewige Verdammnis. Den Ausdruck „Bibelnazis" verwenden zunächst die Polizisten: der junge Assistent Hui Ko, dann die Chefin Vicky Adam und später der Rentnercop Edwin Bremer.[33] Darauf findet ein Umschwung in der Wahrnehmung statt. Als sich nämlich herausstellt, dass die drei jungen Leute zwar engagierte Gegner gentechnischer Manipulationen sind, aber die Forscher weder bedroht noch gar Mordanschläge durchgeführt haben, verändert sich das Vokabular. Polizist Bremer spricht nur noch von „irgendwelchen radikalen Kirchenleuten"[34], und Chefin Adam nennt sie „ein paar Irre"[35], darauf werden sie neutral als „Gen-Gegner"[36] und schließlich als „Bibelleute"[37] bezeichnet. Nur Ute Birt, die als einzige von Anfang an die Gruppe beschuldigt hat und die sich am Schluss als die wahre Täterin herausstellen wird, beharrt weiterhin auf der Bezeichnung „Bibelnazis".[38]

Auf der narrativen Ebene ergibt sich also, dass die Bezeichnung „Bibelnazis" ungerechtfertigt war. Die „Bibelleute" wurden von der Täterin manipulativ in Stellung gebracht, um von der eigenen Verstrickung in den Mord abzulenken. Die wirklichen Fanatiker in der Filmhandlung sind nicht die Religiösen, sondern die junge Forscherin, die im Namen der Wissenschaft und ihres Allmachtanspruches ethische Normen missachtet. Bei ihrer Festnahme verteidigt sich Ute Birt: „Wir können den perfekten Menschen schaffen. Und es wird Zeit, dass wir endlich damit anfangen." Auf den Seufzer ihres entsetzten Forscherkollegen „Oh, Gott!", legt sie ein Bekenntnis ihrer Hybris ab: „Geh doch weg mit Gott! Gott will leidende Kinder und kranke Menschen. Schön! Ich nicht!"[39]

Das Thema der Folge ist demnach eher das ethische Verhalten der Wissenschaftler bzw. der Gesellschaft, für die sie arbeiten. Das ethische Dilemma – Respekt vor dem Leben versus Optimierung des Erbgutes – kann letztlich auch ohne Rückgriff auf die Religion diskutiert werden. Die religiös motivierte Opposition wird jedoch nicht neutral dargestellt. Dazu sind die „Bibelleute" viel zu wenig profiliert. Letztlich lässt sich in der Narration nicht einmal mehr entscheiden, ob es sich bei den „Bibelnazis" überhaupt um religiös motivierte Menschen gehandelt hat oder ob der angebliche religiöse Eifer der Drei nur ein Teil der kriminellen Strategie der Täterin war. In der Narration selbst werden explizit Zweifel angemeldet: „Das sind keine Bibelleute, das sind ganz normale junge Menschen, die eine Meinung haben",⁴⁰ erklärt Bremer, wobei er dabei gleich impliziert, dass „Bibelleute" keine „ganz normale Menschen" sind.

Die problematischen polemischen Ausdrücke „Bibel-" bzw. „Kirchennazi" werden in beiden Fällen vorsichtig gebraucht – offensichtlich weil das Schimpfwort „Nazi" nicht leichtfertig und inflationär verwendet werden soll. In beiden Fällen wird der Ausdruck zurückgenommen, in dem einen Fall implizit (indem sich der Beschuldigte als integer erweist), im anderen Fall explizit (indem die Beschimpfung schrittweise zurückgenommen wird).

# 7. NICHTCHRISTLICHE RELIGIONEN: DIE ABWESENDEN

Wenn Religion oder religiöses Verhalten in den Vorabendserien thematisiert werden, handelt es sich in den weitaus meisten Fällen um das Christentum, entweder um die beiden in Deutschland als Volkskirchen organisierten Konfessionen katholisch und evangelisch (meist lutherisch) oder um christliche „Sekten". Orthodoxes Christentum, orientalische oder koptische Kirchen kommen genauso wenig vor wie Charismatiker, Pfingstler oder Baptisten. Einzig die Amischen und die Zeugen Jehovas treten als Exoten auf.

Nicht-christliche Religionen werden sehr selten dargestellt oder sind vollständig abwesend, so zum Beispiel das Judentum oder der Hinduismus. Die Abwesenheit des Judentums ist besonders augenfällig. Zwar wird die Zahl der in Deutschland lebenden jüdischen Personen auf nur etwa 225.000 geschätzt, davon sind rund 100.000 in jüdischen Gemeinden organisiert (Zahlen von 2019)[1] – das wären also nur etwa 2,71 ‰ (bzw. 1,25 ‰) –, aber angesichts der deutschen Geschichte würde man jüdische Mitbürgerinnen und Mitbürger als Teil der deutschen Gesellschaft auch in TV-Serien erwarten. Dass dies ist nicht der Fall ist, kann nur durch die Scheu erklärt werden, jüdischen Mitmenschen in Fernsehformaten, die von klischeehaften Figuren leben, auftreten zu lassen. Eine einzige Figur tritt in einer der jüngsten Folgen von *Großstadtrevier* auf, „Die Freiheit" (2021). Selma Dannenberg ist eine hochbetagte Frau, die von Neonazis bedroht wird. In einigen Flashbacks tauchen Bilder aus der NS-Zeit auf.

Die ältere jüdische Dame, Selma Dannenberg, hat die Polizei geholt, weil sie sich bedroht fühlt. Nur die Menora im Hintergrund gibt einen Hinweis auf ihre Religionszugehörigkeit.

*Großstadtrevier,* Folge 459, „Die Freiheit" (min. 14:12)

Als sie sich mit den Polizisten in ihrer Wohnung unterhält, sieht man im Hintergrund eine Menora auf einem Möbel stehen.[2] Doch das Judentum als Religion spielt hier überhaupt keine Rolle, nur die Tatsache, dass Frau Dannenberg aufgrund ihrer jüdischen Herkunft terrorisiert wird.

## DER FRIEDFERTIGE BUDDHISMUS

Der Buddhismus kommt nur selten vor und wird fast ausschließlich in seiner europäischen Form gezeigt, als ein Amalgam esoterischer Praktiken, die zumeist von etwas schrulligen Personen ausgeübt wird, so wie etwa die hysterische Anne Kraus in der Folge „Schachmatt" (2013) aus der Serie *Alles Klara*.[3] In der Folge „Falschgeld" (2013) aus *Hauptstadtrevier* wird der Besuch des Dalai Lama in Berlin angekündigt. Ein buddhistischer Mönch, ein Europäer, erscheint auf dem Polizeirevier und wird Zeuge eines Streits zwischen dem Polizistenehepaar Klug.[4] Nachdem der Mönch das zankende Ehepaar eine Weile wortlos beobachtet hat, überreicht er der Polizistin eine bunte Rolle Räucherstäbchen, faltet die Hände und sagt ein einziges Wort: „Frieden". Dazu erklingen esoterische, orientalische Klänge. Sofort beruhigt sich Frau Klug und atmet tief durch. „Wenigstens *ein* schöner

**Ein buddhistischer Mönch überreicht der Polizistin Marianne Klug eine Rolle Räucherstäbchen.**
*Hauptstadtrevier*, Folge 9, „Falschgeld" (min. 20:40)

Moment heute." Die geschenkten Räucherstäbchen brennen in der folgenden Szene, um im Revier gute Stimmung zu verbreiten, als die Chefin des Dezernats erscheint, um über die Sicherheitsvorkehrungen anlässlich des Besuchs des Dalai Lamas in Berlin informiert zu werden. Der Dalai Lama wird ausdrücklich als „Staatsgast" bezeichnet – was man sich in der Wirklichkeit angesichts der zu erwartenden Reaktion der chinesischen Regierung schwer vorstellen könnte.[5] In einer späteren Einstellung sieht man die auf den Dalai Lama wartende Menschenmenge, darunter auch tibetisch-buddhistische Mönche; die Menschen halten Schilder mit der Aufschrift „Free Tibet".[6]

## 7. NICHTCHRISTLICHE RELIGIONEN: DIE ABWESENDEN

Hier werden verschiedene Klischees über den Buddhismus gebündelt: Der Dalai Lama sei das Oberhaupt aller Buddhisten (es wird also nur der tibetische Buddhismus der Mahayana-Tradition erwähnt), die einzig gelebte Form des Buddhismus sei der Mönchsstand, die Religion verkünde eine etwas simple Friedensbotschaft, zum Buddhismus gehören unbedingt Räucherstäbchen.

Menschen hingegen, die den Buddhismus als ihre angestammte Religion praktizieren, kommen eigentlich keine vor. Einzig der junge chinesische Polizeianwärter Hui Ko in der Serie *Rentnercops* gibt einmal einen Hinweis auf seine buddhistische Identität. In der Folge „Herr Ko vegan" (2020) wird er beim Ausspionieren in einem veganen Restaurant überrascht und bringt die erstbeste dumme Ausrede vor, die ihm einfällt. Er nimmt eine herumliegende Gurke in die Hand und bezeichnet diese als „alten buddhistischen Brauch": „Gurke essen bedeutet im Einklang mit Buddha sein."[7] Doch hat Ko in einer anderen Folge ausdrücklich verneint, religiöse Praxis zu üben. Sein Kollege Hoffmann fragt ihn in der Folge „Engel 07" (2017) darüber aus, ob er Buddhist sei: „Glaubst du an diese Frau mit den vielen Armen und dem Elephantenkopf?"[8] Ko macht ihn darauf aufmerksam, dass er hier den Buddhismus mit dem Hinduismus verwechsle (Hoffmann denkt wohl an die zwei männlichen hinduistischen Gottheiten Shiva und Ganesha) und verneint seine Zugehörigkeit zu beidem.

Ein besonderer, isolierter Fall ist der Buddhist Fynn Haubing aus der Folge „Der Idiot" von *Großstadtrevier* (2020). Fynn ist ein großer, kräftiger Mann Anfang vierzig, der stets einen ärmellosen Strickpullover direkt auf der Haut trägt. Er hat eine schwierige, gewalttätige Vergangenheit mit Alkoholproblemen gehabt, was ihm ein langes Vorstrafenregister wegen Körperverletzung eingebracht hat. Fynn erzählt, dass er sich nach der Geburt seiner Tochter völlig gewandelt und mit Meditation begonnen habe. Gegenüber seiner Mutter, die ihn als „päpstlicher als der Papst" bezeichnet, bekennet er sich als Buddhist und Vegetarier.[9] Fynns religiöses Profil bleibt unklar. Wir sehen ihn einmal, wie er auf einer Matte im Gewächshaus, wo er als Landschaftsgärtner arbeitet, Meditation praktiziert; dazu erklingt meditative, fernöstliche Musik.[10] Er spricht mehrere Male von Karma: „Ich weiß jetzt, dass alles, was passiert, ungetrennt von mir passiert. Vor allem von mir selbst Verursachte. Das ist Karma. Ursache und Wirkung."[11] Ebenso spricht er von der Vergänglichkeit und Unbeständigkeit: „Alle Dinge sind vergänglich, auch der Zorn."[12]

Im Zentrum seiner buddhistischen Identität jedoch steht die Gewaltfreiheit. Er wird von Anfang als jemand gezeigt, der sich nicht wehrt, der nicht zurückschlägt. Seine Konversion ist demnach in erster Linie der Übergang vom Schläger zum gewaltlosen Pazifisten. Von seiner arroganten und unsympathischen Expartnerin lässt er sich erniedrigen und sogar schlagen, so dass er die blutige Schramme auf der Wange im Spital behandeln lassen muss. Der Freund der Expartnerin, der Kleinkriminelle „Juanito", provoziert und demütigt den „heiligen Fynn" in Gegenwart seiner Tochter Yelena:[13] „Ist das nicht richtig Scheiße, wenn man nicht mehr zuschlagen darf? Wie ist das Leben denn so als impotenter Buddha? Du hast keinen Saft in der Wurzel. Elendes armseliges Gärtnerinweib." Sogar die kleine Yelena fordert ihren Vater auf, angesichts der Erniedrigungen endlich zuzuschlagen. Doch Fynn bleibt unbewegt stehen und rührt keinen Finger. Seine gewaltlose Haltung löst in seiner Umgebung Ratlosigkeit und Unverständnis aus. „Was für ein Schwachmat!", entfährt es dem Polizisten Wellbrook gleich bei der ersten Begegnung.[14] Und der Ganove Juanito erkundigt sich ironisch: „Auf welchen Drogen bist du denn?"[15] Fynns Mutter bezeichnet ihren Jungen durchwegs als „Idioten".[16] Als Fynn geschlagen wird, erstattet sie an seiner Stelle Anzeige wegen Körperverletzung. Selbst als Juanito in der Gärtnerei Fynn überfällt, niederschlägt und ausraubt, sieht der Buddhist von einer Strafverfolgung ab. Am Schluss verzeiht Fynn allen für alles, selbst als er erfährt, dass er nicht der biologische Vater von Yelena ist und nur als Alimentenzahler für seine Expartnerin herhalten musste, die dank des Geldes mit Juanito ein angenehmes Leben führen kann.

So edelmütig die Gewaltfreiheit auch erscheint, sie wird letztlich als nicht durchführbar und als charakterlich problematisch dargestellt. Als es in der Schlussszene auf der Polizeiwache zum versöhnenden Handschlag zwischen Fynn und dem großmäuligen Juanito kommen soll, benimmt sich der Buddhist zum ersten Mal wie ein „normaler Mensch": Er rammt dem Ganoven die Faust in den Magen, so dass dieser zu Boden geht.[17] Der anwesende Polizist Wellbrook will nichts davon mitbekommen haben und bestätigt mit einem verschwörerischen Lächeln auf den Lippen die Unschuld des Buddhisten; Juanito habe bloß simuliert. Fynns Tochter fällt ihrem Vater überglücklich in die Arme: „Ich bin stolz auf dich, Papa!" Nur für die Mutter bleibt er weiterhin der „Idiot".

Der Buddhismus wird hier im Wesentlichen auf Meditation und Gewaltfreiheit reduziert. Es handelt sich zwar durchaus um wichtige Elemente, aber andere Aspekte – wie zum Beispiel die Geistesschulung oder auch rituelle Praktiken – bleiben ausgespart. Auffällig ist, dass die religiös motivierte Gewaltfreiheit in einigen Situationen als unangemessen, ja vielleicht sogar als falsch dargestellt wird. In gewissem Sinne ist der Buddhist Fynn tatsächlich ein „Idiot", da er sich nicht wehrt und den Demütigungen und Gewalttätigkeiten der Anderen kein Ende setzt. Eine solches ambivalentes Urteil gegenüber Gewaltlosigkeit fällt auch auf das Christentum zurück, denn so heißt es in der Bergpredigt: „Wenn dich jemand auf deine rechte Backe schlägt, dem biete die andere auch dar." (Mt 5,39)

In einem einzigen Fall werden inhaltliche Element der buddhistischen Lehre präsentiert, allerdings nur indirekt, ohne dabei den Buddhismus explizit zu nennen. So widerspiegelt der Dialog zwischen der Kommissarin Nele Fehrenbach und ihrem Sohn Niklas in der Folge „Geraubte Zukunft" (2020) aus der Serie *Wapo Bodensee*[18] auf die buddhistische Lehre der Wiedergeburten und das Eins-Sein aller Lebewesen. Der heranwachsende Sohn muss mit dem gewaltsamen Tod eines Kameraden an seiner Schule fertig werden. Seine Mutter versucht ihn zu trösten und erzählt ihm, wie sie selber als junges Mädchen mit dem Tod einer Klassenkameradin, die an Leukämie verstarb, konfrontiert worden sei. Sie habe sich damals vorgestellt, „dass wir alle wie Regentropfen sind." Auf das Unverständnis des Sohnes fährt sie fort: „Solange wir Tropfen sind und aus der Wolke herunter fallen, solange leben wir. Und wenn wir unten am Boden ankommen, dann ist unser Leben vorbei. Wir werden also nie wieder diese Regentropfen sein. Aber das Wasser, aus dem dieser Regentropfen besteht, das war schon immer da. Und wird es immer bleiben." Es handelt sich allerdings auch um ein weitgehend religiös entleertes Bild für Tod und Vergänglichkeit: Jedes Lebewesen ist Teil eines biologischen Kreislaufes. Immerhin entfaltet das Bild beim Jungen Niklas die angestrebte tröstende Wirkung.

## DER „BÖSE ISLAM" ALS SPIEGEL GESELLSCHAFTLICHER VORURTEILE

Auch der Islam wird in den Vorabendkrimis auffällig selten thematisiert. Zwar kommen Migranten aus muslimischen Ländern durchaus vor, aber ihre Religionszugehörigkeit wird kaum erwähnt. In „Retter der Welt" aus der Serie *Wapo Bodensee* (2022) ist unter den jugendlichen „Weltrettern" auch eine junge Frau mit Kopftuch, Kisha, die eindeutig als Muslimin charakterisiert ist, ohne dass jedoch ihre Religion in irgendeiner Weise ins Spiel käme. Noch seltener wird der Islam selber zum Thema, und erst recht vergeblich sucht man negative Figuren, die Muslime sind. Dennoch konnte die Problematik des politischen Islamismus mit seinen terroristischen Ausläufern nicht völlig ausgeblendet werden. In einigen Folgen erscheint der verdrängte Islamismus als rassistische und islamophobe Ausgeburt der Mehrheitsgesellschaft.

So in der Serie *Hubert und Staller*, die allgemein gerne subtil mit latenten Klischees und Vorurteilen spielt. Die Vorurteile der Deutschen gegenüber dem Islam fokussieren sich auf die etwas zwielichtige Figur des Yazid, der von den beiden Polizisten immer wieder als „Fremder", „Anderer" angesprochen wird. Von Yazid mit seinem arabischen Vornamen (der auf den zweiten Kalifen der Umayyaden zurückgeht) könnte man annehmen, dass er Moslem ist, doch Yazid betont ohne Unterlass, ein waschechter Bayer zu sein – wodurch er impliziert, auch katholisch zu sein (was wohl beides für den Schauspieler Hannes Ringlstetter mit seiner urbayerischen Aussprache zutrifft). In religiöser Hinsicht scheint Yazid recht verwandlungsfähig zu sein, so praktiziert er Spiritismus und Totenbeschwörung. Nur einmal stellt Yazid ausdrücklich fest, dass er Moslem sei, nämlich in der Folge „Nonnenlos" (2019), wo er den Auftrag zurückweisen will, in einem Frauenkloster zu ermitteln. Auf sein Bekenntnis entgegnet der Polizist Hubert mit Erstaunen: „Du kommst aus Regensburg, frisst a Leberkassemmel und trinkst a Bier?" „Aber ich bin kein radikaler Moslem", entgegnet Yazid.[19]

Ein weltoffener Moslem kommt in der Folge „Die zwölfte Frau" aus der Serie *München 7* (2014) vor – zumindest virtuell. In der Münchner Heilig-Geist-Kirche hat die neue Mesnerin, ohne Absprache mit dem Pfarrer, eine Website zum Online-Beichten eingerichtet. Darin hat unter anderem der User „Kosrat" gepostet:

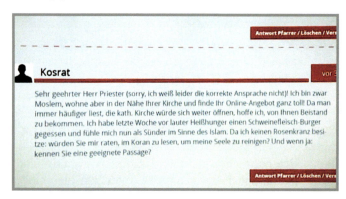

Online-Beichte des Users „Kosrat" auf dem Beichtportal, das Mesnerin Cornelia heimlich eingerichtet hat.
*München 7*, Folge 37, „Die zwölfte Frau" (min. 28:10)

„Sehr geehrter Herr Priester (sorry, ich weiß leider die korrekte Ansprache nicht)! Ich bin zwar Moslem, wohne aber in der Nähe Ihrer Kirche und finde Ihr Online-Angebot ganz toll! Da man immer häufiger liest, die kath. Kirche würde sich weiter öffnen, hoffe ich, von Ihnen Beistand zu bekommen. Ich habe letzte Woche vor lauter Heißhunger einen Schweinefleisch-Burger gegessen und fühle mich nun als Sünder im Sinne des Islam. Da ich keinen Rosenkranz besitze: würden Sie mir raten, im Koran zu lesen, um meine Sünden zu reinigen? Und wenn ja, kennen Sie eine geeignete Passage?"[20]

Dieser Post entbehrt nicht einer gewissen Komik. Er legt vor allem Zeugnis davon ab, wie die Drehbuchautoren oder Produzenten den politisch-korrekten Moslem konstruieren: Er ist offen gegenüber den christlichen Kirchen, ist sogar bereit, bei den Katholiken Rat zu holen. Er liest den

Koran in der löblichen Absicht, sich von seinen „Sünden zu reinigen" (ein durchwegs katholisches Konzept). Der Post ist zudem in einwandfreier, korrekter Sprache und Interpunktion abgefasst (außer vielleicht der Kleinschreibung nach dem Doppelpunkt), so überkorrekt, wie es wohl kaum ein junger Internetuser je schriebe. Die stellenweise arg gestelzte Sprache („als Sünder im Sinne des Islam") verrät das Bemühen der Macher, hier politisch-korrekt sein zu wollen (der Moslem soll auf keinen Fall fehlerhaftes, ja nicht einmal umgangsprachliches Deutsch schreiben).

In der Serie *Mord mit Aussicht* wird eigentlich nicht der Islam, sondern das Klischee vom gewaltbereiten Islam thematisiert. Die beschauliche Eifel wird in der Folge „Terror in Hengasch" (2012) von einer Reihe von „Anschlägen" heimgesucht: Ein Unbekannter hat mit harmlosen Knallern mehrere Vorgartenfiguren – Gartenzwerge und Kitschtierchen – in die Luft gesprengt. Der Rentner Hans Zielonka, der ehemalige Polizeichef des Orts, glaubt sofort zu wissen, wer seine ganze „Wildschweinfamilie ausgerottet" hat: die Islamisten, oder wie es der Polizist Schäffer ausdrückt, die „Mohammedaner".[21] Zielonka bezichtigt die Türken von der Dönerbude am Ortseingang des Anschlags.[22] Zu dritt statten die aufgebrachten Bürger dem Besitzer des Imbisstandes einen Besuch ab: „Es reicht jetzt! Wenn das Euer elfter September werden soll, dann habt Ihr Euch aber geschnitten."[23] Als gleich darauf vor der Dönerbude eine, ebenfalls harmlose Sprengladung losgeht, wird die Unschuld der Türken offenbar. Um die Szene völlig ins Komische zu ziehen, läuft in dem Moment, wo sich der Pulverdampf verzieht, ein Pferd durch das Bild, als ob dem Zuschauer signalisiert werden soll: „Ich glaub, mich tritt ein Pferd". Zur Versöhnung bestellen die drei Wutbürger bei Hassan einen Döner.[24] Für den weiteren Verlauf der Folge ist das Thema Islam und Terror vom Tisch. Der Urheber des einzigen „echten" Sprengstoffanschlages mit schweren Konsequenzen ist ein deutscher Arzt, der aus gänzlich unreligiösen Motiven seinen despotischen Vorgesetzen aus dem Weg räumen wollte.

Die Folge „Terror in Hengasch" thematisiert also nicht den Islam, sondern die Vorurteile der Deutschen gegenüber Ausländern und ihrer Religion. Die falschen Anschuldigungen stammen von älteren Menschen, der Drahtzieher ist ein Rentner, dazu noch ein ehemaliger Polizist. Die angeblichen „Islamisten" hingegen sind fleißige und freundliche Türken. Die vernünftigen Figuren der Handlung, wie die Polizistinnen Sophie Haas und Bärbel Schmied, haben dem Gerücht von den islamistischen Terroristen ohnehin nie Glauben geschenkt.

Wesentlich ernsthafter wird das Thema in „Perfides Spiel" (2022) aus der Serie *Morden im Norden* angegangen. Hier wird der aus Syrien stammende Topwissenschaftler Jamal Bassad verdächtigt, ein „Schläfer" zu sein, ein Salafist, der sich in eine Forschungsgruppe eingeschlichen hat, um die dort erforschten Viren ins Lübecker Trinkwasser einzuleiten. Alle Spuren und Hinweise deuten daraufhin, dass Bassad ein verdeckter islamistischer Terrorist ist. Die latenten Vorurteile gegenüber Menschen aus muslimischen Ländern (verkappte Terroristen) werden in der Serienfolge aktiviert – aber am Ende als „perfides Spiel" entlarvt. Der Sohn des Forschungsleiters wollte seinen syrischen Konkurrenten bei der Nachfolge an der Spitze des Teams mit einer bösen Inszenierung aus dem Weg räumen. Doch auch hier geht es nicht um den Islam als Religion, sondern um den politischen Islam in seiner terroristischen Variante. Der angebliche islamistische und salafistische Terrorist Bassad ist demnach eine Konstruktion der deutschen Gesellschaft (die auch noch mit bösen und eigennützigen Absichten handelt).

### DIE ISLAMISTEN SIND WIR

Klar erkennbar ist die Absicht der *Political Correctness* in einer Folge aus *Großstadtrevier*, wo das Thema vom gewaltbereiten Islam politisch-korrekt „transformiert" wird. In der Folge „Der Anschlag", die erstmals im Dezember 2015 ausgestrahlt wurde, geht es um einen jungen Ausländer, Taifun Züdag, der nach Syrien ausreisen will, um sich dort dem Islamischen Staat anzuschließen. Diese *Großstadtrevier*-Folge nahm mit der Radikalisierung Jugendlicher und deren Teilnahme am syrischen Bürgerkrieg ein damals äußerst aktuelles Thema auf. Niemand konnte ahnen, dass nur gerade zehn Tage nach der Erstausstrahlung die Vorfälle auf dem Kölner Domplatz und in anderen Städten die Diskussion um gewaltbereite Männer aus islamischen Ländern stark anheizen würden. Fast auf den Tag genau ein Jahr nach der Ausstrahlung fand in Berlin der Terroranschlag auf dem Weihnachtsmarkt am Breitscheidplatz statt.

Die Filmhandlung erzählt die Geschichte des etwa 17jährigen Taifun, der an seiner Schule von einem ausländerfeindlichen Lehrer gemobbt wird und heimlich mit einem Djihadisten, dem Konvertiten Helge Hermann alias Abadi, nach Syrien in den Bürgerkrieg ziehen will. Taifuns Mutter Fatima Züdag kontaktiert den Polizisten Dirk Matthies, der die Beiden von früher kennt, damit dieser ihren Sohn in Schutzhaft nehme und so am Ausreisen hindere. Dirk Matthies versucht, den jungen Mann von seinen Plänen abzubringen, und stellt dabei fest, welche Wandlung Taifun durchgemacht hat: vom assimilierten Jugendlichen zum strenggläubigen Muslim. Am nächtlichen Busbahnhof, von wo aus die beiden Djihadisten ins Ausland fahren wollen, wird der gewaltbereite Helge, der zuvor noch seinen Freund Taifun als Geisel nimmt, von der Polizei schließlich festgenommen.

# 7. NICHTCHRISTLICHE RELIGIONEN: DIE ABWESENDEN

Betrachten wir zunächst, wie die muslimischen Figuren dargestellt werden. Frau Züdag wird als eine aufgeschlossene, integrierte Frau und als besorgte, liebevolle Mutter charakterisiert. Sie trägt westliche Kleidung ohne Kopftuch. Ausdrücklich betont sie, dass sie zwar Muslimin sei, aber dennoch nicht dauernd in die Moschee renne. Zu Polizist Matthies sagt sie: „Wie oft gehen Sie in die Kirche? Sehen Sie, deshalb sind Sie noch lange kein Ungläubiger."[25] Durch die fehlende religiöse Praxis soll offensichtlich ihre Normalität innerhalb der deutschen Gesellschaft bestätigt werden: Normales religiöses Verhalten, für Christen und Muslime, besteht demnach darin, seine Religion nicht oder nicht besonders eifrig auszuüben.

Auch Taifun erscheint als ein normaler, unauffälliger junger Mann, der weder durch seine Kleidung oder sein sonstiges Äußeres als Muslim gekennzeichnet wird. Dass Taifun die deutsche Staatsbürgerschaft besitzt, wird durch eine kurze Einblendung seines deutschen Reisepasses gezeigt.[26] Das von ihm geliebte Mädchen Sibel Güney, dem Namen nach ebenfalls türkischer Herkunft, ist eine hübsche, modern gekleidet junge Frau, die mit ihrem Vater in einer eleganten Villa wohnt und so jedes Klischee von den in Parallelgesellschaften lebenden Türken Lügen straft (kein Kopftuch, der gehobenen Gesellschaftsschicht zugehörig usw.).

Ganz anders steht es mit der Darstellung des Bösewichtes, jenes radikalisierten „Biodeutschen" Helge Hermann, der Taifun in den Abgrund des syrischen Djihad reißen will. Helge ist ein großgewachsener, hagerer junger Mann mit fanatischen Zügen. Er trägt schwarze Kleidung und eine Art Takke (muslimische Kopfbedeckung) über dem kurzgeschorenen Haar. In der Hand hält er eine Gebetskette. Als Konvertit nennt er sich nun Abadi ben Saladin (der unsterbliche Sohn Saladins).[27] An der Figur des Helge werden alle Klischees des muslimischen Mannes abgearbeitet: Helge stammt aus einer zerrütteten Familie, er ist gewalttätig und hat den Stiefvater schon einmal zusammengeschlagen. Wir erfahren, dass er nicht wegen

Der zum Islam konvertierte „Biodeutsche" Helge Hermann alias „Abadi ben Saladin", und der Mitläufer Taifun Züdag.
*Großstadtrevier*, Folge 378, „Der Anschlag" (min. 26:55)

der Schikanen des islamkritischen Lehrers Brasser von der Schule geflogen ist, sondern weil er den Abschluss ohnehin nie geschafft hätte. Er hat den Hinauswurf aus der Schule selber provoziert, als er eine Waffe im eigenen Spind versteckt hatte. Gegenüber seiner Freundin Sibel verhält sich Helge arrogant und machistisch[28] und schreckt selbst vor Gewalt nicht zurück. Als der deutsche Konvertit das Mädchen schlägt, wird sie vom Türken Taifun beschützt. Helge beschimpft Sibel: „Sie ist eine verdammte Ungläubige, Mann. Sie ist eine Kuffra."[29] Von den Polizisten aufs Revier gebracht, schreit Helge „Allah akbar" durch die Räume.[30] Helge alias Abadi wird als Prototyp des Djihadisten dargestellt. Seine Freundin Sibel formuliert es gegenüber Taifun folgendermaßen: „Hör auf mit dem Scheiß-Abadi. Der Typ heißt Helge und ist ein Arsch, ok. Außerdem ist er gar kein Moslem. Der Typ hat doch überhaupt keine Ahnung vom Koran. Und es interessiert ihn auch gar nicht. Alles, was ihn interessiert ist… ist Macht, das war's!"[31]

Mit einem dramaturgischen Kniff gelingt es den Serienmachern, die Problematik der islamistischen Radikalisierung unter Jugendlichen in Deutschland aufzuzeigen, ohne dabei mit dem Finger auf die Menschen ausländischer Herkunft zu zeigen: Der radikale Moslem ist gar kein Ausländer, sondern ein deutscher Konvertit, und der junge türkischstämmige Moslem wird erst durch den bösen Deutschen zum Fanatiker (bzw. kann gerade noch einmal davon abgehalten werden).

Gezeigt werden in dieser Serienfolge nicht nur die Muslime und deren Radikalisierung, sondern auch die Gruppe der Islamophoben, allen voran Lehrer Wendelin Brasser. Dieser ist Lehrer an einer Problemschule mit hohem Ausländeranteil, wo auch der ausgerissene Taifun zur Schule geht. Wendelin Brasser, ein korrekt gekleideter Deutscher mittleren Alters mit Anzug und Krawatte, äußert sich immer wieder abfällig über Ausländer, insbesondere Muslime.[32] Er soll im Unterricht den Islam als „Untergang des Abendlandes" bezeichnet haben.[33] In einer Fernsehdebatte behauptet er, dass bei den Islamisten die religiösen Motive nur vorgeschoben seien, in Wirklichkeit ginge es um „einen Kampf gegen die Werte unserer Gesellschaft".[34] Es ist offensichtlich, dass hier auf den Autoren Thilo Sarrazin angespielt wird, der seit 2010 verschiedene, umstrittene Publikationen veröffentlichte, wo er unter anderem auch den Islam und seine Auswirkungen auf die deutsche Gesellschaft thematisiert.[35]

Der gesellschaftliche Diskurs wird in der Serienfolge mittels einer Fernsehsendung inszeniert, in einer Art von *Mise en abîme*. Die Polizeichefin Küppers ist zu einer Talkshow eingeladen und sitzt dort zwei Rechtsaußen-Politikern gegenüber, darunter dem erwähnten Lehrer Brasser. Frau Küppers entlarvt nicht nur gefälschte Statistiken, sie verkündet auch den politisch korrekten *Common sense* der Gesellschaft: Der Islam ist eine

Religion wie jede andere; der Terrorismus hat nichts mit dem Islam zu tun.[36] Der Islamkritiker Brasser lässt sich darauf zu rassistischen Parolen hinreißen und wird damit zum Prototyp des rechtsextremen Ausländerfeindes und Islamkritikers. Er wird von Frau Küppers – als der Stimme der offenen, toleranten Gesellschaft – zur eigentlichen, wahren Gefahr erklärt.

Dazu passt es, dass die Radikalisierung von Taifun als Folge von Ausländerfeindlichkeit dargestellt wird: Taifun hat von Lehrer Brasser ungerechterweise miserable Noten bekommen, was sein berufliches Fortkommen behindern wird. „Ich lauf nicht weg. Ich lass mich bloß nicht mehr herumschubsen",[37] erklärt er. Doch schließlich lässt sich Taifun umstimmen und gibt seinen Plan, in den syrischen Bürgerkrieg zu ziehen, auf. Dafür sind sentimentale Gründe (Sibel hat ihm ihre Liebe erklärt[38]) genauso verantwortlich wie die eindringlichen Ermahnungen von Ersatzvater Dirk Matthies. In der dramatischen Schlussszene will Helge sich der Festnahme entziehen, indem er seinen Freund Taifun unter Waffengewalt als Geisel nimmt. Mit dem Messer am Hals erklärt Taifun dem fanatischen Djihadisten noch einmal den wahren Charakter des Islam: „Islam ist nicht Krieg, Mann. Islam heißt Frieden. Frieden mit sich selbst und Gottes Schöpfung."[39]

Trotz augenscheinlichen Bemühens um politisch-korrekte Darstellung werden in dieser Serienfolge paradoxerweise keine muslimische Gläubige als positive Figuren gezeigt. Alle Muslime praktizieren ihre Religion nicht wirklich, gerade dadurch wird ihre Religiosität gewissermaßen „normal": Frau Züdag besucht nicht die Moschee, die junge Sibel Güney scheint überhaupt keine Verbindung zur Religion zu haben, Taifun war ursprünglich religionsfern gewesen und man kann annehmen, dass er es wieder werden wird, nachdem er von seinen Djihad-Plänen abgekommen ist und seinen Platz in der deutschen Gesellschaft gefunden hat.

# 8.
## RELIGIÖSE OBJEKTE UND IKONOGRAFIE

### RELIGIÖSE IKONOGRAFIE UND MÖBLIERUNG

Religiöse Objekte gehören einerseits zur ikonografischen Ausstattung von Räumen oder Szenen, wo religiöse Figuren auftreten. Dies betrifft nicht nur Kirchen, sondern vor allem auch Wohnräume, die durch Kreuze, Bilder und Gegenstände religiös konnotiert werden sollen. Religiöse Objekte werden aber zuweilen auch in die Handlung integriert. Gerade in letzterem Falle ist es interessant zu beobachten, wie mit solchen Objekten, welche Gläubige mit einer gewissen Scheu behandeln, umgegangen wird.

Stereotype religiöse „Möblierung" begegnet in uns in den meisten Folgen überall da, wo religiöse Figuren auftreten. Selten findet sich echte Sakralkunst, so zum Beispiel im Arbeitszimmer des ermordeten Krimiautors in der Folge „Tödliches Schweigen" (2019) aus der Serie *Wapo Bodensee*, wo an der Wand hinten eine Reproduktion von Albrecht Dürers „Maria mit der Birnenschnitte" aus dem Jahr 1512 hängt (allerdings erfahren wir nichts über die Religiosität des Opfers).[1] Zu den Stereotypen der religiösen Ikonografie gehören zudem brennende Kerzen, die fast immer auftauchen, wenn ein Raum ein religiöses Ambiente erhalten soll – so ganz besonders auffällig in der erwähnten Folge von *Wapo Bodensee*, wo im Kloster Armenau stets überall Kerzen brennen, auch im Arbeitszimmer des Abtes, das zudem mit zwei griechische Ikonen vom Typ Hodegetria

**Die religiöse Ausstattung des Büros von Abt Barnabas im Kloster Armenau.**

*Wapo Bodensee*, Folge 23, „Tödliches Schweigen" (min. 18:00)

mit der Muttergottes und dem Jesuskind sowie mit mehreren Kruzifixen und weiteren religiösen Gegenständen an Wänden und auf dem Arbeitstisch bestückt ist.[2] Die religiöse Ikongrafie wird zudem meist mit musikalischen Stereotypen verstärkt: Orgelmusik, sphärische Synthesizer-Klänge, hohe chorische Vokalstimmen.

In einigen Fällen wird das (christliche) Religiöse geradezu inszeniert. So wird der Zuschauer in der Folge „Zu späte Einsicht" (2020) aus *Hubert ohne Staller* Zeuge, wie der Pfarrer das Sterbesakrament („Letzte Ölung") spendet. Die Sterbende liegt wie aufgebahrt mit gefalteten Händen und Rosenkranz unter weißen Laken auf dem Bett. Hinter ihr ist die Zimmerwand in geheimnisvolles Rot getaucht, acht leere Polstersessel stehen um das Bett herum, wie Zeugen einer nicht vorhandenen Totenwache. Auf einer Kommode steht, von zwei brennenden Kerzen flankiert, ein Kreuz, darüber hängt ein weiteres Kruzifix an der Wand, und zu allem Überfluss befindet sich noch rechts im Bild ein drittes Wandkreuz.

**Der Pfarrer spendet die „letzte Ölung". Die Krankensalbung ist als mystisches Ritual inszeniert.**

*Hubert ohne Staller*, Folge 146, „Zu späte Einsicht" (min. 47:43)

In der Folge „Ausnahmezustand" (2017) aus *Großstadtrevier* spielt die Nebenhandlung in und um die Kirche Sinstorf, das älteste Sakralgebäude Hamburgs. Der üppige norddeutsche Barock wird hier als religiöse Szenerie – mit unterlegtem leisem Orgelspiel – eingehend ausgekostet: die weißen Bankreihen, die erleuchteten Glasfenster mit biblischen Szenen, der Altar mit Kandelabern, Kruzifix und einem Altartuch, auf dem zu lesen ist: „Gelobet sei, der da kommt im Namen des Herrn" (das „Hosianna" beim Einzug Jesu in Jerusalem, Mt 21,9 nach Ps 118,26).[3] In Kontrast zur religiösen Szenerie wird eine junge Frau als einzige Kirchenbesucherin gezeigt, die ein Kleid mit tief ausgeschnittenem Dekolleté und hochhakige, knallrote Schuhe trägt. Im Innern der Kirche sehen wir mehrere Male den barocken Altaraufsatz mit einer düsteren Kreuzigungsszene. Darunter wäre zu lesen (was allerdings im Film nicht sichtbar ist): „Für euch gegeben und vergossen zur Vergebung der Sünden." Dieser Ausschnitt aus den Einsetzungsworten beim Abendmahl (Mt 26,28) würde perfekt zur Filmhandlung passen, wo der Pastor der erwähnten jungen Frau, die eine notorische Lügnerin und Kleptomanin ist, vergibt und die Bedingung zu einem neuen Leben schenkt.[4]

**Pfarrer Piepenbrink mit seiner Ehefrau im Reihenhäuschen, reich ausgestattet mit religiösen Objekten.**
*Alles Klara*, Folge 43, „Tod unter dem Kreuz" (min. 26:19)

Religiös üppig ausgeschmückt ist auch das Wohnzimmer von Pastor Piepenbrink in „Tod unter dem Kreuz" (2017) aus *Alles Klara*: Eine Stoffapplikation mit Kreuz und ein buntes Textilkreuz sowie ein Foto mit einem Kircheninnenraum hängen an der Wand, auf dem Beistelltisch stehen ein Holzkreuz und eine Taufkerze mit Kreuz und Alpha und Omega, auf dem Tisch eine weitere Kerze mit religiösen Motiven.[5]

## RELIGIÖSER KITSCH

In ländlichen Gegenden (Bayern für *Hubert und/ohne Staller*, Eifel für *Mord mit Aussicht*) werden Wohnräume von Religionsvertretern und gläubigen Figuren oft ikonografisch redundant mit religiösen Symbolen ausgestattet. Sakrale Räume und Sakralgegenstände sind mit Vorliebe im üppigen, überladenen Barockstil gehalten. In „Die letzte Ruhe" (2014) aus *Hubert und Staller* können wir einen Blick ins Wohnzimmer der streng katholischen Mesnerin Gisela Köhler werfen. Überall an den Wänden sehen wir Kreuze und fromme Gemälde (unter anderem ein Herz-Jesu-Bild), auf dem Schrank steht eine Madonnenfigur, auf der Eckbank ein mildtätiger Mönch, der einem Kind Brot gibt – selbst ein eisernes Grabkreuz hat die Mesnerin hinter einem Schrank versteckt.[6] In „Heiliger Zorn" (2017) aus der Serie *Hubert und Staller* werden sowohl die Wohnräume des Mordopfers, eines gläubigen Friedhofswärters, als auch jene des Gemeindepfarrers Wiedemann gezeigt. Alle sind sie voll mit überladenen barocken religiösen Symbolen: Kruzifixe, Statuetten, Bilder, Medaillons, Putti, Grabkerzen.[7]

Pfarrer Wiedemann in seiner von religiösen Symbolen übervollen Wohnung.
*Hubert und Staller*, Folge 102, „Heiliger Zorn" (min. 33:12)

Auch in der katholischen Eifel werden Wohnräume religiöser Figuren ikonografisch überreichlich ausgestattet. In der Folge „Blutende Herzen" (2010) aus *Mord mit Aussicht* sehen wir das Schlafzimmer der sterbenden alten Bäuerin Katharina Reinhold: ein wuchtiges Holzkreuz und ein Weihwassergefäß am Eingang, eine kleine Madonnenstatue mit Kind an der Wand, ein Kruzifix auf dem Nachttisch und über dem Bett ein riesiges Ölgemälde, das die Heilige Familie in der Manier der verkitschen Heiligenbild-Malerei des 19. Jahrhunderts zeigt; später entdecken wir weitere religiöse Objekte wie einen Kupferstich des guten Hirten und eine wuchtige Lourdes-Madonna. Ein ähnlich eingerichtetes Zimmer, vollgestopft mit katholischen Devotionalien finden wir auch im Zimmer von Katharinas wahnhaft religiösen Schwester Margot.[8]

Eine solche ikonografische Ausstattung verweist in doppelter Weise auf die Rückständigkeit des religiösen Menschen. Dieser gehört einerseits in die bäuerliche Welt, fernab von der städtischen Moderne. Andererseits weisen ihn die ästhetischen Referenzen auch in künstlerischer Hinsicht als rückständig aus, konsumiert er doch nichts Anderes als religiösen Kitsch. Dass es – gerade auch in der Eifel mit der Bruder-Klaus-Kapelle von Peter Zumthor bei Mechernich-Wachendorf – zeitgenössische und moderne Beispiele für Sakralkunst gegeben hätte, bleibt unerwähnt.

Ganz in der Welt des religiösen Kitschs festgefahren ist Frau Maria Fröbel aus der Folge „Engel 07" (2017) von *Rentnercops*. Man sieht sie zu Beginn[9], wie sie in ihrer Kölner Mietswohnung eine Sammlung von Kitschengeln abstaubt, die in unüberschaubarer Zahl in allen denkbaren Varianten Regale, Konsolen und Wände zieren, darunter nicht zuletzt die beiden unzählige Male reproduzierten Putti vom unteren Bildrand der „Sixtinischen Madonna" von Raffael. Der Sorgfalt nach zu urteilen, mit der die Frau die Nippes-Figuren abstaubt, müssen ihr die Engel viel bedeuten. Selbst um den Hals trägt sie noch eine Engelfigur, die sie immer wieder in allen möglichen Situationen bedeutungsvoll anfasst, gleichsam wie ein Schutzamulett. Die Rückständigkeit der religiösen Figur, hier im städtischen Milieu von Köln, wird durch die Person der Maria Fröbel selbst konstruiert: Die beleibte Frau Mitte fünfzig ist etwas schlampig gekleidet und bewohnt eine mit schlechtem Geschmack eingerichtete Wohnung. In „Die entführte Braut" aus *Watzmann ermittelt* (2022) wird die unsympathische und bigotte Schwiegermutter Bettina Geiger mit einem goldenen Anhänger in Form eines Kreuzes als Katholikin gekennzeichnet; ihre Ausdrucksweise ist dementsprechend bigott: „Gott hab sie selig!" kommentiert sie den Tod ihrer Schwiegertochter mit geheuchelter Anteilnahme.[10]

## DIALOG MIT DEM KRUZIFIX

Das Kruzifix mit der meist realistisch dargestellten Jesusfigur ist mehr als ein bloßes religiöses Versatzstück. Oft erhält das Objekt eine Art „Fetischcharakter", d.h. das Kruzifix tritt mit den Personen in Interaktion.

Dies ist beispielsweise in der Folge „Aus Liebe" (2020) aus der Serie *Rentnercops* der Fall. Der Polizist Edwin Bremer ist in einer Klinik auf dem Land zur Erholung.[11] Nachts im Bett kann er nicht schlafen, da er sich offensichtlich vom Kruzifix an der Wand gestört fühlt. „So geht das nicht mit uns Beiden. Immer nur einer von uns im Raum. Verstanden?" Er steht auf, hängt das Kreuz ab, verstaut es in einer Schublade und hängt an dessen Stelle einen neutralen Kranz auf. „Nichts für ungut", meint er und kann nun ruhig einschlafen. In einer Folgeszene sieht man Bremer am nächsten Morgen aufstehen.[12] Er geht zur Kommode und beginnt ein Gespräch mit dem Kruzifix: „Also, ich bin seit über fünfzig Jahren Polizist. Wenn das kein frommes Leben ist. Ja, da kannst Du sagen, was du willst." Darauf er nimmt das Kruzifix aus der Schublade, hängt es wieder an seinen Platz und macht einen Schritt zurück, damit er es geraderücken kann. Bremer wird als eine eher zynische Figur charakterisiert, der sich selber als Atheist bezeichnet. Dennoch bleibt er gegenüber dem Kruzifix nicht gleichgültig. Nicht nur, dass er es nachts abhängen muss, damit er sich von ihm nicht beobachtet fühlt, er spricht sogar mit ihm, wie wenn es belebt wäre – mehr noch, er rechtfertigt sich vor ihm.

In der Folge „Zu späte Einsicht" aus *Hubert ohne Staller* (2020) tritt ein katholischer Pfarrer (ohne Namen) auf. Als er gegenüber den Polizisten das Beichtgeheimnis ausplaudert, wird links oben riesengroß ein hölzernes Kruzifix ins Bild gerückt, das offensichtlich andeutet, vor wem der Verrat stattfindet.[13] Das erinnert an die *Don Camillo*-Filme aus den 1950er und 1960er Jahre, wo der streitlustige Pfarrer Don Camillo (gespielt von Fernandel) stets vom Kruzifix beobachtet wird und mit ihm Zwiesprache hält.¹⁴ Das auffällig ins Bild gerückte Kruzifix kommt auch später bei der Verhaftung der Mörderin noch einmal vor, als würde Gott alles sehen, was der Pfarrer zuvor gesagt hat.

Kein Kruzifix, aber eine überlebensgroße barocke Christkönig-Figur wacht in der Folge „Heiliger Zorn" (2017) aus *Hubert und Staller* über die versteckten Tonbänder, die ein Übeltäter heimlich aus dem Beichtstuhl mitgeschnitten hat.¹⁵ Die Figur bleibt zwar stumm, sie ist aber so in Szene gesetzt, als ob sie die im Kirchenraum begangenen Missetaten sehen könnte. Am Schluss wird der Mörder denn auch von einem „göttlichen" Blitzstrahl niedergestreckt.¹⁶

Pfarrer Wiedemann und die beiden Polizisten entdecken die Tonbänder mit den aufgezeichneten Beichten unter dem gestrengen Blick des Christkönigs.
*Hubert und Staller,* Folge 102, „Heiliger Zorn" (min. 37:46)

In der Folge „Der Frauenflüsterer" (2012) aus der Serie *Morden im Norden* wird das Kruzifix ikonografisch ironisiert. In der Druckerei der strenggläubigen und äußerst moralischen Lenni Henning hängt unübersehbar ein großes hölzernes Kruzifix direkt über dem Erste-Hilfe-Kasten – Jesus als der Retter bei Betriebsunfällen.¹⁷

Die offensichtlich nicht gläubige Sophie Haas aus *Mord mit Aussicht* mokiert sich immer wieder über die Religiosität der ihrer Meinung nach rückständigen Menschen in der Eifel. Das Kruzifix erscheint in mehreren Folgen, meist als Wegkreuz, als Symbol solcher Rückständigkeit.¹⁸ In der Folge „Spuk in Hengasch" (2014) steht ein großes, hölzernes Kruzifix im Garten des einsamen Försterhaus, das Sophie Haas bewohnt, einem Haus, in dem man laut ihrem Liebhaber, dem Bürgermeister Jan Schulte, doch eher Altnazis im Lodenmantel oder Serienmörder erwartet.¹⁹ Als Sophie Haas und der Bürgermeister in einer gewittrigen Nacht vor diesem Kruzifix stehen, ruft Schulte entsetzt aus: „Oh! Da kriegt man sofort ein schlechtes Gewissen", worauf Beide herzlich lachen. „Ich meine," fährt Sophie Haas fort, „der Hausherr muss sich doch gedacht haben, nachdem er das Haus fertig hatte, ‚Moment Mal, das reicht mir einfach noch nicht, das ist noch nicht deprimierend genug…'" und Schulte ergänzt: „…da brauchen wir unbedingt noch eine Skulptur von einem nackten Mann, der zu Tode gefoltert wird." Wiederum folgt ein sarkastisches Lachen des Paares. „Aber bitte möglichst realistisch", fügt die Kommissarin hinzu, während Beide das Kruzifix mit Abscheu betrachten. „Ja, ja", sagt Schulze, „also heute Nacht schlafe ich glaube ich mit den Händen über der Bettdecke. Sicher ist sicher."[20] Auch wenn hier das Kruzifix verhöhnt wird, übt das religiöse Objekt dennoch eine starke Wirkung auf die Beiden aus; die polemische Reaktion legt davon Zeugnis ab. Das Kruzifix fungiert als das sehende Auge Gottes, ähnlich wie beim Rentnercop Bremer, der das Kreuz nachts in der Schublade verstecken muss.

Der Dialog zwischen Haas und Schulte bringt nicht nur das Unverständnis, ja sogar die Abscheu der Charaktere gegenüber der (christlichen) Religion zum Ausdruck. Die abschließende Bemerkung Schultes, die den Übergang zur nachfolgenden Bettszene des Paares macht, stellt die Betrachtung des leidenden Jesus als eine sexuelle Perversion dar – nicht umsonst wurde der Wohnort zuvor als Rückzugsort von Altnazis und Serienmördern bezeichnet. In einer weiteren Folge der Serie („Tod eines Roadies", 2014) sehen wir denn auch das Liebespaar Haas und Schulte aneinander geschmiegt auf einer Bank vor dem großen Kruzifix sitzen, als ob der Platz unter dem „nackten Mann, der zu Tode gefoltert wird," ein ganz besonderer Liebesort wäre.[21]

## MAGISCHE GEGENSTÄNDE

Zuweilen kommen Gegenstände vor, denen magische Fähigkeiten nachgesagt werden. Dabei werden christliche und heidnische Elemente miteinander vermischt. In „Adalmars Fluch" (2016) aus *Alles Klara* geht es um einen Abendmahlskelch, der aus dem Gold einer heidnischen Figur, des (fiktiven) Sachsen-Gottes Adalmar, hergestellt wurde.[22] Auf dem Kelch

**Klara Degen und Jonas Walter haben den geheimnisvollen Abendmahlskelch gefunden, der angeblich magische Kräfte hat.**
*Alles Klara*, Folge 39, „Adalmars Fluch" (min. 43:07)

lastet angeblich ein Fluch, den ein Sachsenfürst bei seiner Enthauptung im 8. Jahrhundert ausgesprochen haben soll.[23] Der Kelch ist in der Serienhandlung zwar die Ursache für einen Mord, aber „wirkliche" magischen Kräfte besitzt er nicht. Die ermittelnden Polizisten halten den angeblichen Fluch denn auch für eine Mär. Die einzige Figur, die an die im Kelch eingeschlossene Zauberkraft glaubt, ist Frau Dr. Hornbostel, eine Anhängerin eines neuheidnischen Kultes, die am Ende als geistig verwirrt in die geschlossene Psychiatrie eingewiesen wird.[24] Der Fluch des Adalmar ist demnach nur in der verwirrten Psyche einer Figur vorhanden, und der Abendmahlskelch ist kein Heiliger Gral, sondern bloß ein historisch bedeutsamer Gegenstand.

Etwas ambivalenter verhält es sich im Falle des zauberkräftigen Rings von Karl dem Großen in der Folge „Der Herr des Rings" (2013) aus *Zwischen den Zeilen*.[25] Der legendäre Ring, den Kaiser Karl bei seinem Besuch in Zürich von einer Schlange erhalten haben soll, wird von mehreren Figuren der Serie begehrt. Wiederum ist es eine Wissenschaftlerin, die Universitätsprofessorin Kleist, die hinter dem magischen Gegenstand her ist, sie ist allerdings nicht verrückt, sondern allenfalls verschroben. Mit Hilfe des Rings hofft sie, den Begräbnisort des Kaisers zu finden, was allerdings nur dann funktionieren würde, wenn der Ring tatsächlich Zauberkraft besäße. An die magische Kraft des Rings glaubt auch der Computer-Nerd Rajah, der jedoch in der Welt seiner Comic-Helden lebt und zur Wirklichkeit ein eigenartiges Verhältnis hat. Aus gänzlich weltlichen Motiven handelt der korrupte Journalist Paul Jacobs: Er will den magischen Ring zu Geld machen. Keiner erhält am Ende den begehrten Gegenstand. Der Zuschauer kann allerdings beobachten, wie in dem Moment, wo der Ring für alle Zeiten in einem Brunnenabfluss verschwindet, Flammen aus der Öffnung schießen[26] – ein kleines Augenzwinkern, als ob der Ring vielleicht doch magische Kräfte gehabt hätte, was sich nun nicht mehr nachweisen lässt.

# 9.
## RELIGIÖSER ANALPHABETISMUS

Mit dem vielleicht etwas polemischen Ausdruck „religiöser Analphabetismus" möchte ich im Folgenden die mangelnden Kenntnisse in religiösen Angelegenheiten bezeichnen, die in vielen Serienfolgen aufscheinen. Es geht dabei einerseits um terminologische Ungenauigkeiten oder Unschärfen, aber genauso um prinzipielle Unkenntnis oder Unverständnis gegenüber der religiösen Welt. Nun könnte man diesen Analphabetismus zunächst den Serienfiguren anlasten, d.h. sie als Bestandteil der Diegese betrachten. Doch zeigt sich rasch, dass in vielen Fällen der Analphabetismus Bestandteil der Narration selber ist, also außerhalb der Diegese steht. Religiöser Analphabetismus gehört damit in die Welt des Autors und der Rezipienten. Offensichtliche terminologische und inhaltliche Fehler sowie Falschdarstellungen religiöser Verhältnisse stören den „idealen" Rezipienten nicht, weil er den religiösen Analphabetismus der Autoren teilt. Daneben eröffnet der spielerische Umgang mit religiösem Falsch- oder Nichtwissen die Möglichkeit, dem Zuschauer einen Spiegel vorzuhalten.

### GETEILTER RELIGIÖSER ANALPHABETISMUS

Beginnen wir mit einem besonders eklatanten Beispiel. In der Folge „Tödliches Schweigen" (2019) aus der Serie *Wapo Bodensee* sind den Autoren aus Unkenntnis der religiösen und speziell monastischen Terminologie und Praktiken zahlreich Irrtümer und Ungenauigkeiten unterlaufen. Dieser Analphabetismus betrifft mehrere Figuren, und er hat konkrete Auswirkungen auf die Handlung selber.

Zunächst finden sich einige terminologische Unstimmigkeiten. So antwortet der Abt auf die Frage, wann er das Mordopfer zum letzten Mal gesehen habe, mit den Worten „nach dem Abendmahl"[1], allerdings meint er ohne Zweifel das profane „Abendessen" der Mönche. Die unfreiwillige Anspielung auf die Eucharistie geht mit Sicherheit auf die Unkenntnis der Autoren zurück, die dem Abt einen veralten Ausdruck in den Mund legen wollten und dabei eine Verwechslung herstellten. Später wird eine „Nachtmesse"[2] erwähnt, die im Kloster um Mitternacht abgehalten würde; Polizist Schott spricht von einer „Mitternachtsmesse"[3], die am Ende des Filmes auch zu sehen ist. Hier wurde offensichtlich die weihnachtliche „Mitternachtsmette" mit einem monastischen Stundengebet verwechselt. Nur feiern monastische Gemeinschaften als letztes Tagzeitgebet die Komplet, die nach dem Abendessen begangen wird. Es handelt sich dabei keinesfalls um eine Messe, sondern um eine gottesdienstliche Feier mit Gebeten und Lesungen. Die normalerweise einzige Messe des Tages findet jeweils am Vormittag statt. Fragen ergeben sich auch zu einer der Filmfiguren, Melinda Appen alias „Max Anstedt", die zur Tarnung als Mönch verkleidet innerhalb der Klostergemeinschaft lebt. Max hat ein Zimmer im Kloster gemietet, läuft aber im Habit eines Klosterbruders herum und wird mit „Bruder Max" angesprochen, als ob jeder Besucher nach Wunsch und Laune auf Zeit Mönch spielen dürfte. Ich habe an anderer Stelle bereits darauf hingewiesen[4], dass in dieser Serienfolge der Eindruck erweckt wird, in einer klösterlichen Gemeinschaft könne jeder Dahergelaufene (selbst ein Verbrecher) eintreten, ohne dass seine Identität überprüft würde. Erst diese falsche Darstellung ermöglicht es, dass der Securitate-Killer Vadim im Kloster unter falscher Identität lebt und dort sein mörderisches Unwesen treiben kann.

In der Folge „Blutende Herzen" (2010) aus der Serie *Mord mit Aussicht* kommt eine religiöse Gemeinschaft vor, die von den handelnden Personen als „Sekte" und von den Mitgliedern selber als „Freikirche" bezeichnet wird[5]: die „Kirche des blutenden Herzen Mariä"[6]. Doch handelt es sich hier wirklich um eine Sekte? Eine der Anhängerinnen, die debile Margot, leiert in der Art eines Rosenkranzes ein Gebet herunter, das dem Weihegebet an die Gottesmutter Maria entspricht, das von der katholischen Schönstattbewegung verwendet wird.[7] Später singt sie aus voller Kehle eine Strophe aus dem katholischen Kirchenlied *Maria, breit den Mantel aus*: „Lass uns darunter sicher stehn / bis alle Stürm vorübergehn."[8] Diese als „Sekte" bezeichnete religiöse Gemeinschaft trägt alle Züge einer erzkatholischen Gemeinschaft; schon ihr Name weist daraufhin. Dennoch wird beharrlich von einer „Sekte" bzw. „Freikirche" gesprochen. Doch eine „Freikirche" kann nicht katholisch sein, denn nach katholischem Verständnis gibt es nur eine einzige universelle „katholische" Kirche. Hier sind sich Autoren und Rezipienten in ihrem religiösen Analphabetismus offensichtlich einig: Solche extreme religiöse Eiferer wie die Mitglieder der „Kirche des blutenden Herzen Mariä" müssen sektiererisch und damit Anhänger einer „Sekte" bzw. „Freikirche" sein, auch wenn dies ekklesiologisch keinen Sinn macht.

Eine unfreiwillig komische Aussage macht zudem die Leiterin dieser „Freikirche", deren Mitglieder sich nach einigen Angaben zum Ziel gesetzt haben, „die Heilige Schrift zu praktizieren"[9] – was schon für sich genommen eine merkwürdige Formulierung für das Bibelstudium ist. Die wahnhafte religiöse Frau Ohlert zitiert nämlich eine Bibelstelle falsch: „Hesekiel Vers 23,19" – statt korrekt „Kapitel 23, Vers 19".[10] Keiner, der regelmäßig die Bibel liest wie Frau Ohlert, würde einen so groben Schnitzer begehen.

Mit der Bibel und ihren Inhalten hat auch die Polizistin Sophie Haas in *Mord mit Aussicht* ihre liebe Mühe. In der Folge „Frites speciaal" (2014) ermittelt sie in einem holländischen Freizeitpark in der Eifel mit dem Namen „Het paradijs". Dass im „Paradijs" ein Mord begangen worden ist, bereitet ihr kein Kopfzerbrechen, denn es hätte ja auch im Paradies der Bibel Kriminalität gegeben: Eva hätte Äpfel geklaut, Kain habe seinen Bruder erschlagen.[11] Dabei werden die biblischen Erzählungen sehr ungenau wiedergegeben. Eva hat nach Gen 3,6 zwar vom Baum des Gartens „Früchte" gegessen, von Äpfeln ist genauso wenig die Rede wie von einem Diebstahl. Und der Brudermord in Gen 4,8 findet *nach* der Vertreibung aus dem Garten Eden statt. Es gab keinen Mord im Paradies.

Der katholische Pfarrer in „Zu späte Einsicht" (2020) aus *Hubert ohne Staller* spricht davon, dass er „die letzte Ölung" erteilen müsse. Der Ausdruck wird jedoch nur mehr im allgemeinen Sprachgebrauch von Laien verwendet. Ein katholischer Seelsorger müsste genau wissen, dass das Zweite Vatikanische Konzil den Begriff „Krankensalbung" vorschreibt.[12]

In „Mord im Schweinestall" (2012) aus derselben Serie wird ein Theologiestudent gezeigt, der sein Praktikum absolviert.[13] Er tritt allerdings in schwarzer Priesterkleidung mit Kollar auf, als ob er schon ein geweihter Priester wäre. Der Student kritisierte die Polizisten, weil er sie noch nie sonntags im Gottesdienst gesehen habe, und lässt so durchscheinen, dass er bereits die Messe feiere. Von der Ausbildung eines katholischen Priesters scheinen die Autoren wenig Vorstellungen zu haben. Das Pastoralpraktikum schließt die Ausbildungszeit im Priesterseminar ab; erst an dessen Ende steht die Priesterweihe, die das Tragen der entsprechenden Kleidung und vor allem das Feiern der Messe mit Eucharistie erlaubt.

In der Folge „Ausnahmezustand" (2017) aus *Großstadtrevier* werden die beiden Konfessionen katholisch und evangelisch (lutherisch) in mehrerer Hinsicht durcheinander gebracht. Nicht nur dass der evangelische Geistliche einmal als Pfarrer, ein andermal als Pastor angesprochen wird und dass der Lutheraner doch eher wie ein katholischer Priester gekleidet ist. Die junge Frau, die zu Beginn der Serienfolge in der Kirchenbank betet, steht auf, bekreuzigt sich vor dem Altar und macht einen Knicks, bevor sie sich umdreht und die Kirche verlassen will.[14] Das mag für traditionelle Katholiken angehen, für Lutheraner ist es höchst ungewöhnlich, sich außerhalb des Gottesdienstes und erst noch vor einem Objekt zu bekreuzigen.

Bei der Darstellung der Zeugen Jehovas in der Folge „Leonies letzter Abend" (2019) aus *Morden im Norden* haben die Autoren offensichtlich in dem ihnen unbekannten Milieu recherchiert, da einige Ausdrücke und Verhältnisse korrekt wiedergegeben werden. So wird berichtet, dass das verschwundene Mädchen Leonie jeweils vor der Schule für die Gemeinschaft den Königreichssaal geputzt habe, als „Dienst an unserer Gemeinde"[15]; solch ehrenamtliche Tätigkeiten entsprechen durchaus den Gepflogenheiten der Zeugen Jehovas. Ferner nennt Leonies Mutter Andersgläubige, die nicht zu den Zeugen Jehovas gehören, „Weltmenschen"[16], ein Ausdruck, der sich tatsächlich im *Wachtturm* häufig findet. Mit den theologischen Einzelheiten der Lehre waren die Autoren allerdings sehr viel weniger vertraut. Der Vorsitzende des Ältestenrates erklärt den Polizisten, wie Leonies Vater gerade noch vor dem Suizid gerettet werden konnte: „Früh genug, sein Leben zu retten. Aber zu spät für seine Seele."[17] Doch der Mensch hat gemäß den Zeugen Jehovas keine Seele, der Mensch *ist* eine Seele. Demnach tötet ein Mensch, der seine Seele tötet, auch gleich den Körper.

Die religiöse Unkenntnis betrifft keineswegs nur das Christentum. In der Folge „Letzte Ruhe Lotussitz" (2014) aus *Alles Klara* macht sich der Gerichtsmediziner Dr. Münster beim Anblick einer Leiche in einem Yogastudio über die dort geübten spirituellen Praktiken lustig: „Also angeblich hat Yoga ja neben der meditativen auch eine gesundheitsfördernde Wirkung, aber der Übergang ins Nirwana war hier dann wohl doch etwas anders, als von der reinen Lehre vorgesehen."[18] Hier herrscht der im Westen weit verbreitete Irrtum vor, wonach das buddhistische Nirwana mit dem Nichts oder sogar, wie in dieser Serienfolge, mit der Auslöschung durch den Tod gleichzusetzen sei. In ähnlichem Sinn versteht auch Lars Englen, in „Kinder des Lichts" (2017) aus *Morden im Norden*, den Ausdruck, wenn er von einem Mann sagt, er sei daran, „sich ins Nirwana zu saufen".[19] Das Nirwana ist nach buddhistischer Vorstellung aber weder der physische Tod noch das komplette Auslöschen und Auflösen ins Nichts, sondern meint den Zustand der vollständigen Befreiung aus dem Daseinskreislauf und damit verbunden von der karmischen Anhaftung.

In der Folge „Die zwölfte Frau" (2014) aus der Serie *München 7* kommt es zu einer komischen Vermischung religiöser Vorstellungen. In einem virtuellen Beichtforum bekennt der Internet-User „Kosrat", dass er „vor lauter Heißhunger einen Schweinefleisch-Burger gegessen" habe und sich jetzt „als Sünder im Sinne des Islam" fühle: „Da ich keinen Rosenkranz besitze: würden Sie mir raten, im Koran zu lesen, um meine Sünden zu reinigen? Und wenn ja, kennen Sie eine geeignete Passage?"[20] Der hier vorliegende Irrtum betrifft sowohl den Katholizismus als auch den Islam. Die Vorstellung, der Rosenkranz sei dazu da, die Sünden abzuwaschen, ist genauso irrig, wie anzunehmen, ein Moslem würde zur Sündentilgung im Koran lesen. Der Ausdruck „meine Sünden zu reinigen" ist zudem abstrus, da ja nicht die Sünden gereinigt werden (die bleiben letztlich immer „schmutzig"). Nach katholischem Verständnis kann die Kirche Sündenstrafen vergeben, aber nicht die Verfehlung gegen Gott selber (dies kann nur Gott). Natürlich könnte man hier argumentieren, dass der Post von einem Moslem verfasst worden ist, der verständlicherweise nichts von der katholischen Sündenlehre weiß. Nur funktioniert das Ganze auch nach muslimischem Verständnis nicht.

## ABGELEGENE BIBELZITATE

Es gibt den seltenen Fall, wo die Drehbuchautoren über religiöses Wissen verfügen oder zumindest gut recherchiert haben. Die Wahl sehr abgelegener Bibelzitate lässt allerdings vermuten, dass die Zitate gezielt gesucht worden sind, stammen sie doch keineswegs aus einem bekannten Schatz an Bibelsprüchen.

So sind in der Folge „Im Namen des Vaters" (2013) aus *Alles Klara* die häufigen Bibelzitate stets gut gewählt, aber gehören keineswegs zu den allerbekanntesten. Beispielsweise wird ein Vers aus der apokryphen (bzw. deuterokanonischen) Schrift Jesus Sirach zitiert: „Fliehe vor der Sünde wie vor einer Schlange, denn so du ihr zu nahe kommst, sticht sie dich."[21] (Sir 21,2) Ein witziger Subtext entsteht am Schluss der Folge, als die böse Haushälterin des Pfarrers die Sekretärin Klara Degen, die ihr auf die Schliche gekommen ist, von einer Mauer hinunterstößt.[22] „Die Rache ist mein. Ich will vergelten, spricht der Herr", ruft sie der Stürzenden hinterher. Das Zitat aus Deuteronomium 32,35 ist deshalb gut gewählt, weil die (im Film nicht gesprochene) Fortsetzung heißt: „...da ihr Fuß gleitet", was perfekt zu Klaras Sturz von der Mauer passen würde.

Aus dem Buch Jesus Sirach wird auch in *Großstadtrevier* in der Folge „Der Amisch" (2016) zitiert. Dort ist es ausgerechnet die Polizistin Harry Möller, die einen jungen Amisch mit einem Bibelzitat vom Selbstmord abhält: „Heißt es nicht: Den Reumütigen gewährt Gott Umkehr. Buch Jesus Sirach Kapitel siebzehn. Und tröstet die Hilflosen."[23] Die Wahl eines Verses aus Jesus Sirach ist an und für sich schon ungewöhnlich, handelt es sich doch um ein eher marginales Buch des Alten Testamentes, das in der evangelischen Tradition nicht in den Bibelkanon mitaufgenommen worden ist. Dass die Polizistin auch gleich die entsprechende Kapitelnummer kennt, erscheint unwahrscheinlich, vor allem weil sie sich kurz zuvor als kirchenfern bezeichnet hat. Harry Möller zitiert nach der katholischen Einheitsübersetzung von 1980. Das Zitat ist zudem leicht falsch wiedergegeben. Gott tröstet nicht die „Hilflosen" sondern die „Hoffnungslosen" bzw. wie es in der Einheitsübersetzung von 2016 heißt: „die, welche die Geduld verloren hatten." Das richtige Zitate würde auch besser zur dramatischen Situation passen, wo der verzweifelte junge Mann bereits den Revolver angesetzt hat, um sich das Leben zu nehmen.

## RELIGIÖSER ANALPHABETISMUS ALS SPIEGEL FÜR DEN REZIPIENTEN

In einigen Fällen ist der religiöse Analphabetismus Gegenstand der Handlung selber. Dies ist vor allem in mehreren Folgen von *Hubert und Staller* der Fall, wo damit spielerisch und selbstironisch umgegangen wird. In der Folge „Bauer sucht Mörder" (2012) wird von einer Frau berichtet, die sich einmal an eine Kirche gekettet haben soll, um den Abriss zu verhindern.[24] Polizist Hubert kommentiert: „Wie Luther". „Nein, nein, der hat die zwölf Dinger dahin g'nagelt", entgegnet Staller. „Apostel?", fragt Hubert zurück, worauf die Kollegin Wirth berichtet: „Nein, das waren Thesen." Hier wird so ziemlich alles durcheinandergebracht: Apostel, Thesen, Zahlen. Auch wenn der Zuschauer nicht unbedingt in der Lage ist, in diesem Chaos Ordnung zu schaffen, wird ihm immerhin das Ausmaß des religiösen Analphabetismus klar – wenn Luther zwölf Apostel an eine Kirche genagelt haben soll.

In ähnlicher Weise wird in der Folge „Heiliger Zorn" (2020) ein bekannter – und fälschlicherweise Martin Luther zugeschriebener[25] – Spruch umgeformt, um eine komische Wirkung zu erzielen. Statt „Wenn ich wüsste, dass morgen die Welt unterginge, würde ich heute noch mein Apfelbäumchen pflanzen" erklärt Polizeirat Girwidz in seiner eigenen Variante: „Wenn morgen die Welt unterginge, würde ich heute noch ein Bäumchen ausreißen."[26]

Polizist Hubert entpuppt sich immer wieder als kreativer Kompilator, der Bibelstellen oder Liedverse durcheinandermischt. Als sein Kollege Staller in der Folge „Heiliger Zorn" (2017) wegen einer Verkettung von Unglücksfällen, die ihm widerfahren sind, in eine abergläubische Angst verfällt, leiert Hubert ein vermeintliches Bibelzitat herunter: „Und Frösche wird's regnen, und eine große Dürre wird kommen und danach eine Sintflut."[27] Hier werden drei verschiedene Erzählungen aus dem Alten Testament durcheinandergeschüttelt und in chronologisch falscher Reihenfolge wiedergegeben: die zweite der ägyptischen Plagen (Ex 7,26-8,11), die sieben Hungerjahre aus der Josephserzählung (Gen 41,17-36) und die Sintflut (Gen 7-8).

In „Der letzte Akkord" (2016) vertieft sich Hubert auf der Orgelempore einer Kirche in ein Gesangbuch, wo er auf das bekannte Kirchenlied „Lobet den Herren, den mächtigen König der Ehren" (Joachim Neander, 1680) stößt, in dem die Zeile „Kommet zuhauf, Psalter und Harfe, wacht auf" vorkommt: „Psalter zuhauf. Hansi, was sind denn Psalter?"[28] Als er erfährt, dass sein Chef Girwidz in der Folge „Heiliger Zorn" (2017) angeblich sein Testament schreibt, will er wissen: „Altes oder Neues?" und bringt damit den Begriff Testament als letzter Wille mit der spezifisch christlichen Verwendung im Sinne von Bund durcheinander.[29]

In „Mord im Schweinestall" (2012) fragen sich die Polizisten, worin denn eigentlich ein Pastoralpraktikum bestünde: „Weihwasser nachfüllen?" „Nein, da lernt man das Abendmahl, die Hostien, der ganze Background."[30] Später blättert Hubert aus Langeweile in der Bibel und wundert sich, dass Adam 930 Jahre alt geworden war und mit 130 Jahren (er nennt fälschlicherweise 120) noch einen Sohn gezeugt hat (Gen 5,3-4).[31] Staller will wissen, welcher Adam gemeint sei. „Der von der Eva." „Ach so, die zwei. Aber die haben doch gar keine Kinder g'habt." „Freilich, Kain und Abel", entgegnet Hubert. „Zwei solche Saububen!"

Hier wird offensichtlich das verbreitete Nicht-Wissen über religiöse Themen persifliert. Im Spiegel des Komikerduos nimmt der Zuschauer auf humorvolle Weise seine eigne Ignoranz zur Kenntnis. Allerdings setzen die Gags in *Hubert und/ohne Staller* ein Minimum an religiöser Kultur seitens des Rezipienten voraus, sonst wären die Anspielungen überhaupt nicht erkennbar. Es erhebt sich daher die Frage, ob diese Serie mit einem etwas anderen Publikum rechnet oder ob das Religiöse, selbst in Form von Witzeleien und Kalauern, ein stereotyper Bestandteil der Darstellung bayrischer Kultur ist.

Auch an anderer Stelle wird mit dem Namen „Adam" in witziger Weise gespielt. Die Chefin des Kölner Ermittlerteams in *Rentnercops* heißt Vicky Adam. Der Name des biblischen ersten Mannes ist geradezu eine Metapher für das Männliche. Frau Adam ist die einzige Frau in einem Team aus lauter Männern, ihr Name weist darauf in paradoxer Weise hin: Dass eben auf dieser Stelle gewöhnlicherweise ein Mann, ein Adam, sitzt. Die Tatsache, dass Frau Adam homosexuell ist, gibt ihrem Namen noch einen weiteren Subtext: Sie ist eine Frau, die eigentlich lebt wie ein Mann, da sie mit einer Frau zusammen ist. Dieser spielerische Umgang mit Klischees und Vorurteilen fügt sich ganz in die Serie *Rentnercops*, wo die beiden alten Cops ohne Unterlass Tabuübertretungen begehen.

# 10.
## RELIGIÖSE NARRATIVE

Nachdem wir die Charaktere der einzelnen Serien und deren Religiosität sowie einige Themenbereiche mit religiösem Bezug untersucht haben, wenden wir uns als Letztes den Serienhandlungen zu. Religiöse Narrative sind Erzählmuster, die einzelnen Szenen oder der gesamten Handlung einer Folge zugrunde liegen.[1] Der religiöse Narrativ kann sich dabei explizit auf eine Vorlage (beispielsweise auf eine biblische Erzählung) beziehen oder implizit narrative Strukturen übernehmen (religiöse Themen wie Schuld, Vergebung).

### SCHULD, VORVERURTEILUNG UND OPFERLAMM

Ein vielschichtiger religiöser Narrativ findet sich in der Folge „Hafenpastor – Der Schein trügt" (2009) aus der Serie *Großstadtrevier*. Der Titel ist vieldeutig, er könnte sich zunächst auf den Pastor selber und seine Rolle beziehen. Doch der Titel passt besser auf einen ehemaligen Kriminellen, der aus dem Gefängnis entlassen worden ist. Der Schein trügt hier gleich in doppelter Weise. Zum einen ist der einstige Kriminelle entgegen aller Prognosen jetzt ehrbar geworden und hilft in selbstloser Weise dem Hafenpastor beim Renovieren der Schiffskirche, zum andern halten alle den entlassenen Sträfling für den Täter, der eine wehrlose Mutter brutal niedergeschlagen und beraubt hat, was sich am Ende als falsch herausstellen wird.

Der religiöse Narrativ der Folge besteht nicht darin, dass die Figur des Pastors im Zentrum steht, sondern dass zwei biblische Themen narrativ entwickelt werden. Hinrich Petersen, der Hamburger Hafenpastor, hatte den einst im St. Pauli-Milieu aktiven Kriminellen Paul Kowalski regelmäßig im Gefängnis besucht und ihn auf den rechten Weg zurückgebracht. Nach seiner Entlassung will Kowalski ein neues Leben anfangen, distanziert sich vom Milieu und hilft dem Pastor auf seinem Schiff. Doch als ein Unbekannter eine Spende von 20.000 Euro in den Opferstock der Hafenkirche legt, nimmt das Schicksal seinen Lauf. Die Frau des Pastors wird von einem Unbekannten niedergeschlagen und schwer verletzt, und die große Geldspende ist verschwunden. Zunächst ist der Pastor eisern von der Unschuld Kowalskis überzeugt, doch als immer mehr „Beweise" zu dessen Ungunsten auftauchen, kippt er um und bedauert lamentierend, dass er sich so sehr in dem Menschen getäuscht habe.[2] Als schließlich Kowalski, um seine verzogene Tochter zu schützen (die sich als die Täterin herausstellen wird, die aus reiner Raffgier gehandelt hat), auch noch ein falsches Geständnis ablegt, geht der Pastor in seiner eigenen Schiffskirche auf den vermeintlichen Übeltäter los.[3] Schmerzlich muss der Pastor am Schluss eingestehen, dass sein Glaube an das Gute im Menschen nicht stark genug gewesen ist, denn Kowalski ist nicht nur unschuldig am feigen Überfall auf die Ehefrau des Pastors, er war es auch gewesen, der die hohe Summe für die Erhaltung der Schiffskirche gespendet hat.

Der Subtext dieser Serienfolge betrifft verschiedene religiöse Themen. Es geht zum einen um das Thema der Vorverurteilung eines Menschen bzw. die Weigerung, ihn zu verurteilen. Pastor Petersen glaubt ja zunächst an den ehemaligen Kriminellen Kowalski, während alle anderen ihn verurteilen. Das erinnert etwa an das Gleichnis von Jesus und der Ehebrecherin (Joh 7,53-8,11), wo die Pharisäer die Steinigung der Schuldigen fordern, aber Jesus sie nicht richten will. Man könnte ebenso an die Frau denken, die Jesus die Füße mit Öl salbt, während die Pharisäer darüber entsetzt sind, da es sich um eine notorische Sünderin handelt (Lk 7,36-50). Allerdings nimmt Pastor Petersen nicht einfach die Stelle Jesu ein, wenn er den „Sünder" Kowalski nicht verurteilen will, denn er wird später ja doch noch schwach und wird selbst zum „Pharisäer".

Ein weiterer religiöser Narrativ betrifft das Thema des stellvertretenden Opfers. Kowalski nimmt dabei beinahe Christus-Züge an: Um seine missratene Tochter zu schützen, die des Pastors Frau skrupellos niedergeschlagen hat, damit sie an das Geld aus dem Opferstock gelangt, ist Kowalski bereit, sich selber als Täter anzubieten, so wie Christus sich für die Sünden der Welt hingegeben hat. Das Geld aus dem Opferstock, mit dem die Tochter Kowalski teure Kleider kauft, erinnert an die Silberstücke, das „Blutgeld", mit dem Judas das „Opferlamm" verraten hat (selbst der „Opferstock" kommt indirekt vor: „Es taugt nicht, dass wir sie in den Gotteskasten legen, denn es ist Blutgeld", Mt 27,6). Interessanterweise stammt das gestohlene Geld, weswegen das Verbrechen an der Mutter begangen wurde, gerade von Kowalski, also von demselben, der des Verbrechens bezichtigt wird und die Schuld auf sich nehmen will.

## JESUS SCHREIBT IM INTERNET

Ein religiöser Narrativ, der explizit auf die Bibel Bezug nimmt, findet sich in der Folge „Killerbienen über Husum" (2011) der Serie *Nordisch herb*. Der Immobilienmakler Jakob Niehues kommt unter merkwürdigen Umständen bei einem Absturz seines Privatfliegers ums Leben und liegt aufgebahrt bei Bestatter Claas Peterson. Die etwa 18jährige Schülerin Mimi soll in der Schule einen Aufsatz über einen berühmten Husumer schreiben, doch als aus Berlin Zugezogene kennt sie niemanden im Ort, also schreibt sie über den angeblich ermordeten Niehues. Der Verstorbene war ein schnoddriger, arroganter und geiziger Mensch, der von niemandem geliebt wurde.[4] „Wie kann ein Mensch glücklich sein, der nur für sich lebt, ohne einem Anderen Liebe zu geben?"[5], fragt sie in ihrem Aufsatz. Ihre Notizen fallen der Mutter des Toten in die Hände, als diese am Sarg ihres Sohnes Abschied nimmt.

Die Szene spielt im Halbdunkeln in den Räumen des Bestatters, der offene Sarg mit der aufgebahrten Leiche befindet sich in der Mitte.[6] In der Stille hört man nur die melancholische Musik einer akustischen Sologitarre. Die trauernde Mutter ist in Schwarz gekleidet, sie ist verhärmt und durch ihre leidvollen Erfahrungen hart geworden.

Als erstes macht Frau Niehues dem Mädchen Vorwürfe, den tragischen Tod ihres Sohnes für ihre Schreibübungen zu missbrauchen. Mimi versucht darauf etwas provokativ, die Frau mit ihrem Handy zu interviewen: „Frau Niehues, haben Sie als Mutter versagt?" Doch dann entdeckt das Mädchen eine andere Wahrheit. Als Jakob zwölf Jahre alt war, hat sein Vater die Mutter verlassen. Jakob wollte nichts von der Mutter wissen und zog es vor, mit dem reichen Vater nach Monte Carlo zu ziehen, doch bald darauf verunglückte der Vater bei einer Oldtimer-Rallye. Die trauernde Mutter liest weiter in Mimis Aufsatz und stößt auf die Stelle:

„Jakob Niehues' Leben könnte uns Anlass geben, über uns selbst nachzudenken. Was wollen wir in unserem Leben erreichen? Ich glaube nicht an Gott, aber ich habe im Netz eine Sache von Jesus gefunden, die ich richtig finde. Er hat gepostet: Was nützt es uns, wenn wir die Welt gewinnen, aber unsere Seele dabei Schaden nimmt?"[7]

Frau Niehues ist beeindruckt und lässt ihren Sohn von Bestatter Petersen begraben, unter der Bedingung, dass Mimi die Trauerrede hält. Der zitierte Bibelspruch soll zudem den Grabstein zieren.

Beim zitierten „Post" von Jesus handelt es sich um ein leicht verändertes Zitat aus Mt 16,26 (mit Parallelstelle in Mk 8,36 und Lk 9,25). In der Fassung der Lutherbibel von 1984 heißt die Stelle: „Was hülfe es dem Menschen, wenn er die ganze Welt gewönne und nähme doch Schaden an seiner Seele?" Abgesehen von der Eliminierung der starken Konjunktivformen, ist die Paraphrase von Mimis Aufsatz in der 1. Person Plural formuliert und hat damit die Frage eindringlicher gemacht. Im Bibeltext geht es um die Nachfolge Jesu: Der Mensch soll sein Kreuz auf sich nehmen, er soll das Wagnis eingehen, sein Leben zu verlieren, um es zu gewinnen. Aus dem Kontext herausgelöst – so wie offensichtlich auch Mimi den Vers versteht – geht es um den nutzlosen Erwerb von materiellen Gütern um den Preis der eigenen „Seele" (ein Konzept, das im Weiteren in der Serienfolge nicht befragt wird). Diese Lesart wird durch den Kontext gestützt. Der verstorbene Niehues war sehr wohlhabend, mit Villa und Privatflugzeug, aber eben anscheinend allein und unglücklich. Mimi entdeckt zudem, dass der plattdeutsche Name auf Hochdeutsch „Neuhaus" bedeutet, was wiederum dem italienischen Casanova entspricht, und tatsächlich war Niehues ein Schürzenjäger, wobei er sich Sex entweder kaufte oder ihn erpresste (ein „Frauenkonsument" wie Mimis Mutter es nennt).[8]

Zwar betont Mimi am Anfang ihres Aufsatzes ausdrücklich, dass sie nicht an Gott glaube. Trotzdem folgen die Überlegungen in ihrem Aufsatz einem religiösen Narrativ, der zwei Aspekte hat. Zum einen wird dazu eingeladen, das Leben des Verstorbenen neu zu betrachten. Alle halten Jakob Niehues für ein Ekel. Mimis Mutter, Nora Neubauer, fragt sich deshalb, weshalb ihre Tochter überhaupt über so einen Menschen schreiben wolle. Doch das Mädchen begibt sich auf Spurensuche und beginnt, Empathie gegenüber dem Toten zu entwickeln. Die Mutter des Toten liefert ihr schließlich den Schlüssel: Jakob Niehues war ebenso ein Opfer wie ein Täter. Die Offenheit gegenüber den „Zöllnern und Sündern" erinnert an das Lukasevangelium, insbesondere die Figur des Zachäus (des „Reinen", was sein Name wörtlich bedeutet) in Lk 19,1-10, der als Zöllner ebenfalls ein geldgieriger, von Allen gehasster Mensch war, und dennoch hat ihn Jesus angenommen.

Zum andern soll Niehues' Leben, wie Mimi in ihrem Aufsatz schreibt, dazu dienen, über das eigene Leben und dessen Wertesystem nachzudenken: Liebe und Zuneigung stehen materiellen Werten gegenüber. Zwar wird nicht genau konkretisiert, was mit „Liebe" gemeint ist, denn in Mimis Räsonnement geraten geschlechtliche und mitmenschliche Liebe – also Eros und Agape – offensichtlich durcheinander. Doch kommt man nicht umhin, an Jesu Liebesgebot zu denken: Man soll den Nächsten lieben wie sich selbst (Mk 12,31, Mt 22, 39, Lk 10,27), das wird als das höchste Gebot bezeichnet.

Es ist bemerkenswert, dass hier explizit biblische Themen (Toleranz gegenüber Sündern, Gebot der Nächstenliebe) positiv abgehandelt und einer Schülerin in den Mund gelegt werden, die sich als nicht religiös bezeichnet und von der Bibel erst aus den „Posts" von Jesus im Internet erfahren hat.

## VERSTOCKUNG UND ZUSPRUCH

Ein besonderer Fall eines religiösen Narrativs liegt in der Folge „Im Namen des Vaters" (2013) aus *Alles Klara* vor. Hier wird eine religiöse Figur zunächst wie üblich negativ gezeigt: Die Religion hat die Hauptfigur hart gegen sich und die Anderen gemacht. Dann aber führt der biblische Zuspruch (in Form einer gottesdienstlichen Lesung) zu einer positiven Verwandlung.

Der Titel der Folge, ein Zitat aus der trinitarischen Gebetsformel, verweist einerseits auf die angebliche Vaterschaft eines Priesters und andererseits auf eine problematische Vaterfigur, die den beiden Töchtern das Leben schwierig macht. Dieser Vater ist Martin Jentsch, der als fanatischer Katholik gezeigt wird. Seine geliebte Tochter Franziska ist tot auf dem Friedhof gefunden worden, mit einer Bibel in den Händen. Die Eingangsszene, bei der die Leiche aufgefunden wird, inszeniert den Handlungsort Friedhof mit den Mitteln eines Gruselfilms: Zwei Kinder sind nachts heimlich unterwegs, um Vampire aufzuspüren. Sie irren in der Finsternis zwischen den gespenstisch aufragenden Grabkreuzen umher. Die Musik- und Geräuschkulisse unterstützt die gruselige Atmosphäre.

Als die Polizisten dem Vater der Ermordeten die Todesnachricht überbringen wollen, empfängt Martin Jentsch sie gleich mit einem Bibelspruch: „Fliehe vor der Sünde wie vor einer Schlange, denn so du ihr zu nahe kommst, sticht sie dich."[9] (Sir 21,2) Herr Jentsch lebt in einer gutbürgerlichen Villa, an den Wänden hängen opulent gerahmte barocke Gemälde, an der Decke prangt ein Glaslüster, im Bücherregal steht ein altes, vielbändiges Lexikon und auf dem Klavier eine Gipsbüste von Beethoven.[10] Religiöse Objekte sind keine auszumachen, mit Ausnahme eines Rosenkranzes, der auf einem vor Jentschs aufgeschlagenen Buch, wohl die Bibel, liegt. Jentsch zitiert gerne Bibelverse, stets aus dem Alten Testament. So kommentiert er den Mord an seiner frommen Tochter mit einem Zitat aus Psalm 94,1: „Herr, Gott, des die Rache ist, Gott, des die Rache ist, erscheine!"[11] Hier wird einmal mehr das Stereotyp des rächenden alttestamentlichen Gottes aufgenommen.

Vater Jentsch hat vor vielen Jahren seine geliebte Ehefrau verloren und ist dabei völlig aus der Spur geraten. Er sei „auf den religiösen Trip" gekommen, kommentiert die andere Tochter Katja, die den Vater sogar als „verkappten Priester" bezeichnet.[12] Jentsch hat mit seiner überbordenden Frömmigkeit die beiden Töchter tyrannisiert. Die ältere Katja hat das Elternhaus verlassen und als Tänzerin eine Nachtbar eröffnet. Die jüngere, Franziska, fasste, offensichtlich unter dem Druck des Vaters, den Entschluss, Nonne zu werden. Sie taucht sogar mit der Bibel in der Hand im Nachtclub ihrer Schwester auf, um sie zu bekehren. Die Konstellation erinnert entfernt an das Gleichnis vom verlorenen Sohn (Lk 15,11-32), wo das eine Kind treu beim Vater bleibt, während das andere in Sünde lebt. Allerdings ist die (unter Zwang entstandene) Frömmigkeit offensichtlich nicht besonders fest, da die gläubige Schwester, trotz ihres Vorsatzes, Nonne zu werden, ungewollt schwanger geworden wird – wie zunächst zu Unrecht vermutet, vom Gemeindepfarrer, in Wahrheit aber vom Liebhaber ihrer eigenen Schwester.[13]

Das Milieu der gläubigen Katholiken wird hier negativ dargestellt. Der Glaube hat Vater Jentsch keinen Halt in einer schwierigen Lebenssituation nach dem Tod seiner Frau gegeben, sondern im Gegenteil ihn erst recht abstürzen lassen. Seine Frömmigkeit macht ihn zu einem bösen, hartherzigen Tyrannen, welcher die eine Tochter aus dem Haus treibt und der anderen seinen religiös motivierten Willen aufzwingt.

Allerdings bleibt die Rolle der Religion nicht nur negativ. Am Schluss der Serienfolge liest Pfarrer Täubner in der Abendmesse Psalm 126.[14] Während die Verheißung von der glücklichen Rückkehr der Gefangenen Zions verkündet wird, sehen wir in der Menge der Kirchgänger den frommen Vater Jentsch, wie er die Hand der „vom Weg abgekommenen" Tochter Katja ergreift und sie zärtlich anschaut. Hier erfüllt der gelesene Bibeltext die Rolle des Zuspruchs: Der durch das Schicksal hart gewordene alte Vater kann sein Herz wieder liebend öffnen. Fast scheint es so, als wirke hier die Fortsetzung des Psalms, der (im Film nicht gelesen) Vers 5: „Die mit Trauer säen, werden mit Freuden ernten."

### DEIN GLAUBE HAT DIR GEHOLFEN

Ein ähnlicher Narrativ findet sich in der Folge „Ausnahmezustand" (2017) aus der Serie *Großstadtrevier*. Während es in der Haupthandlung um brutale Schutzgelderpressung in St. Pauli geht, handelt die Nebenhandlung in einer alten barocken Kirche im ruhigen Stadtviertel Sinstorf. Auch hier wird Geld „erpresst", indem die junge Anna Müllerschön – die der Polizei als Kleptomanie bekannt ist – einen Fünfzig-Euro-Schein aus dem Klingelbeutel der Kirche stiehlt. Wir sehen sie am Anfang alleine in der leeren Kirche sitzen und das *Unser Vater* beten: „Dein Wille geschehe, wie

Die Kleptomanin Müllerschön steht in der barocken Kirche von Sinstorf neben dem Altar, wo ein Zitat aus Mt 21,9 zu lesen ist.

*Großstadtrevier*, Folge 405, „Ausnahmezustand" (min. 14:04)

im Himmel so auf Erden. Und führe uns nicht in Versuchung, sondern erlöse uns von dem Bösen."[15] Dann steht sie auf und steckt den Geldschein ein. Durch den Kontrast ihrer etwas aufreizenden Kleidung mit hochhakigen roten Schuhen, die in Großaufnahme deutlich ins Bild gerückt werden, und dem sakralen Raum mit Orgelspiel, wird man an die Sünderin erinnert, die Jesus die Füße salbt und der Jesus die Sünden vergibt mit den Worten: „Dein Glaube hat dir geholfen; geh hin in Frieden." (Lk 7,36-50) Auch das Kreuzigungsbild, vor dem sie sich beim Hinausgehen bekreuzigt, verweist auf das Thema der Sündenvergebung.[16]

Die Nebenhandlung zeigt die Verwandlung der Anna Müllerschön, von der notorischen Diebin und Lügnerin zu einer ehrlichen, hoffnungsvollen Frau und liebenden Mutter eines kleinen Mädchens. Allerdings geschieht die Verwandlung nicht durch religiösen Zuspruch, wie im oben erwähnten Falle von *Alles Klara*, sondern dadurch, dass Pfarrer Blohm die Frau in Versuchung führt, indem er ihr den Klingelbeutel mit dem Geldschein geradezu vor die Nase stellt. Auch wenn die Frau zunächst in die Falle tappt und erneut zur Diebin wird, verwandelt sie sich letztlich kraft des unerschütterlichen Glaubens des Pastors an das Gute in ihr. Dieser holt zwar zunächst die Polizei, um Anzeige zu erstatten. Doch beim Eintreffen der Beamten verneint er, dass ein Diebstahl stattgefunden habe.[17] Er habe den Geldschein „unter unserem Jesus" wiedergefunden (gemeint ist ein Kruzifix auf dem Altar) und Frau Müllerschön zu Unrecht verdächtigt. Die Frau selbst steht stumm und verdattert neben dem Altar, wo in großen Lettern zu lesen ist: „Gelobt sei, der da kommt im Namen des Herrn". In der darauffolgenden Nacht fährt Pastor Blohm mit seinem Rollstuhl in die dunkle Kirche und verstreut mehrere Fünfzig-Euro-Scheine auf den Boden.[18] Mit geschlossenen Augen sitzt er vor dem Kreuzigungsbild. Frau Müllerschön, die ihm heimlich gefolgt ist, interpretiert dies später dahingehend, dass der Pastor für sie gebetet habe.

Als Gegenspieler des Pastors und seines unerschütterlichen Glaubens an die Möglichkeit der Umkehr tritt Polizist Wellbrook auf. Er hat die Strafakte von Frau Müllerschön studiert, wo schwarz auf weiß steht, was sich die Frau hat zuschulden kommen lassen. Deshalb will er sie um jeden Preis für den Diebstahl aus dem Klingelbeutel zur Verantwortung ziehen, selbst als die Beschuldigte den Diebstahl gesteht und den Schein zurückgibt. Da kommt es zu einer emotionalen Konfrontation zwischen dem vertrauenden Pastor und dem auf das Gesetz pochenden „Pharisäer" Wellbrook: Der Pastor fordert den Polizisten auf, ihn aus dem Rollstuhl zu hieven und zu halten (die Szene ist umso bewegender, wenn der Zuschauer weiß, dass der Schauspieler Samuel Koch tatsächlich gelähmt ist).[19] Dies erinnert an die Heilung des Gelähmten in Mk 2,1-12 (mit Parallelen in

Mt 9,1-8 und Lk 5,17-26). Die selbstgerechten Pharisäer erzürnen sich darüber, dass Jesus sich anmaßt, Sünden zu vergeben – so wie Wellbrook über Pastor Blohm verärgert ist, weil dieser die Polizei missbraucht, um die kleptomanische Frau auf den rechten Weg zurückzubringen. Nur dass hier der Pastor zugleich der (durch seinen Glauben) Heilende und der Gelähmte ist (der Heilung den anderen zukommen lässt).

Bei Frau Müllerschön ist tatsächlich ein Wandel eingetreten. Sie hat als Wiedergutmachung dreihundert Euro in die Bibel auf dem Altar gelegt, wo sie die zweifelnden Polizisten tatsächlich finden. Aus den fünfzig Euro, welche die Frau zu Beginn gestohlen hat, sind nun dreihundert geworden. Das erinnert wiederum an das biblische Gleichnis von den Talenten (Mt 25,14-30 mit Parallele in Lk 19,12-27), wo ein Herr seinen Knechten Silber anvertraut, dem einen fünf Zentner, dem andern zwei, dem dritten drei Zentner. Der erste macht aus fünf zehn und der nächste aus zwei vier. Nur der letzte Knecht vergräbt das Silber und gibt seinem Herrn dieselbe Menge zurück, die er anvertraut bekommen hat. Auch die Frau hat mit dem Geld „gehandelt" und es vermehrt – obschon unklar bleibt, woher die zusätzliche Summe stammt (eine Spende der Frau oder die Scheine, die der Pastor nachts in der Kirche ausgestreut hat?). Die Tatsache, dass das Geld unter das Kruzifix und später in die Bibel gelegt wird, verweist auf einen biblischen Narrativ: Der handelnde „Herr" im Gleichnis ist Jesus, die Verwandlung der Sünderin (Frau Müllerschön) geschieht durch den Glauben.

Am Schluss sehen wir die geläuterte junge Mutter, die im Park vor der Kirche mit ihrer kleinen Tochter Gärtnerarbeit verrichtet.[20] Das Pflanzen verweist einerseits auf die Hoffnung auf eine (bessere) Zukunft, aber auch das Osterwunder ist nicht weit, denn Maria von Magdala, welcher Jesus nach seinem Tod als erste begegnet, hält den Auferstandenen zunächst für den Gärtner (Joh 20,15). Pfarrer Blohm nähert sich im Rollstuhl und beobachtet zufrieden die Szene. Man hört dazu den elegischen Folk-Song der Sängerin Laura Mvula: „Father Father let me love you / Saw you wonderin in my dream last night / Singing wonder wonder what you might do / You can't simply hide a dream in the blue."[21] (Vater, Vater, lass mich lieben, ich sah dich verwundert in meinem Traum von letzter Nacht. Ich sang: Wunder, Wunder, was du vermagst, du kannst ganz einfach einen Traum im Blauen verbergen.)

## JUDAS UND DIE DREISSIG SILBERLINGE

Ein kurzer, aber interessanter religiöser Narrativ findet sich in der Folge „Kristalle glänzen ewig" (2021) aus *Watzmann ermittelt*. Gegen den aus Hamburg zugezogenen Polizisten Jerry Paulsen werden üble Machenschaften in Gang gesetzt.[22] Er wird zuerst beinahe Opfer eines Mordanschlages, dann finden sich große Mengen Crystal Meth in seinem Wagen, seinen Familienmitgliedern werden vergiftete Pizzen geliefert und ein Mitarbeiter der Polizei wird ermordet. Pfarrer Hölleisen zeigt den Polizisten eine heiße Spur. Auf einer Garagenwand des Seniorenheims ist mit roter Farbe ein Kristall (für die Droge Crystal Meth) und daneben die Abkürzung „Mt 26,14-16" gesprayt. Der herbeigerufene Paulsen und seine Partnerin können damit nichts anfangen. Doch der Pfarrer zitiert auswendig (interessanterweise als katholischer Priester aus der Lutherbibel[23]): „Da ging einer von den Zwölfen, mit Namen Judas Iskariot, hin zu den Hohenpriestern und sprach: Was wollt ihr mir geben? Ich will ihn euch verraten. Und sie boten ihm dreißig Silberlinge. Und von da an suchte er die Gelegenheit, dass er ihn verriete."

Die Angabe der Bibelstelle, die auf den Verrat des Judas hinweist, ist auf eine Mauer gesprayt worden.

*Watzmann ermittelt*, Folge 16, „Kristalle glänzen ewig" (min. 31:35)

Es handelt sich um den Verrat des Judas, der Jesus gegen Geld den religiösen Autoritäten ausliefert, so dass dieser festgenommen, angeklagt und verurteilt werden kann. Das Bibelzitat erweist sich als die narrative Struktur, welche die Motive für die mysteriösen Verbrechen erklärt. Paulsen war, als er noch bei der Hamburger Polizei gearbeitet hat, als interner Ermittler tätig. Er wurde mit der Untersuchung betraut, ob die eigenen Kollegen sauber seien. Dabei stieß er auf einen Polizisten, der immer wieder konfiszierte Drogen entwendete. Der Mann wurde verhaftet und verbüßte eine lange Gefängnisstrafe, zudem verließ ihn seine Frau mit dem gemeinsamen Kind und ließ sich scheiden. Paulsen wird mit dem biblischen Judas gleichgesetzt, der gegen Geld denjenigen verrät, mit dem er zusammengearbeitet hat. Allerdings ist hier die Analogie zu Ende. Denn der verurteilte Polizist Harry Benthaak ist nicht Jesus, der unschuldig angeklagt und aufgrund falscher Zeugnisse verurteilt wurde. Und im Gegensatz zu Jesus, der das falsche Urteil und die grausame Strafe auf sich nimmt und seinen Henkern noch verzeiht („Vater, vergib ihnen, denn sie wissen nicht, was sie tun", Lk 23,34), will sich Benthaak für das angemessene Urteil unbarmherzig, sogar durch Mord, rächen.

## WEIHNACHTSMANN UND SCHUTZENGEL

Weihnachtsnarrative sind ein eigenes Genre. Die sentimentale Handlung spielt in der Regel am Heiligabend, begleitet von der entsprechenden visuellen und akustischen Kulisse. Entweder wird die lukanische Weihnachtsgeschichte in einem modernen Kontext neu erzählt, oder es ereignet sich ein „wunderbares", nicht erwartetes glückliches Ereignis, bei dem Nächstenliebe und Verzeihung im Vordergrund stehen. Im Jahre 2011 wurde für *Großstadtrevier* eine Doppelfolge zum Thema Weihnachten produziert: „Frohe Weihnachten Dirk Matthies". Die beiden Folgen werden nun, zumeist gleich aufeinanderfolgend, regelmäßig an Heiligabend oder an den Weihnachtstagen gesendet.

Die Doppelfolge spielt an Heiligabend in Hamburg. Bereits in der Nebenhandlung wird eine klassische „Weihnachtsgeschichte" erzählt. Die 13jährige Emily wurde von der Polizei aus ihrer Wohnung abgeholt, da es dort zu einem Beziehungsdelikt zwischen ihrer Mutter und deren Freund gekommen ist. Doch das Mädchen haut in einem unbeobachteten Moment aus dem Polizeirevier ab. Die Revierleiterin Küppers kümmert sich persönlich darum, die junge Frau zu suchen und vor dem gewalttätigen Freund der Mutter zu beschützen. Sie gesteht dem Mädchen am Schluss, dass sie am selben Tag, als Emily zur Welt gekommen ist, ihr eigenes Kind bei einer Frühgeburt verloren hat.[24] Dabei handelt es sich um einen Weihnachtsnarrativ mit konventionellen Elementen. Das Motiv der Geburt eines Kindes ist hier zunächst negativ gespiegelt, denn Frau Küppers hat ein totes Kind geboren. Das lebende Kind ist Emily, der Frau Küppers hilft, aus ihrer schwierigen Lage herauszukommen. Das Herumirren der geflohenen Emily, die in den nächtlichen, winterlichen Straßen von St. Pauli eine Bleibe sucht, erinnert an das Motiv der Herbergssuche, wie es in den Krippenspielen gezeigt wird (nach Lk 2,7).

Doch ist es die Haupthandlung der Doppelfolge, die einen komplexen Weihnachtsnarrativ enthält. Während die Polizistin Anna Bergmann das Fest positiv sieht – „Wenigstens einmal im Jahr denken die Menschen an Liebe und Versöhnung"[25] –, ist Kollege Dirk Matthies ein erklärter Gegner von Weihnachten, das für ihn nur aus Kitsch und Heuchelei besteht. Die Ereignisse scheinen ihm zunächst Recht zu geben: statt Besinnlichkeit überall Aggression, Kriminalität und häusliche Gewalt. Doch gelingt es Matthies nicht, sich vom verhassten Weihnachtsrummel abzuschotten. Auf dem Dach seiner Repsold, eines am Hafen vertäuten Wohnbootes, findet er einen sturzbetrunkenen Weihnachtsmann, der geradewegs vom Himmel gefallen scheint[26] – eine offensichtliche Anspielung auf die Fantasy-Komödie *Santa Clause. Eine schöne Bescherung* von 1994.[27]

**10.** RELIGIÖSE NARRATIVE

Der Weihnachtsmann scheint vom Himmel gefallen zu sein und ist gerade auf dem Dach des Schiffes Repsold gelandet.
*Großstadtrevier*, Folge 317, „Frohe Weihnachten Dirk Matthies 1" (min. 12:42)

Im Gegensatz zur märchenhaften Disney-Produktion bleiben die Weihnachtsfolgen von *Großstadtrevier* jedoch auf dem Boden der Realität. Alles beginnt mit einer ganz banalen Angelegenheit. Der ältere, beleibte Mann, der sich Karim Hiested nennt, kann wegen starker Alkoholisierung seine Termine als Weihnachtsmann für Kinder und Familien nicht einhalten, und so anerbietet sich Polizist Matthies, ihn zu fahren. Ikonografisch ist der Weihnachtsmann Karim Hiested ein klassischer Santa Claus, wie ihn die Coca-Cola-Werbung seit den 1930er Jahren verbreitet: scharlachrotes Gewand mit weißen Pelzbordüren, eine lange rote Zipfelmütze und ein weißer Wattevollbart. Mit dem heiligen Nikolaus von Myra, der am 6. Dezember gefeiert wird, hat sein Aussehen gar nichts zu tun.

Die nun folgenden Besuche bei Familien mit Kindern und Verwandtschaft sind einerseits als Satiren gutbürgerlicher Weihnachtsfeiern dargestellt, wie man es von Loriot kennt[28] (erbärmlich falsches Blockflötenspiel, Vortragen von respektlosen Weihnachtsversen). Andererseits entdeckt Dirk Matthies an jedem Ort eine neue Spur, die ihn zurück in seine Vergangenheit führt.

Der erste Besuch bei einer Familie in Blankenese gerät zum Fiasko. Der Familienvater setzt den betrunkenen Weihnachtsmann vor die Tür, ehe dieser noch zum Einsatz gelangen kann.[29] Matthies entdeckt beim Hinausgehen das Foto einer bei den Landungsbrücken gelegenen Kneipe namens „Big Ben", die eine wichtige Rolle in seinem Leben gespielt hat. Beim zweiten Besuch in der Nähe des Hafens erkennt Matthies in der alten Oma, der er im Namen des Weihnachtsmannes ein Parfümfläschchen überreicht, jene ehemalige Ladenbesitzerin, bei der er als 16jähriger einst eben ein solches Parfüm gestohlen hat.[30]

Beim dritten Besuch, wo Matthies selber den Weihnachtsmann spielen muss, da Karim Hiestedt im Wagen eingeschlafen ist,[31] stößt er auf einen ehemaligen Seemann, der früher auf der Fähre „Prinz Hamlet" gearbeitet hat, auf der der junge Matthies nach England abhauen wollte. Matthies ist jetzt überzeugt, dass dies alles kein Zufall sein kann. Darauf angesprochen gibt der Weihnachtsmann zur Antwort:

„Jeder Weihnachtsmann ist eigentlich ein Engel. [...] Es gibt nicht, wie viele glauben, einen einzigen Weihnachtsmann für alle. Das wäre ja auch nicht zu schaffen. [...] In Wahrheit hat jeder Mensch seinen eigenen Weihnachtsmann. Manchmal kommt er auch nicht an Weihnachten, sondern irgendwann später. Vielleicht sieht er auch gar nicht aus wie ein Weihnachtsmann."[32]

Alle Nachforschungen über die Identität des „Weihnachtsmannes" führen ins Leere: Es gibt keinen Karim Hiestedt.[33] Matthies' Kollegin Bergmann findet jedoch heraus, dass der Name ein Anagramm von „Dirk Matthies" ist.

Die nächste Adresse auf der Liste des Weihnachtsmannes bringt Matthies in eine alte Abbruchbude, wo er unter den sich lösenden Tapeten Wandkritzeleien aus seiner Jugendzeit findet: „Deep Purple for ever"[34] – hier hat Matthies einmal gelebt. Für diese rätselhaften Zufälle sucht Matthies nach einer rationalen Erklärung. Er vermutet, es handle sich bei Hiestedt um einen Privatdetektiv oder einen Schauspieler, der ihn hereinlegen wolle. „Die Wunder, die ich in meinem Leben erlebt habe, konnte ich alle logisch erklären."[35] Karim Hiestedt beharrt darauf, dass er Matthies persönlicher Weihnachtsmann sei. Er zieht ein altes schwarzes Wählscheibentelefon aus seinem Sack und schenkt es Matthies. Obschon nicht angeschlossen, beginnt der Apparat zu klingen. Matthies greift nach dem Hörer, und wir erleben einen Zeitsprung: Der 16jährige Matthies telefoniert an Heiligabend mit seiner Freundin von gegenüber. Sie planen, gemeinsam nach London abzuhauen. Alle Elemente aus den Weihnachtsbesuchen kommen in dieser Szene zusammen: Das gestohlene Parfüm war das Geschenk für die Freundin, und in der Bar „Big Ben" wollten sich die Ausreißer treffen, bevor sie mit der „Prinz Hamlet" nach England fahren sollten.

Der letzte Besuch bringt Matthies mit seiner ehemaligen Freundin Kristin zusammen (der Name erinnert an „Christmas"), mit der er damals nach London abhauen wollte.[36] Sie ist jetzt verheiratet, hat Kinder und arbeitet als Lehrerin. Der Weihnachtsmann, der offensichtlich etwas ausgenüchterter ist, hält eine ironische Ansprache, in der er davon spricht, dass eine Zeit kommen werde, wo die Kinder nicht mehr an ihn glauben werden. Doch richten sich seine Worte eigentlich an Dirk Matthies: „Aber vielleicht hört Ihr eines Tages eine Musik oder lest ein Gedicht, blickt in die Augen, die märchenhaften Augen eines Menschen, den Ihr wirklich liebt. Dann werdet Ihr wieder an mich glauben." Matthies besinnt sich auf eine Walnuss, die ihm der Weihnachtsmann geschenkt hat. Er wirft sie in die Luft, und ein neuer Zeitsprung zeigt den jungen Dirk, wie er an jenem Heiligabend 1974 mit einer Nuss spielt (das Motiv erinnert natürlich an den tschechischen Film *Drei Haselnüsse für Aschenbrödel* von 1973[37]). Dann sehen wir die beiden wieder in der Jetztzeit. Sie stehen auf dem nächtlichen Balkon und erzählen sich von der Vergangenheit. Kristin hat damals im „Big Ben" auf ihren Dirk gewartet, der aber, weil er den Mut verloren hat, nicht gekommen ist. Stattdessen hat sie ihr Vater abgeholt und in eine andere Stadt geschickt, damit sie die Schule zu Ende mache. Ein flüchtiger Kuss beendet die Erinnerungen. Am Ausgang bedankt sich Matthies bei „seinen Weihnachtsmann", den er auch „mein Engel" nennt.[38]

Schließlich kommt es zum Showdown: Ein ehemaliger Schüler von Kristin taucht vor der Haustüre auf und bedroht seine Lehrerin mit einer Waffe. Matthies und seine herbeieilenden Kollegen können den Amokläufer gerade noch stoppen. Die Frau kann nicht glauben, dass Matthies, nachdem sie ihn so viele Jahre nicht gesehen hat, gerade jetzt in dem Moment rettend zur Stelle ist. „Glaub keine Sekunde, dass das ein Zufall war!", sagt Matthies und blickt mit einem Augenzwinkern zum Himmel.

„Glaub keine Sekunde, dass das ein Zufall war!" Dirk Matthies glaubt an seinen „persönlichen Weihnachtsmann" und zwinkert ihm im Himmel oben zu.
*Großstadtrevier,* Folge 318, „Frohe Weihnachten Dirk Matthies 2" (min. 44:53)

Die Serienfolge weist zunächst die Besonderheit auf, dass hier kein richtiger Kriminalfall gelöst werden muss. In den zwei Nebenhandlungen geht es zwar einerseits um einen Überfall auf einen Kioskbesitzer mit einem anschließenden versuchten Anschlag auf die Lehrerin bzw. um einen Kleinkriminellen, der das Ersparte seiner Freundin stehlen will. Doch die Haupthandlung ist nichts anderes als die Rückführung in Matthies' Vergangenheit, die plötzlich in die Gegenwart hineinragt.

Der Weihnachtsmann an sich ist zwar kein wirklich religiöses Motiv. Er wird aber in den beiden Serienfolgen mit einem solchen gekoppelt: dem Schutzengel. „Jeder Weihnachtsmann ist eigentlich ein Engel",[39] erklärt

Karim Hiestedt. Und Harry Möller fragt ihren Kollegen Hauke Jessen: „Glaubst du an Weihnachtsengel?"[40] Dabei geht es nicht etwa um den Engel, der den Hirten im Lukasevangelium die Frohe Botschaft verkündet (Lk 2,9-14), sondern um einen persönlichen Schutzengel. Laut einer vom *Geo-Magazin* 2006 veröffentlichten Studie sollen 66 Prozent der Deutschen an Schutzengel glauben.[41] Unklar bleibt dabei, wie man sich einen solchen Schutzengel genau vorstellen muss – umso mehr, als laut der Studie etwas mehr Deutsche an Schutzengel glauben als an Gott. Religionspsychologen haben seit einiger Zeit ein Revival von Engeln festgestellt, das sich in einem boomenden „Engel-Markt" (Publikationen, Objekte, Dienstleistungen) niederschlägt.[42] Engel treten im Rahmen individueller Spiritualität, aber auch pragmatisch als Lebenshilfe auf.

In den beiden Weihnachtsfolgen von *Großstadtrevier* hilft der „Engel" (in ironischer Brechung als beleibter Weihnachtsmann, der betrunken vom Himmel fällt) Dirk Matthies ein abgebrochenes Stück seines Lebens wieder einzufügen. Als Jugendlicher hatte er nicht den Mut gehabt, mit seiner Geliebten durchzubrennen, und diese schmählich sitzen gelassen. Nach fast vier Jahrzehnten kann er die Situation erklären und damit bereinigen. Und nicht genug: Er ist gerade rechtzeitig zur Stelle, um der Frau das Leben zu retten. Er wird gewissermaßen selber zum Schutzengel.

Die Vorstellung von Schutzengeln wird auch in der Folge „Engel 07" (2017) aus *Rentnercops* thematisiert. Im Gegensatz zur oben erwähnten Folge von *Großstadtrevier*, wo der Glaube an Schutzengel recht positiv dargestellt ist, erfährt er hier eine ambivalente Darstellung. Einerseits wird der Glaube an Schutzengel in seiner allernaivsten Form gezeigt und so der Lächerlichkeit preisgegeben. Die bereits erwähnte, schrullige Maria Fröbel glaubt nicht nur an Schutzengel (sie trägt stets ein Schutzengelamulett als Anhänger um den Hals), sondern sie ist sogar überzeugt, dass der junge Mann, der gerade hinter ihr von einem Hochhaus heruntergesprungen auf das Pflaster aufgeschlagen ist, ihr persönlicher Schutzengel mit Namen Gabriel sei.[43] Tatsächlich scheint der tote Mann weiße Engelsflügel zu haben, diese entpuppen sich aber als Schwanenfedern, die von einer Designertasche stammen.

Andererseits wird gezeigt, dass es sich beim Glauben an Schutzengel an eine weit verbreitete Vorstellung handelt, die auch bei durchaus „normalen" Menschen vorkommt. Rentnercop Günter Hoffmann fragt seine Frau, ob sie an Schutzengel glaube.[44] Diese bejaht mit Selbstverständlichkeit: „Ich glaub', dass da etwas ist, was auf mich aufpasst." Sie erzählt eine banale Geschichte aus ihrer Lebenserfahrung, welche die Existenz von Schutzengeln beweisen soll. Wegen einer Magen-Darm-Grippe hat das Ehepaar vor einigen Jahren eine Reise zu Freunden verschoben und ist so einem schlimmen Autobahnunfall mit mehreren Toten entkommen. Heidrun Hoffmann hat allerdings eigenwillige Vorstellungen über Schutzengel: Es handle sich um „die Geister verstorbener Blutsverwandter". Zwar will der rational denkende Hoffmann die Hypothese von Schutzengeln nicht recht gelten lassen, doch ist er verunsichert, als seine Frau ihm verkündet, er habe keinen Schutzengel, weil er nicht daran glaube – so als wäre die Existenz von Schutzengel gewissermaßen autosuggestiv zu bewirken. Dieses Paradox fasst Hoffmann in der Formel zusammen: „Ich glaub' auch nicht an Himmel und Hölle und trotzdem will ich doch in den Himmel kommen."

## DER FLUCH DES GÖTZEN

Die skurrile Figur der Frau Dr. Hornbostel, der Leiterin des Quedlinburger Stadtarchivs, aus der Folge „Adalmars Fluch" (2016) von *Alles Klara* wurde bereits vorgestellt. In dieser Serienfolge dreht sich alles um einen Abendmahlskelch von „unschätzbarem Wert"[45], der aus dem Kloster Drübeck[46] stammt und seit dem Dreißigjährigen Krieg verschollen ist. Der Kelch soll verflucht sein, wie die Hobby-Schatzsucher betonen, die hinter dem geheimnisvollen Gegenstand her sind: „Laut einer Sage wurde der Kelch bei der Christianisierung des Harzes aus dem Gold heidnischer Götzenbilder gegossen, und ein Sachsenfürst soll vor seiner Enthauptung den Fluch ausgesprochen haben."[47] Zwar ist einer der Schatzsucher auf ungeklärte Weise zu Tode gekommen, aber niemand bei der Polizei nimmt den Fluch ernst, weder Kommissar Kleinert noch seine Sekretärin Klara Degen.[48]

Die Suche nach dem Abendmahlskelch ist wie eine Schatzsuche mit codierten Hinweisen organisiert: eine alte Handschrift des 17. Jahrhunderts aus dem Quedlinburger Stadtarchiv, eine verschlüsselte Botschaft auf Lateinisch, eine Felsinschrift. Dies erinnert an das Genre der Abenteuerfilme, wie zum Beispiel der dritte Indiana-Jones-Film *Indiana Jones and the Last Crusade*[49] aus dem Jahr 1989. Dort jagen Indiana Jones und sein Vater dem Heiligen Gral nach, bei dem es sich, gemäß Film, um einen Kelch handelt. Das Motiv des Grals mit der verschlungenen Suche nach des Rätsels Lösung findet sich zudem im 2003 erschienenen Bestseller *The Da Vinci Code* von Dan Brown (und dem darauf basierenden Film von Ron Howard aus dem Jahr 2006).

In der Serienfolge „Adalmars Fluch" ist der Abendmahlskelch nicht der Gral, sondern ein heidnisches Kultbild des Adalmar, das zu einem christlichen Kelch umgegossen wurde. Historischer Hintergrund des fiktiven Adalmar-Kultes ist der Sachsenfeldzug Karls des Großen und die damit verbundene gewaltsame Christianisierung der Sachsen. Der Feldzug begann im Jahr 772 mit der Zerstörung der Irminsul, des sächsischen Zentralheiligtums, und endete erst zu Beginn des 9. Jahrhunderts. Karl erließ 782 ein Sondergesetz *(Capitulatio de partibus Saxoniae)*, in dem er die sächsischen Stammesgesetze erheblich beschnitt und die heidnischen Kulte auslöschen wollte.

Während es den Hobby-Schatzsuchern bei ihrer Suche nach dem Kelch bloß um einen wertvollen historischen Gegenstand geht, handelt es sich für Frau Dr. Hornbostel um einen wirklichen Kultgegenstand mit magischen Kräften. Dies ist umso erstaunlicher, als dass man doch von einer Wissenschaftlerin erwarten würde, dass sie vor Magie und Aberglaube gefeit sei und gegenüber ihrem Forschungsgegenstand Distanz zu wahren wisse. Doch anscheinend glaubt Frau Dr. Hornbostel nicht nur an die Macht des im Kelch eingeschlossenen Adalmars, sie ist sogar dem Wahn verfallen, ihren Götzen rächen zu müssen, wofür sie als erstes einen der Schatzsucher ermordet hat.

Klara Degen und der junge Kommissar Jonas Wolter finden schließlich den begehrten Kelch und entlarven damit auch die Mörderin.[50] Doch kaum stehen die Beiden in den unterirdischen Gewölben des Archivs vor dem im Licht erstrahlenden Kelch, fallen sie wie tot zu Boden. Dabei ist jedoch kein Fluch im Spiel, Frau Dr. Hornbostel hat die ihr nachschnüffelnden Beamten ganz „wissenschaftlich" mit Kohlenmonoxid vergiftet, um sie darauf mit Sauerstoff wieder ins Leben zurückzuholen. „Ihr Blut muss wieder ganz rein werden, für Adalmar."[51]

Um Adalmar zu rächen, will Dr. Hornbostel als Adeptin eines neuheidnischen Kultes ein bizarres Ritual in Szene setzen, von dem der Zuschauer nun Zeuge wird. Sie legt die beiden gefesselten und geknebelten Beamten Klara und Walter nebeneinander auf Pritschen. An deren Fußenden steht

Frau Dr. Hornbostel zelebriert ihr bizarres neuheidnisches Ritual für ihre germanische Gottheit Adalmar.

*Alles Klara*, Folge 39, „Adalmars Fluch" (min. 45:35)

ein Podest mit dem Kelch, ein einfaches, goldenes Gefäß, ohne besonderen Schmuck oder Edelsteine. Nun nimmt sie den Kelch in beide Hände und hält ihn über den Kopf. Doch bevor sie die Beamten opfern kann, wird sie von herbeistürmenden Polizisten daran gehindert und festgenommen.

Der angebliche Fluch, der durch den eingeschlossenen Adalmar auf dem Kelch liegen soll, entpuppt sich als nichts anderes als der religiöse Wahn einer verrückten Wissenschaftlerin. Erst dadurch ist der Fluch (immerhin ist der Tod eines Schatzsuchers zu beklagen) Wirklichkeit geworden. Als ihr von den Polizisten der Kelch entrissen und sie abgeführt wird, bricht Dr. Hornbostel in hysterisches Geschrei aus: „Nein, nein, der Kelch gehört Adalmar!"[52] Später erfahren wir, dass sie direkt in die geschlossene Psychiatrie eingeliefert worden ist. „Die Frau ist gemeingefährlich", kommentiert Klara Degen.[53]

Diese innerweltliche Auflösung wird durch die Schlussszene ironisch verfremdet. Kommissar Kleinert erscheint oberhalb des Kellergewölbes hinter einem vergitterten Fenster, von dem das Tageslicht strahlenförmig in den düsteren Keller leuchtet. Als Retter der beiden gefesselten Beamten taucht er hier wie ein *Deus ex machina* auf. Doch Kleinert ist kein Gott, sondern der Vertreter der Staatsmacht, die dem religiösen Unfug ein Ende setzt. Als der eintretende Hausmeister Anstalten macht, den goldenen Kelch heimlich an sich zu nehmen, weist Kleinert ihn mit einem ironischen Hinweis auf den angeblichen Fluch in Schranken: „Nicht dass Sie auch noch Adalmar anheimfallen!"[54]

Der neuheidnische Kult der Dr. Hornbostel hat keine klaren Konturen. Ihre Religiosität ist schwer fassbar. Sie ist Wissenschaftlerin, wohl Historikerin, und als solche wird sie sich in den Wahn hineingesteigert haben. In gewissem Sinne richtet sich ihr neuheidnischer Kult indirekt gegen das Christentum, da das Kultbildnis des Adalmar in einen Abendmahlskelch umgeschmolzen worden ist. Es existieren in Deutschland zahlreiche religiöse Vereinigungen und Gruppen, die germanisch-heidnische Kulte praktizieren bzw. solches Gedankengut verbreiten, so zum Beispiel die Asatru-Bewegung, die neben germanischen auch skandinavischen Kulten anhängt.[55] Dabei kommt es immer wieder zu Vereinnahmung des religiösen-germanischen Gedankengutes durch rechtsextreme und völkische Kreise. Doch in der Filmhandlung wird auf solche institutionalisierten Kulte nicht Bezug genommen, ebenso wenig auf einen möglichen rechtsextremen politischen Hintergrund. Frau Dr. Hornbostel scheint diesen Praktiken aus reinem Wahn anzuhängen. Damit werden Anhänger heidnisch-germanischer Kulte in den Bereich des Pathologischen gerückt.

## HEBE DEINE AUGEN AUF

In „Heiliger Zorn" (2017) aus der Serie *Hubert und Staller* liegt der ganzen Folge ein religiöser Narrativ zugrunde, der durch visuelle und musikalische Signale konstruiert wird. Dabei werden zwei religiöse Vorstellungen miteinander verbunden: Aberglaube und göttliche Intervention.

Der rote Faden ist Polizist Stallers abergläubische Vorstellung, dass er morgens mit dem falschen Fuß aufgestanden sei und ihm deshalb den ganzen Tag lang Unheil drohe. Die Anfangsszene ist als mystisch-religiöses Erlebnis gestaltet.[56] Staller steht völlig weggetreten neben dem Einsatzwagen. Als er davon spricht, dass ihm alles wie in einem Albtraum vorkommt, ertönt ein Donnerschlag, die Kamera zeigt den bewölkten Himmel hinter einer Baumgruppe, während hohe Frauenstimmen den Anfang von Psalm 121 singen: „Hebe deine Augen auf zu den Bergen".[57] Doch auf der extradiegetischen Ebene wird das übernatürliche Erlebnis als Aberglaube entlarvt. Anscheinend ist bloß ein Gewitter im Anzug, und ein Filmschnitt zeigt, dass hier nicht Engel singen, sondern eine Gruppe Frauen in der Kirche das berühmte Chorstück von Felix Mendelssohn aus dem Oratorium *Elias* probt.

Diese Konfiguration wird in der Folge mehrmals wiederholt. Als der Pfarrer erklärt, Selbstmord sei „nach unserem Glaubensverständnis eine Todsünde", ertönt das Donnern noch einmal, als ob hier der Himmel zur Bestätigung zürnen würde.[58] Staller wartet auf ein „Zeichen des Himmels", um seine abergläubische Furcht ablegen zu können. „Dann halten wir jetzt nach einem brennenden Dornbusch Ausschau",[59] witzelt sein Kollege. Hier wird Aberglaube (mit dem falschen Fuß aufgestanden sein) mit einer biblischen Theophanie (Gott spricht aus einem Dornbusch zu Moses, Gen 3-4) in Verbindung gebracht und damit die biblische Erzählung letztlich lächerlich gemacht. Allerdings scheint sich der permanente „Unglauben" von Hubert zu rächen, denn kaum hat dieser seine „Lästerungen" ausgesprochen, fährt er mitten auf einer einsamen Landstraße einem Fahrzeug hinten auf und schlittert in eine ganze Reihe von Unannehmlichkeiten. Als die beiden aus dem Fahrzeug steigen, hört man wieder die hohen Frauenstimmen, die Mendelssohns Psalm singen – und wieder wird der probende Kirchenchor eingeblendet. Dasselbe ereignet sich noch einmal, als Polizist Riedel entdeckt, dass sein Chef ein Testament aufgesetzt hat; auch hier hören wir den „himmlischen" Frauenchor als musikalisches Symbol einer göttlichen Stimme.

Der doppelte Diskurs – zwischen Aberglauben und vermeintlicher göttlicher Intervention – setzt sich in der folgenden Szene fort, wo Yazid berichtet, dass der ermordete Friedhofswärter „unseren Herrgott verflucht" habe.⁶⁰ Kaum hat er die Worte ausgesprochen, erscheint mit Getöse der „Leibhaftige" im Bild, der sich jedoch als Staller mit einer Art Yoda-Maske und einem Laserschwert entpuppt, der einmal mehr mit Versatzstücken aus Yazids Fundus herumkasperlt. Das Donnergrollen von oben ertönt auch, als Hubert und Staller Pfarrer Wiedemann einen Besuch im Pfarrhaus abstatten und niemand auf ihr Klingeln öffnet.⁶¹ Staller kommentiert mit dem Bibelzitat „Wer Wind säet, wird Sturm ernten" (Hos 8,7).

Der ambivalente narrative Status des Chorgesangs besteht darin, dass Staller die in der weit entfernten Kirche probenden Frauen weder hören noch sehen kann. Er glaubt, himmlische Stimmen zu vernehmen, während es dem Zuschauer von Anfang an klar ist, dass es eine natürliche Erklärung gibt: Frauen proben ein Chorstück von Mendelssohn. Gegen Schluss der Folge treffen sich die beiden Ebenen: Hubert und Staller betreten die Kirche von Pfarrer Wiedemann, während die Frauen gerade am Proben sind.⁶² Jetzt ist der vermeintliche Engelsgesang auch innerhalb der Diegese eine ganz innerweltliche Angelegenheit. Die Zuschauer und alle beteiligten Figuren der Filmhandlung hören und sehen dasselbe: die probenden Frauen. Damit ist Stallers vermeintliche „Vision" als Halluzination oder Aberglaube entlarvt.

Nur bleibt es nicht dabei. In der Schlussszene stellen Hubert und Staller den Täter, den pensionierten Richter Ansgar Saathoff, der seinen Erpresser ermordet hat. Der erzkatholische Mann leidet darunter, homosexuell zu sein. Als er seine „Verfehlung" dem Pfarrer beichtet, wird die Beichte vom Friedhofswärter heimlich auf Tonband aufgezeichnet und der Richter damit erpresst. Nach seinem Geständnis versucht der Richter, vor den Polizisten zu fliehen. Wir hören wiederum den Chorgesang der Frauen. Staller ruft dem Flüchtenden zu, dass alles keinen Sinn habe, aber der Richter will davon nichts wissen und rennt weiter. Also gibt Staller einen Warnschuss in die Luft ab. Da schießt ein Blitz aus dem Himmel und stoppt den flüchtigen Richter. „Jetzt hat mir der Himmel ein Zeichen gegeben", meint Staller.⁶³

Damit sind wir wieder am Ausgangspunkt angekommen. Stallers Aberglaube ist bestätigt: Er hat auf ein Zeichen des Himmels gewartet, das er nun erhalten hat. Stammte der Gesang der probenden Frauen also doch von himmlischen Chören? Hat wirklich der Himmel eingegriffen, damit der Übeltäter seine gerechte Strafe bekommt? Oder hat nur zufälligerweise der Blitz eingeschlagen, wo es doch den ganzen Tag über gewittrig war?

Selbst der Serientitel „Heiliger Zorn" erhält am Schluss noch eine neue Bedeutung. War damit zunächst gemeint, dass der Friedhofswärter, der seine geliebte Frau verloren hat, von „heiligem Zorn" erfasst worden ist, der ihn dazu brachte, das Beichtgeheimnis zu verletzen und so ein Sakrileg zu begehen, so bringt am Schluss „Gottes heiliger Zorn" in Form eines Donnerkeils aus den Wolken den Mörder zur Strecke.

Doch die Serie *Hubert und Staller* ist ein humoriges Format, das mit Klischees und Tabus spielerisch umgeht. Da die himmlische Intervention der Vorstellung der Figur des Staller entspringt, ist sie von vornherein nicht glaubwürdig. Die Vision ist genauso spaßig wie der clowneske Staller selber.

**Richter Saathoff wird bei seinem Fluchtversuch von einem göttlichen Blitz gestoppt.**
*Hubert und Staller,* Folge 102, „Heiliger Zorn" (min. 47:38)

Religiöse Narrative sind zwar nicht sehr häufig, sie tauchen aber dennoch in mehreren Serienfolgen auf und sind stets komplex organisiert. Explizite Bezugnahme auf biblische Themen sind selten. Im Fall des „Posts" von Jesus aus *Nordisch herb* wird tatsächlich ein (leicht abgeändertes) Bibelzitat vorgelesen, das darauf als Grundlage zumindest eines Teils des Narrativs dient. Allerdings wird der narrative Kontext des Zitats nicht berücksichtigt. Der Bibeltext verwandelt sich zu einem „Spruch", welcher der neuen Situation übergestülpt werden kann. Es ist in dieser Hinsicht bezeichnend, dass die Serienfigur, die Schülerin Mimi, das Bibelzitat im Internet gefunden hat. Sie hat also nicht in der Bibel nachgeschaut, um sich dem fremden Text auszusetzen, sondern offensichtlich gezielt nach einem Text Ausschau gehalten, den sie als Grundlage ihrer eigenen Interpretation verwenden konnte. Nicht der Text wird befragt, sondern der passende Spruch wird gesucht.

In mehreren Fällen bewirken religiöse Narrative Verwandlungen. Der erstaunlichste Fall einer solchen Verwandlung findet sich in der Folge „Im Namen des Vaters" aus *Alles Klara*. Die Hauptfigur wird zunächst unter dem Einfluss der Religion hart und verstockt, später dann, durch den religiösen Zuspruch in Form einer Bibellesung, verwandelt sich der Mann und kann sich wieder liebend seinen Mitmenschen zuwenden. Die Möglichkeit einer göttlichen Intervention – klassisch durch Donnergrollen, Blitze und Engelstimmen dargestellt – wird als eigener Narrativ nur im Rahmen einer Parodie möglich und sogleich ad absurdum geführt.

Nicht eine Verwandlung, aber das Schließen eines Kreises ermöglicht der Weihnachtsmann (in der Funktion eines persönlichen Schutzengels) in der weihnächtlichen Doppelfolge von Großstadtrevier: Ein Bruch im früheren Leben kann wieder zusammengefügt werden, so dass „Heilung" entsteht.

# 11.
## SCHLUSS

### DIE WAHRNEHMUNG DES RELIGIÖSEN

Die Wahrnehmung des Religiösen hat sich in den letzten Jahrzehnten erheblich verändert. Dies hängt nicht allein mit der Säkularisierung zusammen, die einen viel weiter zurückreichenden Prozess darstellt, sondern mit der Globalisierung des Religiösen. Die Globalisierung hat nicht zu einem Verschwinden des Religiösen geführt, sondern zu dessen Mutation – wie dies der Politikwissenschaftler Oliver Roy 2008 in seinem Buch *Heilige Einfalt* aufgezeigt hat.[1] Religion zirkuliert in den globalisierten Gesellschaften der Moderne losgelöst von Kultur, Nation oder Ethnie. Religiöse und kulturelle Marker funktionieren unabhängig nebeneinander. Dies betrifft gleichzeitig die großen Religionen wie Katholizismus, Protestantismus und Islam als auch die Neuen Religiösen Bewegungen. Das heißt einerseits, dass Menschen Religion unabhängig ihres kulturellen Hintergrunds praktizieren und andererseits dass inkulturierte Religion unabhängig von religiöser Praxis existiert. Ein im norddeutschen Protestantismus großgewordener Mensch kann Buddhismus praktizieren, während ein agnostischer oder atheistischer Bayer sich kulturell zum Katholizismus zugehörig fühlt. Andererseits findet sich der religiöse Mensch zunehmend in einer „feindlichen", weil „heidnischen" Welt wieder, die er ablehnt. Die säkulare Gesellschaft nimmt den religiösen Menschen als fanatisch und nicht dialogbereit wahr.

Die untersuchten deutschen Vorabendserien bestätigen diesen Befund. Historische, autochthone Religionspraxis wird als kultureller Habitus inszeniert, als solcher wird sie allerdings in der säkularen Gesellschaft zunehmend in den Bereich des Folkloristischen abgedrängt und dort marginalisiert oder sogar abgewertet. Religion tritt in den Vorabendserien vorwiegend in den ländlichen, katholischen Gebieten (Bayern, Eifel) auf: Durch das ländliche Milieu werden sie mit Rückständigkeit in Verbindung gebracht. Die katholische Konfession eignet sich im Allgemeinen besser zur Darstellung inkulturierter Religion. Wir erinnern uns daran, dass Polizist Riedel aus *Hubert und/ohne Staller* mit Nachdruck darauf beharrt, katholisch zu sein, und sich dabei gleichzeitig als Atheist bezeichnet.[2]

Religiöse Praxis wird nur noch den „ordentlichen" Religionsvertretern, Pfarrern und Pastoren, als „normal" zugestanden. Die offiziellen Religionsvertreter der beiden Mehrheitskonfessionen (die in theologischer und ikonografischer Hinsicht in manchen Serienfolgen nicht klar unterschieden werden) treten vor allem auf dem Land auf. In der trendigen Hauptstadt Berlin *(Hauptstadtrevier)* kommen keine katholischen oder evangelischen Geistlichen vor, genauso wenig in den Städten Lübeck *(Morden im Norden)*, Köln *(Rentnercops)* und Konstanz *(Wapo Bodensee)*. Dass in *München 7* gleich mehrere Pfarrer über verschiedene Folgen hinweg eine nicht unwesentliche Rolle spielen, erstaunt angesichts der folkloristischen Inszenierung der bayerischen Metropole nicht. Der Hafenpastor in *Großstadtrevier* scheint eine Ausnahme zu sein, da hier ein evangelischer Geistlicher gleich mehrmals in der Szenerie einer modernen Großstadt auftritt. Doch ist auch dieser Pastor Teil der kulturellen Inszenierung von Religion: Er gehört mit seiner im Hafen vertäuten Schiffskirche zum Narrativ der Stadt Hamburg, genauso wie die Landungsbrücken, St. Pauli und die Reeperbahn.

In den Serien wird zudem der Hiatus zwischen der säkularen Gesellschaft und dem religiösen Menschen sichtbar gemacht. Während dieser sich von einer gottlosen, feindlichen Welt umgeben sieht, betrachtet die Mehrheitsgesellschaft ihn als Fremdkörper: Der religiöse Mensch wird in den Vorabendserien wahlweise als verrückt, intellektuell eingeschränkt oder als gefährlich dargestellt – davon ausgenommen die bereits erwähnte Kategorie der offiziellen Religionsvertreter. Daher kommt der religiöse Mensch vorzugsweise als Täter in Frage, entweder mordet er tatsächlich oder die Untaten werden ihm zumindest angelastet. Die beiden Frauen der „Kirche des blutenden Herzen Mariä" aus *Mord mit Aussicht* sind beide auf ihre Weise dem religiösen Wahn verfallen: Sabine Ohlert ist abgrundtief böse und Margot durch eine Kinderkrankheit geistig stark zurückgeblieben. Jakob Faber aus *Morden im Norden*, Mitglied der Zeugen Jehovas, tötet seine Tochter, die gegen die Regeln der Gemeinschaft verstößt, zwar nur versehentlich, begeht darauf aber auch noch einen Suizidversuch.[3] Frau Dr. Hornbostel aus *Alles Klara* ist ihrem germanischen Gott Adalmar derart verfallen, dass sie alle aus dem Weg räumt, die sich ihr entgegenstellen.[4] Sie endet am Schluss in der Psychiatrie.

Nun könnte man einwenden, dass in diesen Krimis auch andere gesellschaftliche Gruppen (Politiker, Ärzte, Lehrer) Verbrechen begehen und sogar morden. Aber diese Gruppen handeln aus üblichen Motiven (wie Habsucht, Gier, Eifersucht, Affekt) – religiöse Menschen hingegen töten meist, *weil* sie religiös sind bzw. um die moralischen Vorstellungen ihrer Gemeinschaft oder ihres Glaubens durchzusetzen.

## 11. SCHLUSS

Eine andere Form der Ablehnung des religiösen Menschen, besteht darin, dessen Glaubensvorstellungen als rückständig und naiv zu entlarven. Ein eklatantes Beispiel ist die angebliche Marienerscheinung in Dümpelbach aus der Serie *Mord mit Aussicht*: Der einzige „Zeuge", der die Gottesmutter gesehen haben will, ist ein kleiner Junge, der eine Woche zuvor angeblich schon Käpt'n Blaubär im Supermarkt begegnet ist.[5]

Zum religiösen Menschen gehören meist auch rigide Moralvorstellungen, die im Gegensatz zum vorherrschenden gesellschaftlichen Tenor stehen: Ablehnung von Homosexualität (dargestellt am Selbsthass des Richters Saathof aus *Hubert und Staller*[6] bzw. an der „Engelstante" aus *Rentnercops*[7]), Verbot von vorehelichen sexuellen Beziehungen (so bei den Zeugen Jehovas in *Morden im Norden*[8]), Ächtung der Prostitution (wie der konservative Politiker Ferdinand Amberger in *Hubert und Staller*[9]) oder allgemein Lustfeindlichkeit (wie die erzkatholische Frau Ohlert aus *Mord mit Aussicht*). Einige dieser Moralapostel zögern nicht, dem Fehlbaren zu drohen (so die böse Druckereibesitzerin Leni Henning aus *Morden im Norden*[10]) oder sie zu erpressen (wie die hinterhältige Gemeindeangestellte Monika Riedel, die den Ehebrechern der Gemeinde in Kuchen versteckte Drohbotschaften zukommen lässt, damit sie bei der Kirchenrenovierung tüchtig mithelfen). Die Haushälterin Hermine Malinckrodt aus *Alles Klara* tötet sogar jene junge Frauen, die sich mit ihrem Pfarrer einlassen, damit der geweihte Priester unbefleckt bleibt.

Religiöse Gemeinschaften werden in den Serienfolgen grundsätzlich als suspekt dargestellt – davon ausgenommen sind die beiden Landeskirchen, katholisch und evangelisch, die zwar als Institutionen nicht direkt vorkommen und selten kritisiert werden, obschon es an möglichen Kritikpunkten nicht gemangelt hätte (beispielsweise die Missbrauchsfälle in der katholischen Kirche oder der Finanzskandal um den Bischof von Limburg). Pauschale Verurteilungen der Institution Kirche betreffen die Kirchen-

**Der konservative Pfarrer Peintner zelebriert einen Trauergottesdienst.**
*München 7*, Folge 33, „Asche" (min. 02:34)

geschichte (Kreuzzüge, Hexenverbrennungen, Inquisition[11]). In *München 7* wird durch die in mehreren Folgen auftretende Figur des Pfarrer Peintner exemplarisch das Bild der veralteten Institution Kirche vorgeführt: Pfarrer Peintners Tätigkeit besteht aus Messelesen und Beichteabnehmen. Ihm wird in der Figur der Mesnerin Cornelia das Bild einer modernen Kirche entgegengehalten, die ihre Haupttätigkeit in der Diakonie sieht und dabei auf zeitgemäße Kommunikationsformen (Internet) zurückgreift.

Hingegen werden die Klostergemeinschaften zu einem Schauplatz, wo antiklerikale Klischees besonders offen zutage treten: Dort herrschen Obskurantismus, Heuchelei, Freudlosigkeit. Klöster werden klischeehaft mit Hilfe von ikonografischen und narrativen Elementen aus der Kinoproduktion konstruiert. Für Frauenklöster diente *Sister Act* (1992), für Männerklöster *Der Name der Rose* (1980) nach Umberto Ecos gleichnamigen Roman als Vorlage – entsprechend fallen die Bilder aus. Im Falle von männlichen Gemeinschaften wird das Kloster als Hort des Bösen gezeigt, wo finstere Gestalten ihr Unwesen treiben. Bei Frauenklöster tritt das „Nonnenklischee" auf: Die vom Leben enttäuschte junge Frau entzieht sich hinter den Klostermauern dem (sexuellen) Zugriff des Mannes.

Die Begriffe zur Bezeichnung anderer religiöser Gemeinschaften als die großen Religionen weisen eine große Unschärfe auf. Obschon seit längerer Zeit ein differenzierterer Umgang mit den Begriffen gefordert und für die Verwendung der neutralen Bezeichnung „Neue Religiöse Bewegungen" plädiert wird,[12] sprechen die Serien weiterhin abwertend oder polemisch von „Sekten". Darunter fallen einerseits endzeitlich-apokalyptische Gruppen, wie sie in *Hubert ohne Staller* mit „Kinder der fünf Seen" parodistisch dargestellt werden, aber auch „Psychosekten" wie die „Kinder des Lichts" aus *Morden im Norden*. Die psychisch angeschlagenen Mitglieder solcher „Sekten", die von der übrigen Gesellschaft isoliert leben, sind während einer schweren Lebenskrise in die Gemeinschaft eingetreten, wo sie sich Hilfe in ihrer Not versprechen. Die charismatischen Führungspersönlichkeiten sind im Wesentlichen darauf aus, die Anhänger finanziell (oder manchmal auch sexuell) auszubeuten. Eine Ausnahme bildet die Darstellung der Amischen in *Großstadtrevier*, die mit viel Einfühlsamkeit gezeichnet sind.[13] Ein Grund dafür mag sein, dass der Blick sich hier auf eine Einzelperson richtet und nicht auf die Gemeinschaft als Ganzes (die in der Serienfolge gar nie vorkommt).

Während sich in den Serien die Darstellung der „Sekten" an besonders medienwirksamen Ereignissen (wie den Massensuiziden oder -hinrichtungen von Jonestown oder der Sonnentempler) orientiert, wird der Begriff „Freikirche" in besonders problematischer Weise verwendet. Anstatt neutral die als Institutionen organisierten christlichen Gemeinschaften zu bezeichnen – wie etwa die Heilsarmee und die Mennoniten –, wird der Begriff in die Nähe von Sekten gerückt. Die oben erwähnte Gemeinschaft der „Kinder des Lichts" aus *Morden im Norden* bezeichnet sich selbst als „Freikirche", die Polizisten hingegen nennen sie in dezidiert pejorativer Weise eine „Sekte".[14] Dasselbe gilt auch für die „Kirche des blutenden Herzens Mariä" aus *Mord mit Aussicht*, wo zwischen abwertender Fremd- und positiver Eigenbezeichnung hin- und hergewechselt wird, als ob die Bezeichnung „Freikirche" nur ein Tarnbegriff für „Sekte" wäre. In spiritueller Hinsicht bleibt die Darstellung der „Sekten" und „Freikirchen" oberflächlich und unklar. Nur die „Kinder des „Lichts" sehen wir einmal bei der Ausübung von religiösen Praktiken,[15] einer Mischung aus Christentum und fernöstlicher Spiritualität, die sich in der ikongrafischen Ausstattung (Gong, Dharmarad, fernöstliche Objekte) fortsetzt.

Religiöse Praxis wird allgemein nur selten gezeigt, abgesehen von ein paar wenigen Szenen mit christlichen Gottesdiensten (Trauerfeier[16], Predigt[17]). Die Darstellung von Gläubigen, die ins Gebet versunken sind, hat meist eine konkrete dramaturgische Funktion innerhalb der Narration. Das *Unser Vater*, das Anna Müllerschön in *Großstadtrevier* in der leeren Kirche betet – mit den Worten „und führe uns nicht in Versuchung" –, dient dazu, den anschließenden Diebstahl aus dem Klingelbeutel einzuleiten, „Versuchung" wird zum Leitmotiv der Handlung.[18] In *Mord mit Aussicht* beten die Frauen im Dorf Hengasch anlässlich der Totenwache für eine verstorbene Bäuerin. Bei dieser Gelegenheit liest die Polizistin Bärbel Schmied aus der Bibel und stößt so auf die darin versteckten Drohbriefe.[19] Szenen, wo ein Priester die Beichte abnimmt, werden häufig gezeigt.[20] Das hängt mit der für Krimihandlungen interessanten Vorstellung zusammen, dass im Beichtstuhl auch Verbrechen gestanden werden können, die der Priester nicht der Polizei melden darf.

In diesem vorwiegend negativen Bild gibt es aber auch einige wenige positive Darstellungen. Solche finden sich in der Regel dort, wo die religiöse Thematik als Narrativ einer Szene oder Serienfolge fungiert. Wir haben gesehen, dass in einem Fall ein vom Pfarrer gelesener Bibelspruch einen durch Schicksalsschläge hart gewordenen Mann positiv verwandeln kann.[21] In einem anderen Fall nimmt ein junges Mädchen einen Ausspruch Jesu zum Anlass, um über den Sinn des Lebens nachzudenken.[22]

## DER SUPERMARKT DER RELIGIONEN

Die Vielfalt des religiösen Angebots in den modernen Gesellschaften wird in den Serienfolgen sarkastisch als „Supermarkt" dargestellt, wo

Scharlatane und Gewinnler ihr buntes spirituelles Angebot feilbieten. Die Darstellung der Esoteriker und ihrer Praktiken ist durchwegs skurril, wie wir das vor allem in den Serien *Hubert und/ohne Staller* und *Zwischen den Zeilen* gesehen haben. Die Opfer sind entweder ältere, leichtgläubige Menschen wie Finns Tante Ria aus *Morden im Norden*, die sich „positiv orientiertes Heilwasser" andrehen lässt,[23] oder verzweifelte Hilfesuchende, wie die junge Inés Vogel aus *Hubert und Staller*, die mit ihrer verstorbenen Mutter im Jenseits sprechen will.[24] Die esoterisch-spirituelle Praxis von Frauen mittleren bis fortgeschrittenen Alters, „Desperate Housewives", stellt eine besondere Zielscheibe des Spotts dar, zum Beispiel Uschi Hartmann aus *Alles Klara*, die als etwa 70jähriger Althippy auf dem Teppich meditiert.[25]

Etwas differenzierte ist Fynn Haubing aus *Großstadtrevier* gezeichnet, der nach einer schwierigen gewalttätigen Lebensphase zum Buddhismus konvertiert hat und Meditation praktiziert. Doch seine radikale Gewaltlosigkeit wird als weltfern und undurchführbar dargestellt. Erst als ihm nach einer unerträglichen Provokation die Hand ausrutscht und er seinem Herausforderer die Faust in den Bauch rammt, wird er wieder in der Kreis der „Normalen" aufgenommen.[26]

Bei der Darstellung nicht-christlicher Religionen gibt es jedoch Grenzen. Einige Religionen, so haben wir mit Erstaunen festgestellt, kommen überhaupt nicht vor, darunter das Judentum, von dem in keiner Folge je ein religiöser Vertreter (Rabbiner) oder Praktizierender auftritt. Das ist erstaunlich, denn heutiges jüdisches Leben in Deutschland ist in der deutschen Filmlandschaft ja keineswegs abwesend.[27]

Die Darstellung des Islam ist ebenfalls auffällig. Es kommen keine muslimische Religionsvertreter (Imam, Muezzin, Prediger) vor, und keine Szene spielt in einer Moschee oder einer religiösen Einrichtung. Alle Erwähnungen des Islam stehen im Zusammenhang der Radikalisierung und des Terrors – auch wenn letztlich die Serienfolge den Islam stets positiv darstellen wollen. Letztlich wird gar nicht der Islam als Religion thematisiert, sondern es werden die Vorurteile der Mehrheitsgesellschaft gegenüber dem Islam dekonstruiert. Auf humorvolle Weise geschieht das in *Mord mit Aussicht*, wo die „Sprengstoffanschläge" voreilig (und ungerechtfertigt) den Türken von der Dönerbude angelastet werden. Auf ernsthafte Weise zeigt eine Folge von *Großstadtrevier* die Problematik der Radikalisierung Jugendlicher und ihrer Beteiligung am syrischen Djihad, wobei sich die Darstellung letztlich als politisch-korrekte Farce entpuppt: Der Drahtzieher ist ein deutscher Konvertit namens Hermann, der Türke nur ein halbherziger Mitläufer, der von einem fremdenfeindlichen und islamophoben Lehrer gemobbt wird.

# 11. SCHLUSS

## BIBELZITATE

Religiöse Figuren in den Krimiserien zitieren gerne aus der Bibel. Sie nutzen das Zitat als argumentative Waffe, denn gegenüber dem „Wort Gottes" kann es keine weiteren Argumente geben. Die meisten Bibelzitate stammen aus dem Alten Testament oder aus deuterokanonischen Schriften. Vergeblich sucht man nach theologisch relevanten Bibelstellen „aus der Mitte des Evangeliums". Sehr oft werden Verse zitiert, in denen Gewalt zum Ausdruck kommt bzw. die zu Gewalt aufrufen, wodurch der Eindruck entsteht, die Bibel sei insgesamt ein Buch voller Gewalt, wie es Polizeirat Girwidz aus *Hubert und Staller* einmal ausdrückt.[28] Derselbe Girwidz singt ein andermal mit Inbrunst aus Psalm 6,2: „Herr, strafe mich nicht in deinem Zorn. Und züchtige mich nicht in deinem Grimm."[29] Noch problematischer sind Zitate wie „Die Rache ist mein. Ich will vergelten, spricht der Herr" (Dt 32,35),[30] die den biblischen Gott als zürnenden, strafenden Tyrannen zeigen. Selten kommen positive Zitate vor, wie jener (allerdings leicht falsch zitierte) Vers aus Jesus Sirach 17,24 mit dem Harry Möller aus *Großstadtrevier* einen jungen Mann vom Selbstmord abbringt.[31] Der verbitterte Witwer Martin Jentsch aus *Alles Klara* kann sein Herz bei der Predigt über einen Psalmvers wieder liebend öffnen.[32] Die viel seltener vorkommenden Zitate aus dem Neuen Testament bringen vorwiegend positive Aspekte zum Ausdruck. So nimmt die Schülerin Mimi aus *Nordisch herb* einen Ausspruch Jesu aus Mt 16,26 zum Anlass, um über die Frage des gelungenen Lebens nachzudenken.[33]

Die Gegenüberstellung von Altem und Neuem Testament kommt zugespitzt in der Aussage der Polizistin Fehrenbach aus *Wapo Bodensee* zum Ausdruck: „Barmherzigkeit scheint jedenfalls nicht angesagt zu sein. Eher Altes Testament."[34] Diese Typologisierung hat eine unheilvolle Geschichte. Bereits Martin Luther hat das Heil bringende Evangelium (Neues Testament) dem Unheil bringenden Gesetz (Altes Testament) gegenübergestellt. So schreibt er in der Vorrede zu einem Gesangbuch von 1545: „Wer aber nicht davon singen und sagen will, das ist ein Zeichen, dass er's nicht glaubet und nicht ins Neue fröhliche Testament, sondern unter das alte, faule, unlustige Testament gehöret."[35] Das Titelblatt von Luthers Bibelübersetzung aus demselben Jahr zeigt denn auch rechts (Evangelium) Bilder des Heils und der Rettung, während links (Altes Testament) das Höllenfeuer die Sünder verschlingt.[36] Von dieser theologischen Typologie von Gesetz und Evangelium ist es ein kleiner Schritt zur Typologisierung von Juden und Christen: die Christen dem Heil zugewandt, die Juden zum Gericht verdammt. Es ist erstaunlich, dass diese überwunden geglaubte, unheilvolle Ideologie in Produkten der Populärkultur des einundzwanzigsten Jahrhunderts unvermindert weiterlebt.

Bei der Verwendung von Bibelzitaten in den Serienfolgen lässt sich ferner feststellen, dass Zitate stets aus dem narrativen und argumentativen Kontext herausgelöst sind. Die Bibel wird so zu einem „Steinbruch" von Sprüchen. Dies betrifft auch jene Fälle, wo Bibelzitate in positiver Weise verwendet werden, so wie Mimi aus *Nordisch herb*, die den (leicht abgewandelten) Vers aus dem Matthäusevangelium „Was nützt es uns, wenn wir die Welt gewinnen, aber unsere Seele dabei Schaden nimmt" ohne weitere Umschweife auf das misslungene Leben eines eben Verstorbenen anwendet und dabei in keiner Weise berücksichtigt, was etwa „die Welt gewinnen" heißen oder was mit „an der Seele Schaden nehmen" gemeint sein könnte.

In einem einzigen Fall wird das Bibelzitat selbst in die Serienfilmhandlung narrativ eingebunden. In „Kristalle glänzen ewig" (2021) aus *Watzmann ermittelt* gibt der Täter durch ein Zitat aus dem Matthäusevangelium einen Hinweis auf das Motiv seiner Verbrechen: Der Verrat des Judas (Mt 26,14-16) und der „Judaslohn", die dreißig Silberlinge, verweisen auf die Vergangenheit des Polizisten Paulsen, der in Hamburg intern gegen Kollegen ermittelt und diese verraten hat.[37]

## IMMANENZ UND TRANSZENDENZ

Die behandelten Vorabendkrimiserien beinhalten rationale Narrative, in denen grundsätzlich kein Platz für Transzendenz (Gott, Übernatürliches, außerhalb des Verstandes liegende Erfahrung) ist. Alles lässt sich letztlich immanent, innerhalb der verstandesmäßigen Erfahrung, erklären. Vermeintlich Transzendentes wird entweder lächerlich gemacht oder es entlarvt sich am Ende als betrügerische Inszenierung. Interessanterweise werden innerhalb der Diegese oft vermeintlich transzendente Deutungsmuster angeboten. Doch letztlich muss der Zuschauer am Schluss immer wieder erkennen, dass er einer falschen Spur gefolgt ist, oder die angebliche Transzendenz erweist sich als ein augenzwinkernder metadiegetischer Kommentar.

In *Hubert und/ohne Staller* ist es meist der burleske Polizist Staller, der allzu leicht bereit ist, an nicht erklärbare Phänomene zu glauben. So ist er während einer ganzen Serienfolge davon überzeugt, von einem bösen Bann belegt zu sein, und wartet auf ein Zeichen göttlicher Intervention.[38] Die himmlischen Stimmen, die er zu hören glaubt, sind probende Sängerinnen, was dem Zuschauer von Anfang an klar ist. Allerdings wird der flüchtende Verbrecher am Schluss von einem aus dem Himmel fahrenden „Blitz" zur Strecke gebracht[39] – doch auch hier sieht der Zuschauer nichts anderes als ein meteorologisches Phänomen, dem nur Staller göttlichen Ursprung zuweist. Ein ähnliches Doppelspiel findet sich am Schluss einer anderen Folge aus *Hubert und Staller*, wo Staller, nachdem er an reichlich abstrusen spiritistischen Séancen teilgenommen hat und sich am Ort des Verbrechens, einer gruseligen Villa, hat einmauern lassen, plötzlich glaubt, das jemand neben ihm stünde – und tatsächlich sieht man einen rätselhaften Handabdruck auf seinem Rücken.[40] In beiden Fällen handelt es sich um metadiegetische Kommentare: Ein Blitze schleudernder Gott und unsichtbare Tote, die Spuren hinterlassen, sind Firlefanz, was einzig in der clownesken Welt von Staller vorkommt.

Auch Hannes Krabbe aus *Großstadtrevier* hat mehrere vermeintlich transzendente Erlebnisse, die sich jedes Mal immanent erklären lassen. In einer Folge ist er auf der Spur des „Fluchs des Pharao", der für ihn (und für den Zuschauer) mit Mitteln aus dem Gruselgenre von einem Übeltäter inszeniert wird.[41] In einer anderen Folge ist Krabbe in einer Zeitschlaufe gefangen, die ihn immer wieder denselben Montag mit jedem Mal neuen Katastrophen erleben lässt.[42] Zuerst schiebt Krabbe diesen „Zauber" auf eine alte Wahrsagerin, die aber eingesteht, über keinerlei magischen Fähigkeiten zu verfügen. Krabbe erkennt am Ende der Serienfolge – zusammen mit dem Zuschauer, welcher der falschen Spur eine Zeit lang gefolgt ist –, dass die fatalen Wiederholungen nur ein Albtraum gewesen sind. Auch hier in *Großstadtrevier* findet sich das metadiegetische Augenzwinkern, wenn Krabbe am Ende der Folge einer Person begegnet sein will, die angeblich schon lange tot ist.[43]

In einer Folge von *Morden im Norden* legt die Narration eine falsche Spur aus: Der Zuschauer soll, genauso wie die rationale Figur des Kriminaldirektors Englen, einen Moment lang daran glauben, man könne tatsächlich Botschaften aus dem Jenseits empfangen, um bald darauf zu merken, dass hier ein tricksendes Medium mit technischen Hilfsmitteln zu den geheimen Botschaften gelangt ist.[44] An die Stelle des Transzendenten ist die Technologie getreten.

Das Thema der Kontaktnahme mit Verstorbenen kommt überhaupt auffällig häufig vor und wird in unterschiedlichster Weise behandelt. In *Hubert und Staller* inszenieren die Polizisten mit ihrem zwielichtigen Freund Yazid eine burleske nächtliche Séance, bei der die Stimme der Toten aus dem Jenseits von Yazid gemimt wird.[45] In der oben erwähnten Folge von *Morden im Norden* sind die Botschaften der Toten betrügerisch abgefangene Telefonnachrichten. Wesentlich ernsthafter nehmen sich mehrere Folgen aus *Großstadtrevier* der Thematik an.[46] Dort gerät die Chefin der Polizeiwache, Frau Küppers, nach dem Tod ihrer Mutter in eine Sinnkrise. Die verstorbene Mutter tritt als „reale" Figur auf, die mit der Tochter Gespräche führt und sogar mit ihr streitet – sichtbar allerdings nur für Frau Küppers und für den Zuschauer, sofern dieser der Diegese aus der Perspektive von Frau Küppers folgt. Mit diesem narrativen Kniff ist die Verstorbene ein Produkt von Küppers innerer Welt. Auch hier ist keine Transzendenz im Spiel. Es handelt sich letztlich um ein psychologisches Phänomen, um die Verarbeitung eines Traumas.

In einem einzigen Fall ist die Frage nach möglicher Transzendenz nicht eindeutig zu entscheiden. Es handelt sich um die Doppelfolge „Frohe Weihnachten Dirk Matthies" aus *Großstadtrevier*, die ich ausführlich analysiert habe.[47] Bis zum Schluss lässt sich nicht sagen, ob der betrunkene Weihnachtsmann nur ein schräger Vogel gewesen ist oder ob es sich tatsächlich um Dirk Matthies' „persönlichen Weihnachtsmann" gehandelt hat, der ihm ein Stück seines Lebens in Ordnung gebracht hat. Es wird mehrere Male an die Verbindung zwischen dem persönlichen Weihnachtsmann und dem Schutzengel erinnert. Der augenzwinkernde Blick von Matthies in Richtung Himmel und sein Ausspruch „Glaub keine Sekunde, dass das ein Zufall war!"[48] deuten darauf hin, dass es doch jemanden geben könnte, der über einen wacht – zwar nicht Gott, aber vielleicht eine Art Schutzengel. Doch sollten wir das Beispiel nicht überbewerten, denn letztlich gehört die Doppelfolge dem Genre der „Weihnachtsgeschichten" an, in denen „Wunder" grundsätzlich möglich sind.

### DESKRIPTIVE ODER NORMATIVE DARSTELLUNG DER RELIGION

Wir wollen uns abschließend der Frage zuwenden, wie die Darstellung der (vorwiegend christlichen) Religion – der Glaubenden, der Institutionen, der offiziellen Vertreter, der Praktiken und Glaubensinhalte – in den Vorabendkrimis zu interpretieren ist. Handelt es sich vorwiegend um deskriptive Darstellungen der gesellschaftlichen Realitäten oder widerspiegelt die Darstellung normative Vorstellungen seitens der Rezipienten? Obschon wir eigentlich davon ausgehen können, dass die untersuchten Serien die Realitäten wiedergeben, ergibt sich, dass die Darstellungsweise weit weniger deskriptiv ist, als man zunächst annehmen könnte.

Die Darstellung der beiden Landeskirchen, katholisch und evangelisch, ist eine Mischung aus deskriptiv und normativ. In den Serien kommen zwar verschiedene Geistliche vor, bei der Frage nach den Aufgaben der Kirche hingegen zeigen die Serien weniger die Realität der Kirchgemeinden und ihrer Tätigkeitsbereiche, sondern konstruieren eine Norm, wie der Rezipient diese Aufgaben sehen will oder soll. An erster Stelle steht dabei die Diakonie. Dies zeigt sich deutlich in der sich über mehrere Folgen von *München 7* hinziehenden Auseinandersetzungen zwischen dem konservativen katholischen Gemeindepfarrer und seiner neuen, dynamischen Mesnerin Cornelia. Deren Neuinterpretation der Beichte in

## 11. SCHLUSS

digitaler Form ist mehr ein Hilfsangebot an Menschen in schwierigen Lagen als ein kirchliches Sakrament. Denn Online-Beichten, wie es Cornelia vorschlägt, ist nach katholischer Lehre nicht möglich, zumindest hat eine solche digitale Praxis keinerlei sakramentale Bedeutung. Mit großem Engagement setzt sich die Mesnerin zudem für die einheimischen Bettler vor der Kirche ein, sehr zum Leidwesen des Pfarrers. Hier wird ein Rollenbild der Kirche vermittelt, die sich an sozialen Brennpunkten und in Härtefällen des Lebens engagieren soll, ohne dabei eigentliche „kirchliche" Praxis zu üben.

Auch die Pastoren in *Großstadtrevier* praktizieren hauptsächlich Nächstenliebe, sind also in der Diakonie tätig: Der Hafenpastor Petersen kümmert sich um einen entlassenen Straftäter[49], und Pfarrer Blohm hilft einer jungen Mutter in schwieriger Lebenslage wieder auf die Beine.[50] Die gottesdienstliche oder sakramentale Praxis der Kirchen wird, abgesehen von Kasualien (Hochzeiten, Begräbnisse), die dem konkreten gesellschaftlichen Bedürfnis nach Ritualität nachkommen, kaum in den Blick genommen. Wir haben einen einzigen Fall in *Alles Klara* gefunden, wo die Predigt eines Pfarrers einen böse gewordenen Menschen positiv verändert.[51] Der regelmäßige Kirchenbesuch, wie überhaupt die Territorialisierung der religiösen Praxis, werden als überholt betrachtet. Die Muslimin Züdag aus *Großstadtrevier* ist sogar der Meinung, dass gerade das Fehlen eines regelmäßigen Besuchs von Kirche bzw. Moschee den normalen Gläubigen ausmache.[52] Keine der Serienhauptfiguren praktiziert ihre Religion aktiv, selbst bei den bayrischen Polizisten in *Hubert und/ohne Staller* ist die selbstverständliche katholische Religionszugehörigkeit ein kultureller und identitärer Habitus, der keinerlei religiöser Überzeugung entspricht. Zu diesem Befund passt es, dass die Pfarrer und Pastoren der Serien häufig ihren Gesprächspartner vorwerfen, beim Sonntagsgottesdienst zu fehlen – ein Vorwurf der wenig zum tatsächlichen Verhalten von Geistlichen in der Realität passt, sondern vielmehr auf das beim Rezipienten vorhandene Bewusstsein über die fehlende kirchliche Praxis verweist.

Kritik am Christentum ist in den Serien weit verbreitet. Sie ist manchmal pauschal und diffus (Kreuzzüge, Hexenverbrennung, Inquisition), kann aber auch die Form eines eigentlichen Antiklerikalismus annehmen, wie in einer *Wapo Bodensee*-Folge, wo das Kloster geradezu als Hort des Verbrechens dargestellt wird.[53] Generell herrscht völliges Unverständnis gegenüber monastischen Lebensformen, die als freudlos, sexualfeindlich, lebensfremd gezeigt werden. Vor allem bei Frauenklöstern weckt die sexuelle Abstinenz Phantasmen wie wir es in einer Folge von *Hubert ohne Staller* gesehen haben.[54] Hier bilden die Serienfolgen in keiner Weise die Realität von Klostergemeinschaften ab (Liturgie, Spiritualität, seelsorgerische Tätigkeit), sondern sie orientieren sich an der Normativität von herrschenden Klischees, die teilweise bis weit in die Zeit des Kulturkampfs im 19. Jahrhundert zurückreichen.

Begleitet wird diese Religionskritik von einem verbreiteten religiösen Analphabetismus. Dieser betrifft nicht bloß die Verwendung falscher Terminologie, sondern vor allem die ungenaue und fehlerhafte Darstellung biblischer, kirchlicher und theologischer Sachverhalte. Religiöser Analphabetismus ist allerdings ein Phänomen, das in den TV-Serien auf zwei verschiedenen Ebenen erscheint. Einerseits finden sich innerhalb der Narration inhaltliche Fehler, die gleichermaßen zum religiösen Analphabetismus der Macher und der Rezipienten gehören – sie gehören zur „Enzyklopädie"[55] der Narration. Andererseits wird der religiöse Analphabetismus als solcher innerhalb der Narration thematisiert, indem die Serienfiguren als religiöse Ignoranten dargestellt werden und somit dem Rezipienten den Spiegel vorhalten. Letzteres findet sich vor allem in der Folge *Hubert und/ohne Staller*, wo religiöse Begriffe oft in spielerischer und kreativer Weise durcheinandergemixt werden. Es gehört demnach zur „Normalität" des Rezipienten, in religiösen Fragen ignorant zu sein.

Christliche Gemeinschaften außerhalb der beiden Landeskirchen erfahren eine generell negative Darstellung. Sie werden in die Nähe von Sekten gerückt, selbst die Terminologie schwankt zwischen „Freikirchen" und „Sekten". Solche Gemeinschaften sind durch Fanatismus, Weltflucht und moralische Strenge gekennzeichnet. Eine präzise Charakterisierung der Praktiken oder eine theologische Standortbestimmung fehlen – in einigen Fällen lässt sich nicht einmal mehr erkennen, ob überhaupt christliche Praktiken geübt werden. Auch hier bewegen sich die Vorabendkrimis im Bereich normativer Darstellung: Sie stellen die von den Rezipienten akzeptierte Norm dar, dass Religion nicht außerhalb der anerkannten Institutionen ausgeübt werden soll. Solche Praktiken sind suspekt und manchmal sogar gefährlich.

In den Bereich der normativen Darstellung gehören auch die ikonografischen und narrativen Referenzen. Wir haben gesehen, dass die Vorabendkrimis bei der Darstellung des Religiösen ihre Referenzen oft aus filmischen Vorlagen beziehen: *Der Name der Rose* und *Sister Act* für die Welt der Klöster, *Don Camillo* für die Gespräche mit Gott, *Und täglich grüßt das Murmeltier* für die Zeitschlaufe, englische Schwarz-weiß-Krimifilme für Gruselszenen mit Geistern, Thrillers wie *The Da Vinci Code* oder *Indiana Jones* für die Suche nach magischen Gegenständen. Es ist demnach zu einem nicht unbedeutenden Teil die Populärkultur (vor allem der Film), die das Bild des Religiösen konstruiert. Allerdings fließen hier die Darstellungsweisen verschiedener Genres zusammen: Action, Komödie,

## 11. SCHLUSS

Historienfilme, Horror, Gruselfilme, Fantasy, Krimis. Jedes dieser Genres kennt eigene narrative Strategien und hat eigene ikonografische Referenzen. Diese populären Darstellungen prägen die Vorstellung von religiösen Praktiken und Ritualen, aber auch von Magie und Geisterbeschwörungen. Doch weil solche Praktiken nur innerhalb genau definierter Genres funktionieren, haftet dem Religiösen stets etwas Fiktionales an. Aus der normativen Darstellung kann nie deskriptive Wirklichkeit werden.

# ANMERKUNGEN

## EINLEITUNG

1 *Um Himmels Willen*, 19 Staffeln seit 2002. Die Länge der Serie ist identisch mit den Vorabendkrimis, doch läuft *Um Himmels Willen* in der Regel im Hauptprogramm.
2 Zum Verhältnis zwischen Publikum und Serien siehe: Hickethier (2012).
3 Siehe dazu: Giroux (2002).
4 Siehe dazu: Winter (2013).
5 Siehe dazu ausführlich das Kapitel „Nichtchristliche Religionen: die Abwesenden".
6 Zur Mitarbeit des Zuschauers siehe: Winter (2010).
7 Die Serie *Wapo Duisburg* wurde von mir nicht berücksichtigt, da hier in den bisher ausgestrahlten Folgen (16 bis Juni 2023) keine religiöse Thematik vorgekommen ist.
8 Auch in der Serie *Wapo Elbe* gab es in der ersten, 2023 ausgestrahlten Staffel (8 Folgen) bisher keine religiösen Themen, sie wurde daher von mir ebenfalls nicht berücksichtigt.
9 Benjamin Horbelt, „Neue ‚Crime & Smile'-Formate am ARD-Vorabend", in: *Quotenmeter*, 22. Juni 2011, Online: https://www.quotenmeter.de/n/50338/neue-crime-smile-formate-am-ard-vorabend (Abruf 14.06.2023).
10 Siehe dazu: Julius von Harpen, Art. „Schmunzelkrimi", in: *Lexikon der Filmbegriffe*, Universität Kiel, Online: https://filmlexikon.uni-kiel.de/index.php?action=lexikon&tag=det&id=9383 (Abruf 14.06.2023). Zu der Darstellungsweise neuerer Serien siehe auch: Fahle (2012).
11 Die zwei Ausnahmen sind die Folgen „Marienfeuer" aus *Mord mit Aussicht* (Folge 4) aus dem Jahr 2008 und „Der Hafenpastor – Der Schein trügt" von 2009 aus der Serie *Großstadtrevier* (Folge 282).
12 Siehe dazu das Kapitel „Homo religiosus".
13 Siehe dazu das Kapitel „Priester und Pastoren".

## 1. HOMO RELIGIOSUS

1 *Wapo Bodensee*, „Tödliches Schweigen", Folge 23, min. 08:12; siehe auch das Kapitel „Religiöse Polemik und Antiklerikalismus".
2 *Alles Klara,* „Im Namen des Vaters", Folge 17, min. 06:29.
3 *Alles Klara,* „Im Namen des Vaters", Folge 17, min. 21:46.
4 *Alles Klara,* „Im Namen des Vaters", Folge 17, min. 23:01.
5 *Rentnercops*, „Aliens", Folge 46, min. 20:40.

6 Siehe dazu Kapitel „Religiöse Objekte".
7 *Mord mit Aussicht,* „Blutende Herzen", Folge 7, min. 33:45.
8 *Mord mit Aussicht,* „Blutende Herzen", Folge 7. min. 08:20.
9 *Rentnercops,* „Willkommen im Chaos", Folge 33, min. 34:59.
10 *Rentnercops,* „Aus Liebe", Folge 53, min. 17:21.
11 *Rentnercops,* „Engel 07", Folge 24, min. 23:14.
12 *Rentnercops,* „Herr Ko vegan", Folge 55, min. 22:22.
13 *Rentnercops,* „Aliens", Folge 46, min. 18:52.
14 *Hubert und Staller,* „Ein Ton zuwenig", Folge 22, min. 28:55.
15 *Hubert und Staller,* „Die letzte Ruhe", Folge 41, min. 08:45.
16 Das Paradox wird zahlreichen Personen zugeschrieben, so etwa Luis Buñuel oder André Brie. Letztlich ist der Satz mit dem Ausruf „Ich glaube, hilf meinem Unglauben" in Mk 9,24 verwandt.
17 *Hubert und Staller,* „Die letzte Ruhe", Folge 41, min. 10:05.
18 Johann Wolfgang von Goethe, *Gedichte. Nachlese. Zahme Xenien,* Kap. 9.
19 *Hubert und Staller,* „Die letzte Ruhe", Folge 41, min. 29:04.
20 *Hubert und Staller,* „Die letzte Ruhe", Folge 41, min. 29:48.
21 *Hubert und Staller,* „Heiliger Zorn", Folge 102, min. 28:55.
22 *Hubert und Staller,* „Heiliger Zorn", Folge 102, min. 01:54.
23 *Hubert ohne Staller,* „Nonnenlos", Folge 130, min. 12:34.
24 *Hubert und Staller,* „Heiliger Zorn", Folge 102, min. 03:23.
25 *Hubert und Staller,* „Heiliger Zorn", Folge 102, min. 36:43.
26 *Hubert und Staller,* „Heiliger Zorn", Folge 102, min. 40:49.
27 *Hubert und Staller,* „Ein Ton zuwenig", Folge 22, min. 31:29.
28 *Hubert und Staller,* „Die letzte Ruhe", Folge 41, min. 02:20.
29 *Hubert und Staller,* „Die letzte Ruhe", Folge 41, min. 03:51.
30 *Hubert und Staller,* „Der Flug des Phoenix", Folge 59, min. 15:49.
31 *Hubert und Staller,* „Der letzte Akkord", Folge 67, min. 01:53.
32 *Großstadtrevier,* „Hafenpastor – Der Schein trügt", Folge 282, min. 06:36.
33 *Großstadtrevier,* „Hafenpastor – Der Schein trügt", Folge 282, min. 16:15.
34 Siehe dazu das Kapitel „Freikirchen und Sekten".
35 *Großstadtrevier,* „Der Amisch", Folge 383, min. 20:40.
36 *Großstadtrevier,* „Der Amisch", Folge 383, min. 33:38.
37 *Großstadtrevier,* „Der Amisch", Folge 383, min. 44:39. Zitat aus Sir 17,22 bzw. 24. Siehe auch das Kapitel „Religiöser Analphabetismus".
38 *Hubert ohne Staller,* „Nonnenlos", Folge 130, min. 21:21.
39 *Hubert ohne Staller,* „Nonnenlos", Folge 130, min. 44:02.
40 *München 7,* „Ein Tag in München", Folge 43, min. 06:59.
41 *Alles Klara,* „Im Namen des Vaters", Folge 17, min. 42:35.
42 *Mord mit Aussicht,* „Blutende Herzen", Folge 7, min. 11:40.
43 *Mord mit Aussicht,* „Blutende Herzen", Folge 7, min. 29:59.
44 *Mord mit Aussicht,* „Blutende Herzen", Folge 7, min. 17:46.
45 *Mord mit Aussicht,* „Blutende Herzen", Folge 7, min. 22:04.
46 *Mord mit Aussicht,* „Blutende Herzen", Folge 7, min. 22:18.
47 *Mord mit Aussicht,* „Blutende Herzen", Folge 7, min. 40:01.
48 *Mord mit Aussicht,* „Blutende Herzen", Folge 7, min. 40:37.
49 *Mord mit Aussicht,* „Blutende Herzen", Folge 7, min. 05:46.
50 *Mord mit Aussicht,* „Blutende Herzen", Folge 7, min. 24:58.

## ANMERKUNGEN

51 *Mord mit Aussicht*, „Blutende Herzen", Folge 7, min. 25:32.
52 *Mord mit Aussicht*, „Blutende Herzen", Folge 7, min. 23:06.
53 Der Name Hornbostel erinnert an den großen Gelehrten Erich Moritz von Hornbostel (1877–1935), einen Pionier der Musikethnologie.
54 Siehe dazu ausführlich im Kapitel „Religiöse Narrative".
55 *Mord mit Aussicht*, „Marienfeuer", Folge 4, min. 13:47.
56 *Mord mit Aussicht*, „Marienfeuer", Folge 4, min. 44:24.
57 Der Ausdruck ist in Analogie zum biblischen Ausdruck, Nimrod sei „ein großer Jäger vor dem Herrn" gewesen (Gen 10,9), gebildet.
58 *Mord mit Aussicht*, „Marienfeuer", Folge 4, min. 04:09.
59 *Mord mit Aussicht*, „Marienfeuer", Folge 4, min. 04:16.
60 *Mord mit Aussicht*, „Marienfeuer", Folge 4, min. 06:19.
61 *Mord mit Aussicht*, „Marienfeuer", Folge 4, min. 13:10.
62 *Mord mit Aussicht*, „Marienfeuer", Folge 4, min. 26:46.
63 *Mord mit Aussicht*, „Marienfeuer", Folge 4, min. 27:31.
64 *Mord mit Aussicht*, „Marienfeuer", Folge 4, min. 15:16.
65 *Mord mit Aussicht*, „Marienfeuer", Folge 4, min. 40:29.
66 *Mord mit Aussicht*, „Marienfeuer", Folge 4, min. 42:46.
67 *Mord mit Aussicht*, „Blutende Herzen", Folge 7, min. 05:46.
68 *Hubert und Staller*, „Bauer sucht Mörder", Folge 13, min. 10:45.
69 *Hubert und Staller*, „Bauer sucht Mörder", Folge 13, min. 18:29.
70 *Hubert und Staller*, „Die letzte Ruhe", Folge 41, min. 28:59.
71 *Morden im Norden*, „Frauenflüsterer", Folge 9, min. 24:05.
72 *Morden im Norden*, „Frauenflüsterer", Folge 9, min. 24:26.
73 *Morden im Norden*, „Frauenflüsterer", Folge 9, min. 30:20.
74 *Hubert mit Staller*, „Fahr zur Hölle", Folge 68, min. 24:22.
75 *Hubert mit Staller*, „Fahr zur Hölle", Folge 68, min. 30:56.
76 *Morden im Norden*, „Leonies letzter Abend", Folge 91, min. 22:44.
77 *Morden im Norden*, „Leonies letzter Abend", Folge 91, min. 33:20.
78 *Morden im Norden*, „Leonies letzter Abend", Folge 91, min. 43:49.
79 *Morden im Norden*, „Leonies letzter Abend", Folge 91, min. 45:02.
80 *Alles Klara*, „Tod unter dem Kreuz", Folge 43, min. 03:59.
81 *Alles Klara*, „Tod unter dem Kreuz", Folge 43, min. 05:43.
82 *Alles Klara*, „Tod unter dem Kreuz", Folge 43, min. 22:54.
83 *Alles Klara*, „Tod unter dem Kreuz", Folge 43, min. 06:04.
84 *Alles Klara*, „Tod unter dem Kreuz", Folge 43, min. 34:38.
85 *Alles Klara*, „Tod unter dem Kreuz", Folge 43, min. 46:14.
86 *Hubert und Staller*, „Heiliger Zorn", Folge 102, min. 45:23.
87 *Hubert und Staller*, „Heiliger Zorn", Folge 102, min. 21:45.
88 *Hubert und Staller*, „Heiliger Zorn", Folge 102, min. 32:28.
89 *Hubert und Staller*, „Heiliger Zorn", Folge 102, min. 33:49.
90 *Rentnercops*, „Wunder gescheh'n", Folge 3, min. 09:37.
91 *Rentnercops*, „Wunder gescheh'n", Folge 3, min. 13:30.
92 *Hubert und Staller*, „Mord im Schweinestall", Folge 10, min. 34:44.
93 *Hubert und Staller*, „Der Flug des Phoenix", Folge 59, min. 23:23.
94 *Rentnercops*, „Engel 07", Folge 24, min. 35:05.
95 *Rentnercops*, „Engel 07", Folge 24, min. 09:58, 10:55 und 12:28.
96 *Rentnercops*, „Engel 07", Folge 24, min. 30:34.
97 *Rentnercops*, „Engel 07", Folge 24, min. 14:53.

## 2. INSTITUTIONELLE VERTRETER: PRIESTER UND PASTOREN

1 Siehe dazu das Kapitel „Religiöse Polemik und Antiklerikalismus".
2 *Großstadtrevier,* „Hafenpastor – Der Schein trügt", Folge 282, min. 14:26.
3 *Großstadtrevier,* „Hafenpastor – Der Schein trügt", Folge 282, min. 15:00.
4 *Großstadtrevier,* „Hafenpastor – Der Schein trügt", Folge 282, min. 44:21.
5 *Großstadtrevier,* „Hafenpastor – Der Schein trügt", Folge 282, min. 21:05.
6 Siehe dazu das Kapitel „Religiöse Narrative".
7 *Großstadtrevier,* „Ausnahmezustand", Folge 405, min. 31:23.
8 *Alles Klara,* „Tod unter dem Kreuz", Folge 43, min. 18:00.
9 *Alles Klara,* „Tod unter dem Kreuz", Folge 43, min. 20:51.
10 *Alles Klara,* „Tod unter dem Kreuz", Folge 43, min. 26:07.
11 *Hubert und Staller,* „Ein Ton zuwenig", Folge 22, min. 30:39.
12 *Hubert und Staller,* „Der Flug des Phoenix", Folge 59, min. 06:13.
13 *Hubert und Staller,* „Der Flug des Phoenix", Folge 59, min. 21:20.
14 *Hubert und Staller,* „Der Flug des Phoenix", Folge 59, min. 41:37.
15 *Hubert und Staller,* „Die letzte Ruhe", Folge 41, min. 06:56.
16 *Mord mit Aussicht,* „Blutende Herzen", Folge 7, min. 20:25.
17 *Mord mit Aussicht,* „Blutende Herzen", Folge 7, min. 34:59.
18 *Mord mit Aussicht,* „Blutende Herzen", Folge 7, min. 33:22.
19 *Mord mit Aussicht,* „Blutende Herzen", Folge 7, min. 37:49.
20 *Mord mit Aussicht,* „Blutende Herzen", Folge 7, min. 37:47.
21 *Watzmann ermittelt,* „Der Fischer vom Königssee", Folge 8, min. 09:22.
22 *Watzmann ermittelt,* „Der Fischer vom Königssee", Folge 8, min. 22:11.
23 *Hubert ohne Staller,* „Zu späte Einsicht", Folge 141, min. 36:34.
24 *Hubert ohne Staller,* „Zu späte Einsicht", Folge 141, min. 37:15.
25 *Hubert ohne Staller,* „Zu späte Einsicht", Folge 141, min. 45:54.
26 *Hubert und Staller,* „Heiliger Zorn", Folge 102, min. 33:15.
27 *Watzmann ermittelt,* „Kristalle glänzen ewig", Folge 16, min. 07:05.
28 *Watzmann ermittelt,* „Kristalle glänzen ewig", Folge 16, min. 41:18.
29 *Watzmann ermittelt,* „Kristalle glänzen ewig", Folge 16, min. 30:54.
30 *Watzmann ermittelt,* „Weihnachtsmänner im Sommer", Folge 18, min. 01:20.
31 *München 7,* „Asche", Folge 33, min. 01:42.
32 *München 7,* „Letzte Hoffnung München", Folge 35, min. 15:01.
33 *München 7,* „Letzte Hoffnung München", Folge 35, min. 47:13.
34 *München 7,* „Die zwölfte Frau", Folge 37, min. 05:14.
35 *München 7,* „Die zwölfte Frau", Folge 37, min. 27:09.
36 *München 7,* „Die zwölfte Frau", Folge 37, min. 28:44.
37 *München 7,* „Die zwölfte Frau", Folge 37, min. 29:28.
38 *München 7,* „Kurschaden", Folge 39, min. 03:30.
39 *München 7,* „Ein Tag in München", Folge 43, min. 02:17.
40 *München 7,* „Ein Tag in München", Folge 43, min. 46:46.
41 *München 7,* „Ein Tag in München", Folge 43, min. 7:55.
42 *München 7,* „Eine Reise in den Süden", Folge 50, min. 28:33.
43 *München 7,* „Eine Reise in den Süden", Folge 50, min. 29:40.
44 Jasmin Menrad, „Heilig-Geist-Kirche in München vertreibt Obdachlose", in: *Abendzeitung,* München, 8. März 2019; Online-Ausgabe: https://www.abendzeitung-muenchen.de/muenchen/heilig-geist-kirche-in-muenchen-vertreibt-obdachlose-art-465300 (Abruf 14.06.2023).

45 Thomas Becker, „Rainer Maria Schießler über seine Gunda: ‚Sie kennen doch das Gerede'", in: *Abendzeitung*, München, 5. Oktober 2020; Online-Ausgabe: https://www.abendzeitung-muenchen.de/promis/rainer-maria-schiessler-sie-kennen-doch-das-gerede-art-673559 (Abruf 14.06.2023).
46 *Hubert und Staller*, „Die letzte Ruhe", Folge 41, min. 07:11.
47 *Hubert und Staller*, „Die letzte Ruhe", Folge 41, min. 28:13
48 *Hubert und Staller*, „Die letzte Ruhe", Folge 41, min. 10:45.
49 *Hubert und Staller*, „Mord im Schweinestall", Folge 10, min. 23:01.
50 *Hubert und Staller*, „Mord im Schweinestall", Folge 10, min. 32:26.
51 *Hubert und Staller*, „Mord im Schweinestall", Folge 10, min. 33:39.
52 *Hubert und Staller*, „Mord im Schweinestall", Folge 10, min. 19:45.
53 *Hubert und Staller*, „Mord im Schweinestall", Folge 10, min. 43:54.
54 *Alles Klara*, „Im Namen des Vaters", Folge 17, min. 09:41.
55 *Alles Klara*, „Im Namen des Vaters", Folge 17, min. 39:05.
56 *Alles Klara*, „Im Namen des Vaters", Folge 17, min. 28:14.

## 3. FREIKIRCHEN UND SEKTEN

1 *Endbericht der Enquete-Kommission „Sogenannte Sekten und Psychogruppen"*, in Auftrag gegeben vom Deutschen Bundestag, Drucksache 13/10950 vom 9. Juni 1998; Onlineversion: http://dip21.bundestag.de/dip21/btd/13/109/1310950.pdf (Abruf 14.06.2023).
2 Endbericht (1998), S. 18.
3 Endbericht (1998), S. 190f.
4 Endbericht (1998), S. 189.
5 Willms (2012), S. 310.
6 *Alles Klara*, „Gold und Silber", Folge 35, min. 26:44.
7 Siehe dazu das Kapitel „Religiöser Analphabetismus".
8 *Mord mit Aussicht*, „Blutende Herzen, Folge 7, min. 17:39.
9 *Mord mit Aussicht*, „Blutende Herzen, Folge 7, min. 17:47.
10 *Morden im Norden*, „Kinder des Lichts", Folge 58, min. 05:57.
11 *Morden im Norden*, „Kinder des Lichts", Folge 58, min. 32:45 und später auch min. 33:33.
12 *Morden im Norden*, „Kinder des Lichts", Folge 58, min. 17:34.
13 Ihre Internetseite ist zu finden unter: www.vef.de (Abruf 14.06.2023).
14 *Morden im Norden*, „Kinder des Lichts", Folge 58, min. 16:14 und min. 32:09.
15 *Morden im Norden*, „Kinder des Lichts", Folge 58, min. 20:51.
16 *Morden im Norden*, „Kinder des Lichts", Folge 58, min. 15:04.
17 *Morden im Norden*, „Kinder des Lichts", Folge 58, min. 32:09.
18 *Morden im Norden*, „Kinder des Lichts", Folge 58, min. 14:27.
19 *Morden im Norden*, „Kinder des Lichts", Folge 58, min. 16:14.
20 *Morden im Norden*, „Kinder des Lichts", Folge 58, min. 07:22.
21 *Morden im Norden*, „Kinder des Lichts", Folge 58, min. 37:38.
22 *Morden im Norden*, „Kinder des Lichts", Folge 58, min. 29:24 bzw. min. 31:45.
23 *Morden im Norden*, „Kinder des Lichts", Folge 58, min. 19:34.
24 *Morden im Norden*, „Kinder des Lichts", Folge 58, min. 13:21.
25 *Hubert ohne Staller*, „Die Kinder der fünf Seen", Folge 146, min. 04:33.
26 *Hubert ohne Staller*, „Die Kinder der fünf Seen", Folge 146, min. 13:10.

27 Zu den Massensuiziden in Jonestown gibt es mehrere Dokumentarfilme: *Jonestown: The Life and Death of Peoples Temple*, 2006, Regie: Stanley Nelson; *Jonestown: Paradise Lost*, 2007, Regie Tim Wolochatiuk; *Seconds from Disaster*, National Geographic Society, 2004-2018 (45 Folgen).
28 *Hubert ohne Staller*, „Die Kinder der fünf Seen", Folge 146, min. 08:30.
29 *Hubert ohne Staller*, „Die Kinder der fünf Seen", Folge 146, min 19:14.
30 *Hubert ohne Staller*, „Die Kinder der fünf Seen", Folge 146, min. 21:19.
31 *Hubert ohne Staller*, „Die Kinder der fünf Seen", Folge 146, min. 09:13.
32 *Hubert ohne Staller*, „Die Kinder der fünf Seen", Folge 146, min. 15:30.
33 *Hubert ohne Staller*, „Die Kinder der fünf Seen", Folge 146, min. 30:23.
34 *Hubert ohne Staller*, „Die Kinder der fünf Seen", Folge 146, min. 35:17.
35 *Hubert ohne Staller*, „Die Kinder der fünf Seen", Folge 146, min. 42:50.
36 *Hubert ohne Staller*, „Die Kinder der fünf Seen", Folge 146, min. 18:30.
37 *Hubert ohne Staller*, „Die Kinder der fünf Seen", Folge 146, min. 35:26.
38 *Großstadtrevier*, „Der Amisch", Folge 383, min. 08:59.
39 *Amish Mafia*, produziert von Hot Snakes Media und gesendet auf Discovery Channel zwischen Dezember 2012 und März 2015.
40 Michael Mullins, „Experts Dispute Existence of ‚Amish Mafia' as Reality Show Debuts", in: *Newsmax*, 11. Dezember 2012, Online: https://www.newsmax.com/TheWire/amish-mafia-dispute-reality/2012/12/11/id/467251 (Abruf 14.06.2023).
41 *Großstadtrevier*, „Der Amisch", Folge 383, min. 13:56.
42 *Großstadtrevier*, „Der Amisch", Folge 383, min. 08:04.
43 *Großstadtrevier*, „Der Amisch", Folge 383, min. 05:26.
44 Eine Radiosendung dazu wurde am 26. Oktober 2017 im Schweizer Radio SFR gesendet: „Auswandererdialekte: Spuren der Migration", produziert von André Perler, Priscilla Imboden und Markus Gasser, Moderation: Brigitte Häring, Redaktion: Dagmar Walser; dort sind auch Hörproben zu hören. Eine Publikation zu den aus der Schweiz ausgewanderten Mennoniten in: Bachmann-Geiser (2003).
45 *Großstadtrevier*, „Der Amisch", Folge 383, min. 10:08.
46 *Großstadtrevier*, „Der Amisch", Folge 383, min. 10:03.
47 *Großstadtrevier*, „Der Amisch", Folge 383, min. 33:22.
48 *Großstadtrevier*, „Der Amisch", Folge 383, min. 20:56.
49 *Großstadtrevier*, „Der Amisch", Folge 383, min. 34:28.
50 *Devil's Playground*, Stick Figure Productions, 2002.
51 *Großstadtrevier*, „Der Amisch", Folge 383, min. 19:25.
52 *Großstadtrevier*, „Der Amisch", Folge 383, min. 20:36.

## 4. LIFESTYLE-RELIGIONEN

1 Kimberley J. Lau, *New Age Capitalism: Making Monsey East of Eden*, Philadelphia: University of Pennsylvania Press, 2001.
2 Siehe dazu Aupers und Houtman (2006).
3 *Alles Klara*, „Schachmatt", Folge 18, min. 07:54.
4 *Alles Klara*, „Schachmatt", Folge 18, min. 13:31.
5 *Alles Klara*, „Schachmatt", Folge 18, min. 16:05.
6 *Alles Klara*, „Schachmatt", Folge 18, min. 17:36.

7  *Zwischen den Zeilen*, „Zuviel Zukunft ist auch nicht gut", Folge 5, min. 14:06.
8  *Zwischen den Zeilen*, „Zuviel Zukunft ist auch nicht gut", Folge 5, min. 17:39.
9  *Alles Klara*, „Mord im Spukschloss", Folge 46, min. 24:04.
10 *Alles Klara*, „Mord im Spukschloss", Folge 46, min. 29:51.
11 *Alles Klara*, „Mord im Spukschloss", Folge 46, min. 32:03.
12 *Alles Klara*, „Letzte Ruhe Lotussitz", Folge 31, min. 10:58.
13 In Anspielung an die gleichnamige amerikanische TV-Serie von ABC Studios, die zwischen 2004 und 2012 gezeigt wurde.
14 *Alles Klara*, „Letzte Ruhe Lotussitz", Folge 31, min. 22:43.
15 *Alles Klara*, „Letzte Ruhe Lotussitz", Folge 31, min. 21:12.
16 *Rentnercops*, „Aliens", Folge 46, min. 2:23.
17 *Hubert und Staller*, „Omm, du bist tot", Folge 30, min. 1:39.
18 *Hubert und Staller*, „Omm, du bist tot", Folge 30, min. 11:31.
19 *Hubert und Staller*, „Omm, du bist tot", Folge 30, min. 25:00.
20 Erich von Däniken, *Erinnerungen an die Zukunft. Ungelöste Rätsel der Vergangenheit*, Berlin: Econ Verlag, 1968.
21 *Morden im Norden*, „Jackpot", Folge 24, min. 06:30.
22 *Morden im Norden*, „Jackpot", Folge 24, min. 32:35.
23 *Hauptstadtrevier*, „Offene Rechnungen", Folge 16, min. 4:45. Siehe dazu auch das Kapitel „Magie und Geisterbeschwörung".
24 *Hubert und Staller*, „Der letzte Akkord", Folge 67, min. 17:08.
25 *Hubert und Staller*, „Der letzte Akkord", Folge 67, min. 19:17.
26 *Hubert und Staller*, „Dringender Tatverdacht", Folge 103, min. 21:56.
27 *Hubert und Staller*, „Dringender Tatverdacht", Folge 103, min. 25:40.
28 *Hubert und Staller*, „Dringender Tatverdacht", Folge 103, min. 31:59.

## 5. MAGIE UND GEISTERBESCHWÖRUNG

1  *Morden im Norden*, „Blumenopfer", Folge 37, min. 00:42.
2  *Morden im Norden*, „Blumenopfer", Folge 37, min. 07:42.
3  *Morden im Norden*, „Blumenopfer", Folge 37, min. 25:24.
4  So zum Beispiel: *Il sepolcro dei re*, Regie: Fernando Cerchio, Italien, 1961 (deutscher Titel: *Der Fluch des Pharao*); *The Curse of King Tut's Tomb* (deutscher Titel: *King Tut – Der Fluch des Pharao*), Regie: Russell Mulcahy, USA, 2006.
5  Originaltitel: *Les cigares du Pharaon*, Paris und Tournai, Castermann, 1934 (Farbausgabe: 1955), S. 7 und 8.
6  *Großstadtrevier*, „Der Fluch des Pharao", Folge 355, min 04:19.
7  *Großstadtrevier*, „Der Fluch des Pharao", Folge 355, min. 11:10.
8  *Großstadtrevier*, „Der Fluch des Pharao", Folge 355, min. 23:43.
9  *Großstadtrevier*, „Der Fluch des Pharao", Folge 355, min. 28:54.
10 *Großstadtrevier*, „Der Fluch des Pharao", Folge 355, min. 43:28.
11 *Großstadtrevier*, „Der Fluch des Pharao", Folge 355, min. 45:43 und min. 47:20.
12 *Alles Klara*, „Mord im Spukschloss", Folge 46, min. 23:02.
13 *Alles Klara*, „Mord im Spukschloss", Folge 46, min. 01:52.
14 *Alles Klara*, „Mord im Spukschloss", Folge 46, min. 38:01.
15 Originaltitel: *Groundhog Day*, Regie Harold Ramis, 1993.
16 *Großstadtrevier,* „Immer wieder Montag", Folge 451, min. 08:04.
17 *Großstadtrevier*, „Immer wieder Montag", Folge 451, min. 20:50.

18 *Großstadtrevier*, „Immer wieder Montag", Folge 451, min. 26:59.
19 *Großstadtrevier*, „Immer wieder Montag", Folge 451, min. 40:55
20 *Hauptstadtrevier*, „Offene Rechnungen", Folge 16, min. 06:57.
21 *Cleopatra*, Regie Joseph L. Mankiewicz, Twenty Century Fox, 1963.
22 *Hauptstadtrevier*, „Offene Rechnungen", Folge 16, min. 07:21.
23 *Hauptstadtrevier*, „Offene Rechnungen", Folge 16, min. 06:15.
24 *Hauptstadtrevier*, „Offene Rechnungen", Folge 16, min. 09:39.
25 *Hauptstadtrevier*, „Offene Rechnungen", Folge 16, min. 20:04.
26 *Hauptstadtrevier*, „Offene Rechnungen", Folge 16, min. 30:50.
27 *Zwischen den Zeilen*, „Zuviel Zukunft ist auch nicht gut", Folge 5, min. 24:18.
28 *Großstadtrevier*, „Wiedersehen mit einer Toten", Folge 372, min. 08:27.
29 *Großstadtrevier*, „Wiedersehen mit einer Toten", Folge 372, min. 11:09.
30 *Großstadtrevier*, „Wiedersehen mit einer Toten", Folge 372, min. 30:59.
31 Die vier Schwarzweißfilme wurden zwischen 1961 und 1964 von George Pollock mit Margaret Rutherford produziert.
32 *Hubert und Staller*, „Villa gekauft wie gesehen", Folge 21, min. 07:18.
33 *Hubert und Staller*, „Villa gekauft wie gesehen", Folge 21, min. 09:06.
34 *Hubert und Staller*, „Villa gekauft wie gesehen", Folge 21, min. 14:50.
35 *Hubert und Staller*, „Villa gekauft wie gesehen", Folge 21, min. 31:08.
36 *Hubert und Staller*, „Villa gekauft wie gesehen", Folge 21, min. 47:10.
37 *Zwischen den Zeilen*, „Zuviel Zukunft ist auch nicht gut", Folge 5, min. 01:29.
38 *Großstadtrevier*, „Das zweite Gesicht", Folge 433, min. 13:56.
39 *Großstadtrevier*, „Das zweite Gesicht", Folge 433, min. 26:34.
40 *Großstadtrevier*, „Das zweite Gesicht", Folge 433, min. 32:12.
41 *Großstadtrevier*, „Das zweite Gesicht", Folge 433, min. 31:48.
42 *Großstadtrevier*, „Das zweite Gesicht", Folge 433, min. 21:15.
43 *Großstadtrevier*, „Das zweite Gesicht", Folge 433, min. 44:30.
44 *Zwischen den Zeilen*, „Zuviel Zukunft ist auch nicht gut", Folge 5, min. 10:59.
45 *Zwischen den Zeilen*, „Zuviel Zukunft ist auch nicht gut", Folge 5, min. 11:29.
46 Brüder Grimm, *Deutsche Sagen*, Band 2, Berlin: Verlag Nicolai, 1818, „Der Kaiser und die Schlange", S. 130-132.
47 *Zwischen den Zeilen*, „Der Herr des Ringes", Folge 9, min. 03:04.
48 *Zwischen den Zeilen*, „Der Herr des Ringes", Folge 9, min. 28:07.
49 *Zwischen den Zeilen*, „Der Herr des Ringes", Folge 9, min. 06:08.
50 Dan Brown, *The Da Vinci Code*, New York und London: Doubleday, Transworld und Bantam Books, 2003; die deutsche Übersetzung erschien unter dem Titel *Sakrileg*, Bergisch-Gladbach: Bastei-Lübbe, 2004. Der Film lief unter dem Titel *The Da Vinci Code*, Regie Ron Howard, Columbia Pictures, 2006.
51 *Zwischen den Zeilen*, „Der Herr des Ringes, Folge 9, min. 23:10.
52 *Großstadtrevier*, „Wiedersehen mit einer Toten", Folge 372, min. 03:48.
53 *Großstadtrevier*, „Wiedersehen mit einer Toten", Folge 372, min. 06:36.
54 *Großstadtrevier*, „Wiedersehen mit einer Toten", Folge 372, min. 12:17.
55 *Großstadtrevier*, „Wiedersehen mit einer Toten", Folge 372, min. 21:59.
56 *Großstadtrevier*, „Wiedersehen mit einer Toten", Folge 372, min. 36:54.
57 *Großstadtrevier*, „Wiedersehen mit einer Toten", Folge 372, min. 43:34
58 *Großstadtrevier*, „Frau Küppers und der Tod" (1), Folge 453, min. 10:50.
59 Der Sessel wird unter dem Namen „Coquille" (Eierschale) vertrieben.
60 *Großstadtrevier*, „Frau Küppers und der Tod" (2), Folge 454, min. 19:51.
61 Siehe dazu: Blecha (2004).

## 6. RELIGIÖSE POLEMIK UND ANTIKLERIKALISMUS

1 *Hubert und Staller*, „Die letzte Ruhe", Folge 41, min. 11:00.
2 *Hubert und Staller*, „Mord im Schweinestall", Folge 10, min. 23:51.
3 *Wapo Bodensee*, „Tödliches Schweigen", Folge 23, min. 02:16.
4 *Wapo Bodensee*, „Tödliches Schweigen", Folge 23, min. 08:12.
5 *Wapo Bodensee*, „Tödliches Schweigen", Folge 23, min. 08:26.
6 *Wapo Bodensee*, „Tödliches Schweigen", Folge 23, min. 08:55.
7 *Wapo Bodensee*, „Tödliches Schweigen", Folge 23, min. 09:32.
8 Siehe dazu das Kapitel „Religiöser Analphabetismus".
9 *Wapo Bodensee*, „Tödliches Schweigen", Folge 23, min. 18:30.
10 *Wapo Bodensee*, „Tödliches Schweigen", Folge 23, min. 39:09.
11 *Wapo Bodensee*, „Tödliches Schweigen", Folge 23, min. 43:31.
12 *Wapo Bodensee*, „Tödliches Schweigen", Folge 23, min. 34:10.
13 *Wapo Bodensee*, „Tödliches Schweigen", Folge 23, min. 32:10.
14 Augustin Keller, *Die Aufhebung der Aargauischen Klöster. Eine Streitschrift an die hohen eidgenössischen Stände*, Aarau: Sauerländer, 1841, S. 13f.
15 *Hubert ohne Staller*, „Nonnenlos", Folge 130, min. 31:30.
16 *Hubert ohne Staller*, „Nonnenlos", Folge 130, min. 11:20.
17 *Hubert ohne Staller*, „Nonnenlos", Folge 130, min. 15:04.
18 So bspw. in Lev 24,16 und Dtn 17,5.
19 Dtn 23,13–29.
20 *Hubert ohne Staller*, „Nonnenlos", Folge 130, min. 15:45.
21 *Hubert ohne Staller*, „Nonnenlos", Folge 130, min. 19:46.
22 *Hubert ohne Staller*, „Nonnenlos", Folge 130, min. 17:56.
23 *Hubert ohne Staller*, „Nonnenlos", Folge 130, min. 20:30.
24 *Hubert ohne Staller*, „Nonnenlos", Folge 130, min. 33:53.
25 Als Beispiel das satirische Gedicht „Kampfgesang der Jesuiten": „Zerstört des frommen Klosters Wand,/ Ihr wilden Jagdgesellen,/ Und werft der Fackel Feuerbrand/ In die geweihten Zellen!" in: *Kladderadatsch*, XXIV. Jahrgang, Folge 46, Berlin, 1. Oktober 1871, S. 183.
26 *Hubert ohne Staller*, „Nonnenlos", Folge 130, min. 44:02.
27 *Hubert ohne Staller*, „Nonnenlos", Folge 130, min. 44:27.
28 *The Believers*, 1987, Regie: John Schlesinger.
29 *Sister Act*, 1992, produziert von Touchstone Pictures und Touchwood Pacific, Regie: Emile Ardolino.
30 *Hubert ohne Staller*, „Nonnenlos", Folge 130, min. 16:26.
31 *Rentnercops*, „Wunder gescheh'n, Folge 3, min. 14:56.
32 *Rentnercops*, „Willkommen im Chaos", Folge 33, min. 12:15.
33 *Rentnercops*, „Willkommen im Chaos", Folge 33, min. 13:04, 24:49 und 27:55.
34 *Rentnercops*, „Willkommen im Chaos", Folge 33, min. 32:15.
35 *Rentnercops*, „Willkommen im Chaos", Folge 33, min. 33:45.
36 *Rentnercops*, „Willkommen im Chaos", Folge 33, min. 40:34 (so Günter Hoffmann) und min. 46:40 (Vicky Adam).
37 *Rentnercops* „Willkommen im Chaos", Folge 33, min. 46:02 (Vicky Adam) und min. 47:17 (Axel Wegmann, der dritte Geschäftspartner).
38 *Rentnercops*, „Willkommen im Chaos", Folge 33, min. 45:02.
39 *Rentnercops*, „Willkommen im Chaos", Folge 33, min. 45:21.
40 *Rentnercops*, „Willkommen im Chaos", Folge 33, min. 45:42.

## 7. NICHTCHRISTLICHE RELIGIONEN: DIE ABWESENDEN

1 Statistiken nach *World Jewish Population*, Number 26 (2019), aus dem American *Jewish Year Book* 2019; Online: https://www.jewishdatabank.org/content/upload/bjdb/2019_World_Jewish_Population_(AJYB,_DellaPergola)_DataBank_Final.pdf (Abruf 01/01/2021).
2 *Großstadtrevier,* „Die Freiheit", Folge 459, min. 14:12.
3 Siehe dazu Kapitel „Lifestyle-Religionen".
4 *Hauptstadtrevier,* „Falschgeld", Folge 9, min. 20:02.
5 *Hauptstadtrevier,* „Falschgeld", Folge 9, min. 21:57.
6 *Hauptstadtrevier,* „Falschgeld", Folge 9, min. 34:57.
7 *Rentnercops,* „Herr Ko vegan", Folge 55, min. 32:33.
8 *Rentnercops,* „Engel 07", Folge 24, min. 23:24.
9 *Großstadtrevier,* „Der Idiot", Folge 444, min. 20:28.
10 *Großstadtrevier,* „Der Idiot", Folge 444, min. 17:48.
11 *Großstadtrevier,* „Der Idiot", Folge 444, min. 19:22.
12 *Großstadtrevier,* „Der Idiot", Folge 444, min. 18:23.
13 *Großstadtrevier,* „Der Idiot", Folge 444, min. 32:45.
14 *Großstadtrevier,* „Der Idiot", Folge 444, min. 08:07.
15 *Großstadtrevier,* „Der Idiot", Folge 444, min. 43:50.
16 *Großstadtrevier,* „Der Idiot", Folge 444, min. 11:54.
17 *Großstadtrevier,* „Der Idiot", Folge 444, min. 44:25.
18 *Wapo Bodensee,* „Geraubte Zukunft", Folge 31, min. 31:00.
19 *Hubert ohne Staller,* „Nonnenlos", Folge 130, min. 27:32.
20 *München 7,* „Die zwölfte Frau, Folge 37, min 28:10.
21 *Mord mit Aussicht,* „Terror in Hengasch", Folge 15, min. 04:31.
22 *Mord mit Aussicht,* „Terror in Hengasch", Folge 15, min. 05:57.
23 *Mord mit Aussicht,* „Terror in Hengasch", Folge 15, min. 08:37.
24 *Mord mit Aussicht,* „Terror in Hengasch", Folge 15, min. 09:10.
25 *Großstadtrevier,* „Der Anschlag", Folge 378, min. 06:34.
26 *Großstadtrevier,* „Der Anschlag", Folge 378, min. 10:11.
27 *Großstadtrevier,* „Der Anschlag", Folge 378, min. 29:12.
28 *Großstadtrevier,* „Der Anschlag", Folge 378, min. 17:56.
29 *Großstadtrevier,* „Der Anschlag", Folge 378, min. 18:56.
30 *Großstadtrevier,* „Der Anschlag", Folge 378, min. 28:24.
31 *Großstadtrevier,* „Der Anschlag", Folge 378, min. 33:07.
32 *Großstadtrevier,* „Der Anschlag", Folge 378, min. 13:25.
33 *Großstadtrevier,* „Der Anschlag", Folge 378, min. 16:12.
34 *Großstadtrevier,* „Der Anschlag", Folge 378, min. 37:56.
35 So in: *Deutschland schafft sich ab: Wie wir unser Land aufs Spiel setzen*, München: Deutsche Verlags-Anstalt, 2010; und vor allem in: *Feindliche Übernahme: Wie der Islam den Fortschritt behindert und die Gesellschaft bedroht*, München: Finanz-Buch-Verlag, 2018.
36 *Großstadtrevier,* „Der Anschlag", Folge 378, min. 38:12.
37 *Großstadtrevier,* „Der Anschlag", Folge 378, min. 39:13.
38 „Würde es etwas ändern, wenn Du eine Freundin hättest?", fragt Sibel Güney den Möchtegern-Djihadisten Taifun; *Großstadtrevier,* „Der Anschlag", Folge 378, min. 36:26.
39 *Großstadtrevier,* „Der Anschlag", Folge 378, min. 45:47.

## 8. RELIGIÖSE OBJEKTE UND IKONOGRAFIE

1 *Wapo Bodensee*, „Tödliches Schweigen", Folge 23, min. 09:13. Das Bild befindet sich heute im Kunsthistorischen Museum Wien.
2 *Wapo Bodensee*, „Tödliches Schweigen", Folge 23, min. 17:54.
3 *Großstadtrevier*, „Ausnahmezustand", Folge 405, min. 10:47.
4 Siehe auch das Kapitel „Religiöse Narrative".
5 *Alles Klara*, „Tod unter dem Kreuz", Folge 43, min. 26:07.
6 *Hubert und Staller*, „Die letzte Ruhe", Folge 41, min. 27:34.
7 *Hubert und Staller*, „Heiliger Zorn", Folge 102, min. 3:15 und min. 32:08.
8 *Mord mit Aussicht*, „Blutende Herzen", Folge 7, min. 31:34.
9 *Rentnercops*, „Engel 07", Folge 24, min. 00:30.
10 *Watzmann ermittelt*, „Die entführte Braut", Folge 31, min. 36:05.
11 *Rentnercops*, „Aus Liebe", Folge 53, min. 17:21.
12 *Rentnercops*, „Aus Liebe", Folge 53, min. 39:17.
13 *Hubert ohne Staller*, „Zu späte Einsicht", Folge 141, min. 38:35.
14 *Le petit monde de Don Camillo*, 1952, Regie Julien Duvivier, produziert von Giuseppe Amato. Auf diesen ersten Film folgten bis zu Fernandels Tod 1971 fünf weitere Folgen.
15 *Hubert und Staller*, „Heiliger Zorn", Folge 102, min. 37:27.
16 Siehe das Kapitel „Religiöse Narrative".
17 *Morden im Norden*, „Frauenflüsterer", Folge 9, min. 24:05.
18 So sieht man in der Folge „Carport", Folge 28, min. 12:56, ein großes Wegkreuz mit Kruzifix am Dorfausgang, als Kommissarin Haas mit Polizist Schäffer vorbeifährt.
19 *Mord mit Aussicht*, „Spuk in Hengasch", Folge 35, min. 10:38.
20 *Mord mit Aussicht*, „Spuk in Hengasch", Folge 35, min. 12:11.
21 *Mord mit Aussicht*, „Tod eines Roadies", Folge 38, min. 47:40.
22 Siehe dazu ausführlich im Kapitel „Religiöse Narrative".
23 *Alles Klara*, „Adalmars Fluch", Folge 39, min. 16:33.
24 *Alles Klara*, „Adalmars Fluch", Folge 39, min. 47:20.
25 Dazu auch das Kapitel „Magie und Geisterbeschwörung".
26 *Zwischen den Zeilen*, „Der Herr des Rings", Folge 9, min. 45:12.

## 9. RELIGIÖSER ANALPHABETISMUS

1 *Wapo Bodensee*, „Tödliches Schweigen", Folge 23, min. 10:01.
2 *Wapo Bodensee*, „Tödliches Schweigen", Folge 23, min. 12:29.
3 *Wapo Bodensee*, „Tödliches Schweigen", Folge 23, min. 30:43.
4 Siehe das Kapitel „Religiöse Polemik und Antiklerikalismus".
5 *Mord mit Aussicht*, „Blutende Herzen", Folge 7, min. 17:39.
6 Diese zweifellos richtige Bezeichnung wird erst von der Sektenführerin selber genannt, siehe: *Mord mit Aussicht*, „Blutende Herzen", Folge 7, min. 26:59.
7 *Mord mit Aussicht*, „Blutende Herzen", Folge 7, min. 17:46. Siehe dazu das Kapitel „Freikirchen und Sekten".
8 *Mord mit Aussicht*, „Blutende Herzen", Folge 7, min. 24:25.
9 *Mord mit Aussicht*, „Blutende Herzen", Folge 7, min. 26:55.
10 *Mord mit Aussicht*, „Blutende Herzen", Folge 7, min. 25:32.

11  *Mord mit Aussicht*, „Frites speciaal", Folge 34, min. 06:08.
12  *Sacrosanctum Concilium*, §73: „Sacram Unctionem Infirmorum", ebenso in der Konstitution *Lumen gentium* (1973), §11.
13  *Hubert und Staller*, „Mord im Schweinestall", Folge 10, min. 23:01.
14  *Großstadtrevier*, „Ausnahmezustand", Folge 405, min. 10:46.
15  *Morden im Norden*, „Leonies letzter Abend", Folge 91, min. 21:35.
16  *Morden im Norden*, „Leonies letzter Abend", Folge 91, min. 33:04.
17  *Morden im Norden*, „Leonies letzter Abend", Folge 91, min. 34:19.
18  *Alles Klara*, „Letzte Ruhe Lotussitz", Folge 31, min 11:49.
19  *Morden im Norden*, „Kinder des Lichts", Folge 58, min. 10:45.
20  *München 7*, „Die zwölfte Frau", Folge 37, min 28:10.
21  *Alles Klara*, „Im Namen des Vaters", Folge 17, min. 12:39.
22  *Alles Klara*, „Im Namen des Vaters", Folge 17, min. 43:06.
23  *Großstadtrevier*, „Der Amisch", Folge 383, min. 44:39. Das Zitat heißt nach der Einheitsübersetzung von 1980, die vom Katholischen Bibelwerk herausgegeben wird: „Den Reumütigen aber gewährt er Umkehr und tröstet die Hoffnungslosen." Die Verszählung ist nicht einheitlich (Sir 17,20 bzw. 24).
24  *Hubert und Staller*, „Bauer sucht Mörder", Folge 13, min. 18:29.
25  Zur Authentizität des Zitats siehe: Reinhard Bingener, „Lutherforscher Schloemann: ‚Mit Luther hat der Spruch nichts zu tun'", in: *Frankfurter Allgemeine Zeitung*, 15. April 2017 (Online-Ausgabe: https://www.faz.net/aktuell/gesellschaft/menschen/stammt-der-spruch-ueber-den-apfelbaum-gar-nicht-von-luther-14967938.html, Abruf am 14/06/2023).
26  *Hubert und Staller*, „Heiliger Zorn", Folge 102, min. 39:56.
27  *Hubert und Staller*, „Heiliger Zorn", Folge 102, min. 01:54.
28  *Hubert und Staller*, „Der letzte Akkord", Folge 67, min. 12:17.
29  *Hubert und Staller*, „Heiliger Zorn", Folge 102, min. 20:57.
30  *Hubert und Staller*, „Mord im Schweinestall", Folge 10, min. 23:01.
31  *Hubert und Staller*, „Mord im Schweinestall", Folge 10, min. 32:03.

## 10. RELIGIÖSE NARRATIVE

1  Zur narrativen Theorie siehe beispielsweise: Lothe (2000).
2  *Großstadtrevier*, „Hafenpastor – Der Schein trügt", Folge 282, min. 31:14.
3  *Großstadtrevier*, „Hafenpastor – Der Schein trügt", Folge 282, min. 41:55.
4  So beschreibt ihn seine Putzfrau; *Nordisch herb*, „Killerbienen über Husum", Folge 3, min. 05:45.
5  *Nordisch herb*, „Killerbienen über Husum", Folge 3, min. 27:13.
6  *Nordisch herb*, „Killerbienen über Husum", Folge 3, min. 27:25.
7  *Nordisch herb*, „Killerbienen über Husum", Folge 3, min. 37:00.
8  *Nordisch herb*, „Killerbienen über Husum", Folge 3, min. 24:12.
9  *Alles Klara*, „Im Namen des Vaters", Folge 17, min. 12:39.
10  *Alles Klara*, „Im Namen des Vaters", Folge 17, min. 14:17.
11  *Alles Klara*, „Im Namen des Vaters", Folge 17, min. 16:21.
12  *Alles Klara*, „Im Namen des Vaters", Folge 17, min. 29:20.
13  *Alles Klara*, „Im Namen des Vaters", Folge 17, min. 26:21.
14  *Alles Klara*, „Im Namen des Vaters", Folge 17, min. 43:10.
15  *Großstadtrevier*, „Ausnahmezustand", Folge 405, min. 10:08.
16  Siehe dazu das Kapitel „Religiöse Objekte und Ikonografie".

17 *Großstadtrevier*, „Ausnahmezustand", Folge 405, min. 12:40.
18 *Großstadtrevier*, „Ausnahmezustand", Folge 405, min. 24:20.
19 *Großstadtrevier*, „Ausnahmezustand", Folge 405, min. 30:06.
20 *Großstadtrevier*, „Ausnahmezustand", Folge 405, min. 45:38.
21 Laura Mvula aus dem Album *Sing to the moon*, 2013.
22 *Watzmann ermittelt*, „Kristalle glänzen ewig", Folge 16, min. 30:20.
23 Es handelt sich um die Übersetzung in der Fassung von 1984. Eine kleine Abweichung findet sich in Vers 16, wo es richtig heißen müsste: „eine Gelegenheit".
24 *Großstadtrevier*, „Frohe Weihnachten Dirk Matthies 2", Folge 318, min. 45:50.
25 *Großstadtrevier*, „Frohe Weihnachten Dirk Matthies 1", Folge 317, min. 02:44.
26 *Großstadtrevier*, „Frohe Weihnachten Dirk Matthies 1", Folge 317, min. 12:18.
27 *The Santa Clause*, Regie John Pasquin, Disney, 1994.
28 „Weihnachten bei Hoppenstedts", Folge 14 der Fernsehserie *Loriot*, 1997.
29 *Großstadtrevier*, „Frohe Weihnachten Dirk Matthies 1", Folge 317, min. 19:58.
30 *Großstadtrevier*, „Frohe Weihnachten Dirk Matthies 1", Folge 317, min. 29:01.
31 *Großstadtrevier*, „Frohe Weihnachten Dirk Matthies 1", Folge 317, min. 45:30.
32 *Großstadtrevier*, „Frohe Weihnachten Dirk Matthies 1", Folge 317, min. 30:56.
33 *Großstadtrevier*, „Frohe Weihnachten Dirk Matthies 2", Folge 318, min. 03:22.
34 *Großstadtrevier*, „Frohe Weihnachten Dirk Matthies 2", Folge 318, min. 14:20.
35 *Großstadtrevier*, „Frohe Weihnachten Dirk Matthies 2", Folge 318, min. 22:59.
36 *Großstadtrevier*, „Frohe Weihnachten Dirk Matthies 2", Folge 318, min. 23:33.
37 *Tři oříšky pro Popelku*, Regie: Václav Vorlíček, Tschechoslowakei und DDR, Filmstudio Barrandov, Prag, und DEFA, KAG, Berlin, 1973.
38 *Großstadtrevier*, „Frohe Weihnachten Dirk Matthies 2", Folge 318, min. 42:23.
39 *Großstadtrevier*, „Frohe Weihnachten Dirk Matthies 1", Folge 317, min. 30:56.
40 *Großstadtrevier*, „Frohe Weihnachten Dirk Matthies 2", Folge 318, min. 30:42.
41 *GEO Magazin*, 1. Januar 2006: Christian Schüle, „Warum glaubt der Mensch?". Die Umfrage wurde von der Gesellschaft für Sozialforschung und statistische Analysen (FORSA) im exklusiven Auftrag von GEO mit 1000 Befragten ab 14 Jahren im gesamten Bundesgebiet am 20. und 21. Oktober 2005 durchgeführt.
42 Siehe dazu: Murken und Namini (2007).
43 *Rentnercops*, „Engel 07", Folge 24, min. 07:02.
44 *Rentnercops*, „Engel 07", Folge 24, min. 18:26.
45 *Alles Klara*, „Adalmars Fluch", Folge 39, min. 12:49.
46 Tatsächlich gibt es ein Kloster Drübeck, das seit der ottonischen Zeit eine Benediktinerabtei ist. Es befindet sich einige Kilometer nordwestlich von Wernigerode. Das Klosterleben kam in den Wirren des Dreißigjährigen Krieges zum Erliegen. Die Grafen von Stolberg-Wernigerode übernahmen die Klostergebäude gegen Ende des 17. Jahrhunderts und richteten ein evangelisches Damenstift ein, das bis 1946 bestand. Heute ist das Kloster Drübeck eine evangelische Tagesstätte.
47 *Alles Klara*, „Adalmars Fluch", Folge 39, min. 16:33.
48 *Alles Klara*, „Adalmars Fluch", Folge 39, min. 22:29.
49 *Indiana Jones and the Last Crusade*, 1989, produziert von Robert Watts, Regie Steven Spielberg.
50 *Alles Klara*, „Adalmars Fluch", Folge 39, min. 42:02.
51 *Alles Klara*, „Adalmars Fluch", Folge 39, min. 44:38.
52 *Alles Klara*, „Adalmars Fluch", Folge 39, min. 45:49.
53 *Alles Klara*, „Adalmars Fluch", Folge 39, min. 47:20.
54 *Alles Klara*, „Adalmars Fluch", Folge 39, min. 45:56.

55 Siehe dazu: Gründer (2008).
56 *Hubert und Staller*, „Heiliger Zorn", Folge 102, min. 00:42.
57 Oratorium *Elias*, op. 70, 2. Teil, Nummer 28, Terzett.
58 *Hubert und Staller*, „Heiliger Zorn", Folge 102, min. 04:16.
59 *Hubert und Staller*, „Heiliger Zorn", Folge 102, min. 05:07.
60 *Hubert und Staller*, „Heiliger Zorn", Folge 102, min. 19:59.
61 *Hubert und Staller*, „Heiliger Zorn", Folge 102, min. 30:40.
62 *Hubert und Staller*, „Heiliger Zorn", Folge 102, min. 33:29.
63 *Hubert und Staller*, „Heiliger Zorn", Folge 102, min. 47:30.

## 11. SCHLUSS

1 Roy (2008).
2 *Hubert und Staller*, „Der Flug des Phoenix", Folge 59, min. 15:49.
3 *Morden im Norden*, „Leonies letzter Abend", Folge 91, min. 45:02.
4 *Alles Klara*, „Adalmars Fluch", Folge 39, min. 44:38.
5 *Mord mit Aussicht*, „Marienfeuer", Folge 4, min. 06:19.
6 *Hubert und Staller*, „Heiliger Zorn", Folge 102, min. 45:23.
7 *Rentnercops*, „Engel 07", Folge 24, min. 39:48.
8 *Morden im Norden*, „Leonies letzter Abend", Folge 91, min. 33:20.
9 *Hubert mit Staller*, „Fahr zur Hölle", Folge 68, min. 24:22.
10 *Morden im Norden*, „Frauenflüsterer", Folge 9, min. 24:26.
11 *Hubert und Staller*, „Mord im Schweinestall", Folge 10, min. 23:51.
12 Vgl. dazu den Bericht der Enquete-Kommission des Bundestages: Endbericht (1998).
13 *Großstadtrevier*, „Der Amisch", Folge 383.
14 *Morden im Norden*, „Kinder des Lichts", Folge 58, min. 5:57 bzw. min. 19:34.
15 *Morden im Norden*, „Kinder des Lichts", Folge 58, min. 20:51.
16 *München 7*, „Asche", Folge 33, min. 01:42.
17 *Alles Klara*, „Im Namen des Vaters", Folge 17, min. 43:12.
18 *Großstadtrevier*, „Ausnahmezustand", Folge 405, min. 10:08.
19 *Mord mit Aussicht*, „Blutende Herzen", Folge 7, min. 08:20.
20 *München 7*, „Die zwölfte Frau", Folge 37, min. 27:09; *München 7*, „Ein Tag in München", Folge 43, min. 02:18; *Hubert und Staller*, „Heiliger Zorn", Folge 102, min. 40:49 und min. 45:23; *Hubert ohne Staller*, „Zu späte Einsicht", Folge 141, min. 45:54; und die bloße Erwähnung in: *Mord mit Aussicht*, „Blutende Herzen", Folge 7, min. 33:45.
21 *Alles Klara*, „Im Namen des Vaters", Folge 17, min. 43:10.
22 *Nordisch herb*, „Killerbienen über Husum", Folge 3, min. 27:13.
23 *Morden im Norden*, „Jackpot", Folge 24, min. 06:30.
24 *Hubert und Staller*, „Villa gekauft wie gesehen", Folge 21, min. 31:08.
25 *Alles Klara*, „Mord im Spukschloss", Folge 46, min. 24:04.
26 *Großstadtrevier*, „Der Idiot", Folge 444, min. 44:25.
27 *Chuzpe – Klops braucht der Mensch!,* Regie: Isabel Kleefeld, deutsch-österreichische Koproduktion, 2015, mit Dieter Hallervorden in der Hauptrolle.
28 *Hubert und Staller*, „Die letzte Ruhe", Folge 41, min. 10:05.
29 *Hubert ohne Staller*, „Nonnenlos", Folge 130, min. 16:26.
30 *Alles Klara*, „Im Namen des Vaters", Folge 17, min. 42:35.

31 *Großstadtrevier*, „Der Amisch", Folge 383, min. 44:39.
32 *Alles Klara*, „Im Namen des Vaters", Folge 17, min. 43:10.
33 *Nordisch herb*, „Killerbienen über Husum", Folge 3, min. 37:00.
34 *Wapo Bodensee*, „Tödliches Schweigen", Folge 23, min. 32:10.
35 *Geystliche Lieder. Mit einer newen vorrhede/ D. Mart. Luth.* (Babtsches Gesangbuch), Leipzig, Valentin Babst, 1545, Vorrede. Der Text ist unter anderem veröffentlicht in: Christian Möller (2000), S. 82. Ich habe das Zitat um der Lesbarkeit willen der modernen Orthografie und Interpunktion angepasst.
36 *Biblia: das ist: Die gantze Heilige Schrifft: Deudsch. Auffs new zugericht*, Wittenberg, Hans Lufft, 1545. Der Titelholzschnitt stammt von Lucas Cranach.
37 *Watzmann ermittelt*, „Kristalle glänzen ewig", Folge 16, min. 30:20.
38 *Hubert und Staller*, „Heiliger Zorn", Folge 102.
39 *Hubert und Staller*, „Heiliger Zorn", Folge 102, min. 47:30.
40 *Hubert und Staller*, „Villa gekauft wie gesehen", Folge 21, min. 47:10.
41 *Großstadtrevier*, „Der Fluch des Pharao", Folge 355.
42 *Großstadtrevier*, „Immer wieder Montag", Folge 451.
43 *Großstadtrevier*, „Der Fluch des Pharao", Folge 355, min. 45:43 und min. 47:20.
44 *Morden im Norden*, „Blumenopfer", Folge 37.
45 *Hubert und Staller*, „Villa gekauft wie gesehen", Folge 21, min. 31:08.
46 *Großstadtrevier*, „Wiedersehen mit einer Toten", Folge 372, und die Doppelfolge: „Frau Küppers und der Tod (1/2)", Folge 453 und 454.
47 *Großstadtrevier*, „Frohe Weihnachten Dirk Matthies 1/2", Folge 317/318.
48 *Großstadtrevier*, „Frohe Weihnachten Dirk Matthies 2", Folge 318, min. 44:53.
49 *Großstadtrevier*, „Hafenpastor – Der Schein trügt", Folge 282.
50 *Großstadtrevier*, „Ausnahmezustand", Folge 405.
51 *Alles Klara*, „Im Namen des Vaters", Folge 17, min. 43:10.
52 *Großstadtrevier*, „Der Anschlag", Folge 378, min. 06:34.
53 *Wapo Bodensee*, „Tödliches Schweigen", Folge 23.
54 *Hubert ohne Staller*, „Nonnenlos", Folge 130, min. 11:20.
55 Der Begriff der „Enzyklopädie" stammt von Umberto Eco (1997). Er meint eine durch die Narration konstruierte Realität, die der Rezipient akzeptieren muss, um den Text verstehen zu können. In einem realistischen Roman können Mäuse keine Kutsche ziehen, in einer fantastischen Novelle von Edgar Allan Poe sehr wohl.

## GROSSSTADTREVIER: DER ANSCHLAG

Folge 378 (Staffel 29)
Erstausstrahlung 21. Dezember 2015
Drehbuch             Lothar Kurzawa
Regie                Max Zähle

Dirk Matthies        Jan Fedder
Paul Dänning         Jens Münchow
Harry Möller         Maria Ketikidou
Mads Thomsen         Mads Hjulmand
Nina Sieveking       Wanda Perdelwitz
Daniel Schirmer      Sven Fricke
Frau Küppers         Saskia Fischer
Hannes Krabbe        Marc Zwinz
Piet Wellbrook       Peter Fieseler
Taifun Züdag         Aram Arami
Fatma Züdag          Meral Perint
Sibel Güney          Ava Celik
Helge Hermann        Joseph Konrad Bundschuh
Wendelin Brasser     Jörg Pose
Mira Jansen          Anneke Schwabe
TV-Moderator         Yared Dibaba

## GROSSSTADTREVIER: DER AMISCH

Folge 383 (Staffel 29)
Erstausstrahlung 1. Februar 2016
Drehbuch             Sören Hüper
Regie                Nina Wolfrum

Dirk Matthies        Jan Fedder
Paul Dänning         Jens Münchow
Harry Möller         Maria Ketikidou
Mads Thomsen         Mads Hjulmand
Nina Sieveking       Wanda Perdelwitz
Daniel Schirmer      Sven Fricke
Frau Küppers         Saskia Fischer
Hannes Krabbe        Marc Zwinz
Piet Wellbrook       Peter Fieseler
Abram Schwartz       Max Hubacher
Ulf Howald           Thomas Lawinsky
Bruno Howald         Alexander Hörbe
Yara                 Janina Stopper
Rüdiger Bloch        Uli Krohm

## GROSSSTADTREVIER: AUSNAHMEZUSTAND

Folge 405 (Staffel 30)
Erstausstrahlung 30. Oktober 2017
Drehbuch             Fabian Thaesler
Regie                Till Franzen

| | |
|---|---|
| Dirk Matthies | Jan Fedder |
| Paul Dänning | Jens Münchow |
| Nina Sieveking | Wanda Perdelwitz |
| Harry Möller | Maria Ketikidou |
| Piet Wellbrook | Peter Fieseler |
| Frau Küppers | Saskia Fischer |
| Hannes Krabbe | Marc Zwinz |
| Daniel Schirmer | Sven Fricke |
| Ingrid Lüders | Katy Karrenbauer |
| Maja Becker | Katrin Ingendoh |
| Johan C. König | Bernhard Schütz |
| Advocato | Ingo Abel |
| Jule Harting | Stefanie Döbler |
| Anna Müllerschön | Sarah Elena Koch |
| Mia Müllerschön | Lavinia Burat |
| Pfarrer Blohm | Samuel Koch |

### GROSSSTADTREVIER: DAS ZWEITE GESICHT

Folge 433 (Staffel 32)
Erstausstrahlung 25. Februar 2019

| | |
|---|---|
| Drehbuch | Andreas Kaufmann |
| Regie | Torsten Wacker |

| | |
|---|---|
| Dirk Matthies | Jan Fedder |
| Lukas Petersen | Patrick Abozen |
| Nina Sieveking | Wanda Perdelwitz |
| Harry Möller | Maria Ketikidou |
| Piet Wellbrook | Peter Fieseler |
| Frau Küppers | Saskia Fischer |
| Hannes Krabbe | Marc Zwinz |
| Daniel Schirmer | Sven Fricke |
| Maria Herking | Hedi Kriegeskotte |
| Lasse Lobeck | Denis Merzbach |
| Stefan Willcke | Jonas Hien |
| Frau Putschke | Anne Weber |
| Howling Wolf | Adolfo Assor |
| Matthies | Giuliano Schattat |
| Can Topal | Adnan Maral |

### GROSSSTADTREVIER: DER IDIOT

Folge 444 (Staffel 33)
Erstausstrahlung 2. März 2020

| | |
|---|---|
| Drehbuch | Guntmar Lasnig |
| Regie | Stefi Doehlemann |

| | |
|---|---|
| Dirk Matthies | Jan Fedder |
| Frau Küppers | Saskia Fischer |
| Harry Möller | Maria Ketikidou |
| Piet Wellbrook | Peter Fieseler |
| Jessy Jahnke | Farina Flebbe |

| | |
|---|---|
| Lukas Petersen | Patrick Abozen |
| Daniel Schirmer | Sven Fricke |
| Hannes Krabbe | Marc Zwinz |
| Fynn Haubing | Max Hopp |
| Miriam Haubing | Peggy Lukac |
| Therese Tramkvinn | Nina Gnädig |
| Yelena | Neela Blättermann |
| Julius Moor „Juanito" | Mirco Kreibich |
| Bert Krämer | Michael Ihnow |
| Paul Voss | Cornelius Schwalm |

**GROSSSTADTREVIER: IMMER WIEDER MONTAG**

Folge 451 (Staffel 33)
Erstausstrahlung 27. April 2020
| | |
|---|---|
| Drehbuch | Beatrice Blank und Sören Hüper |
| Regie | Torsten Wacker |

| | |
|---|---|
| Frau Küppers | Saskia Fischer |
| Harry Möller | Maria Ketikidou |
| Piet Wellbrook | Peter Fieseler |
| Jessy Jahnke | Farina Flebbe |
| Lukas Petersen | Patrick Abozen |
| Daniel Schirmer | Sven Fricke |
| Hannes Krabbe | Marc Zwinz |
| Roderick Brüggemann | Uke Bosse |
| Guido Schneider | Andreas Birkner |
| Sherin Noury | Leila Abdullah |
| Arkadia | Gabrielle Scharnitzky |

**GROSSSTADTREVIER: FRAU KÜPPERS UND DER TOD (1/2)**

Doppelfolge 453 und 454 (Staffel 33)
Erstausstrahlung 15. bzw. 22. März 2021
| | |
|---|---|
| Drehbuch | Elke Schuch |
| Regie | Torsten Wacker |

| | |
|---|---|
| Frau Küppers | Saskia Fischer |
| Harry Möller | Maria Ketikidou |
| Piet Wellbrook | Peter Fieseler |
| Jessy Jahnke | Farina Flebbe |
| Lukas Petersen | Patrick Abozen |
| Daniel Schirmer | Sven Fricke |
| Hannes Krabbe | Marc Zwinz |
| Renate Küppers | Nicole Heesters |
| Monika Böckhold | Eva Kryll |
| Peter Böckhold | Hans Martin Stier |
| Dr. Vera Wagner | Maureen Havlena |
| Dr. Görlitz | Oliver Kleinfeld |
| Philipp Bause | Thiago Braga de Oliveira |
| Leon | Oleg Tikhomirov |

    Oskar                            Leonard Fuchs
    Anna Schuhmann           Maria Wardzinska
    Barmann                     Mounir Bahla

## GROSSSTADTREVIER: DIE FREIHEIT

Folge 459 (Staffel 33)
Erstausstrahlung 3. Mai 2021
Drehbuch                    Elke Schuch
Regie                        Florian Gottschick

Frau Küppers               Saskia Fischer
Harry Möller                Maria Ketikidou
Piet Wellbrook            Peter Fieseler
Nina Sieveking            Wanda Perdelwitz
Lukas Petersen            Patrick Abozen
Daniel Schirmer          Sven Fricke
Hannes Krabbe           Marc Zwinz
Benni Hofmann           Fabian Dämmich
Marisa Becker             Marie Bauer
Patrick Neudorff         Daniel Axt
Gerhard Hansen         Christoph Gottschalch
Selma Dannenberg    Janette Rauch

## GROSSSTADTREVIER: FREMD UNTER FREMDEN

Folge 461 (Staffel 34)
Erstausstrahlung 17. Mai 2021
Drehbuch                    Andrej Sorin
Regie                        Torsten Wacker

Frau Küppers               Saskia Fischer
Harry Möller                Maria Ketikidou
Piet Wellbrook            Peter Fieseler
Nina Sieveking            Wanda Perdelwitz
Lukas Petersen            Patrick Abozen
Daniel Schirmer          Sven Fricke
Hannes Krabbe           Marc Zwinz
Fiete Jansen               Thomas Wüpper
Cuong Nguyen            Aaron Le

## MÜNCHEN 7: ASCHE

Folge 33 (Staffel 5)
Erstausstrahlung 5. November 2014
Regie                        Franz Xaver Bogner
Drehbuch                    Stefan Betz

Xaver Bartl                 Andreas Giebel
Felix Kandler              Florian Karlheim
Elfi Pollinger              Christine Neubauer
Thekla Eichenseher    Luise Kinseher

| | |
|---|---|
| Lisa Heckmeier | Sarah Camp |
| Hans Kneidl | Winfried Frey |
| Dago Schindler | Jockel Tschiersch |
| Karl Haun | Johannes Herrschmann |
| Fred Müller | Hans Schuler |
| Helga Königbauer | Irm Hermann |
| Dieter Gaschek | Gilbert von Sohlern |
| Kuba | Sergej Moya |
| Edmund Hösl | Butz Ulrich Buse |
| Klaudia Königbauer | Marisa Growaldt |
| Pfarrer Peintner | Karl Schermann |

## MÜNCHEN 7: LETZTE HOFFNUNG MÜNCHEN

Folge 35 (Staffel 5)
Erstausstrahlung 19. November 2014
Regie                 Franz Xaver Bogner
Drehbuch         Franz Xaver Bogner und Christian Lerch

| | |
|---|---|
| Xaver Bartl | Andreas Giebel |
| Felix Kandler | Florian Karlheim |
| Elfi Pollinger | Christine Neubauer |
| Moni Riemerschmidt | Monika Gruber |
| Irmi Bartl | Dorothee Hartinger |
| Maxi Bartl | Jonas Wittmann |
| Thekla Eichenseer | Luise Kinseher |
| Hans Kneidl | Winfried Frey |
| Sandra Holzapfel | Julia Koschitz |
| Dago Schindler | Jockel Tschiersch |
| Zagreb | Christian Lerch |
| Karl Haun | Johannes Herrschmann |
| Fred Müller | Johann Schuler |
| Lisa Heckmeier | Sarah Camp |
| Pfarrer Peintner | Karl Schermann |
| Mesnerin Cornelia | Margret Völker |

## MÜNCHEN 7: DIE ZWÖLFTE FRAU

Folge 37 (Staffel 5)
Erstausstrahlung 10. Dezember 2014
Regie                 Franz Xaver Bogner
Drehbuch         Franz Xaver Bogner und Stefan Betz

| | |
|---|---|
| Xaver Bartl | Andreas Giebel |
| Felix Kandler | Florian Karlheim |
| Thekla Eichenseher | Luise Kinseher |
| Dago Schindler | Jockel Tschiersch |
| Karl Haun | Johannes Herrschmann |
| Hans Kneidl | Winfried Frey |
| Fred Müller | Hans Schuler |
| Elfi Pollinger | Christine Neubauer |
| Irmi Bartl | Dorothee Hartinger |

| | |
|---|---|
| Maxi Bartl | Jonas Wittmann |
| Moni Riemerschmidt | Monika Gruber |
| Lisa Heckmeier | Sarah Camp |
| Manfred Giegl | Roland Hefter |
| Beate Saftig | Viola von der Burg |
| Olaf Mahler | Markus Eberl |
| Julia Dorn | Katrin Wunderlich |
| Sophie Knittelberger | Thekla Mayhoff |
| Sam Tratschke | Steffen Nowak |
| Jürgen Volkmar | Marcus Mittermeier |
| Inge Volkmar | Nikola Norgauer |
| Uschi Zuckmayer | Michaela Heigenhauser |
| Maria | Ana Sanchez |
| Pfarrer Peintner | Karl Schermann |
| Mesnerin Cornelia | Margret Völker |

### MÜNCHEN 7: KURSCHADEN

Folge 39 (Staffel 6)
Erstausstrahlung 7. Januar 2015

| | |
|---|---|
| Regie | Franz Xaver Bogner |
| Drehbuch | Franz Xaver Bogner |

| | |
|---|---|
| Xaver Bartl | Andreas Giebel |
| Felix Kandler | Florian Karlheim |
| Thekla Eichenseher | Luise Kinseher |
| Dago Schindler | Jockel Tschiersch |
| Karl Haun | Johannes Herrschmann |
| Hans Kneidl | Winfried Frey |
| Fred Müller | Hans Schuler |
| Elfi Pollinger | Christine Neubauer |
| Moni Riemerschmidt | Monika Gruber |
| Maxi Bartl | Jonas Wittmann |
| Adrian Hülverstedt | Helmfried von Lüttichau |
| Rita Stöckl | Gundi Ellert |
| Hans Rottmüller | Sigi Zimmerschied |
| Anna Rottmüller | Kathi Leitner |
| Pfarrer Peintner | Karl Schermann |
| Mesnerin Cornelia | Margret Völker |

### MÜNCHEN 7: EIN TAG IN MÜNCHEN

Folge 43 (Staffel 6)
Erstausstrahlung 4. Februar 2015

| | |
|---|---|
| Regie | Franz Xaver Bogner |
| Drehbuch | Franz Xaver Bogner |

| | |
|---|---|
| Xaver Bartl | Andreas Giebel |
| Felix Kandler | Florian Karlheim |
| Thekla Eichenseher | Luise Kinseher |
| Dago Schindler | Jockel Tschiersch |
| Karl Haun | Johannes Herrschmann |

| | |
|---|---|
| Hans Kneidl | Winfried Frey |
| Fred Müller | Hans Schuler |
| Roland Mezger | Michael König |
| Elfi Pollinger | Christine Neubauer |
| Moni Riemerschmidt | Monika Gruber |
| Lisa Heckmeier | Sarah Camp |
| Sophie Knittelberger | Thekla Mayhoff |
| Alfred Hackl | Michael Tregor |
| Erwin Habersatter | Florian Münzer |
| Sepp Wimberger | Benedikt Hösl |
| Pfarrer Peintner | Karl Schermann |
| Mesnerin Cornelia | Margret Völker |
| Mörder | Aurel Manthei |

### MÜNCHEN 7: EINE REISE IN DEN SÜDEN

Folge 50 (Staffel 7)
Erstausstrahlung 2. November 2016
| | |
|---|---|
| Regie | Franz Xaver Bogner |
| Drehbuch | Franz Xaver Bogner |

| | |
|---|---|
| Xaver Bartl | Andreas Giebel |
| Felix Kandler | Florian Karlheim |
| Thekla Eichenseher | Luise Kinseher |
| Dago Schindler | Jockel Tschiersch |
| Karl Haun | Johannes Herrschmann |
| Hans Kneidl | Winfried Frey |
| Fred Müller | Hans Schuler |
| Elfi Pollinger | Christine Neubauer |
| Irmi Bartl | Dorothee Hartinger |
| Maxi Bartl | Jonas Wittmann |
| Lisa Heckmeier | Sarah Camp |
| Moni Riemerschmidt | Monika Gruber |
| Rosie Liebherr | Marlene Morreis |
| Ursula Ströblin-Frey | Franziska Traub |
| Ian McGregor | Nick McCarthy |
| Egon Ansbacher | Matthias Kupfer |
| Pfarrer | Rainer Maria Schießler |
| Mesnerin Cornelia | Margret Völker |
| Nibbsy | Markus Stoll |
| Seb | Sebastian Kellig |
| Fela | Abubakar Kallon |

### HAUPTSTADTREVIER: FALSCHGELD

Folge 9 (Staffel 1)
Erstausstrahlung 5. Februar 2013
| | |
|---|---|
| Regie | Axel de Roche |
| Drehbuch | Andy Cremer |

| | |
|---|---|
| Julia Klug | Friederike Kempter |
| Johannes Sonntag | Matthias Klimsa |

| | |
|---|---|
| Marianne Klug | Kirsten Block |
| Jürgen Klug | Torsten Michaelis |
| Patrick Klug | Oliver Bender |
| Marei Schiller | Julia Richter |
| Karla | Hannes Wegener |
| Nadja Bock | Floriane Daniel |
| Inga Schröder | Esther Esche |
| Holger Saalscheidt | Lars Weström |
| Mönch | Tobias Kaufhold |
| Felix Prinz | Florian Fitz |

## HAUPTSTADTREVIER: OFFENE RECHNUNGEN

Folge 16 (Staffel 1)
Erstausstrahlung 26. März 2013

| | |
|---|---|
| Drehbuch | Stefan Barth, Michel B. Müller |
| Regie | Michael Wenning, Stefan Barth, Michael B. Müller |

| | |
|---|---|
| Julia Klug | Friederike Kempter |
| Johannes Sonntag | Matthias Klimsa |
| Marianne Klug | Kirsten Block |
| Jürgen Klug | Torsten Michaelis |
| Karla | Hannes Wegener |
| Frau Block | Floriane Daniel |
| Patrick Klug | Oliver Bender |
| Sergej Raihmann | Carsten Clemens |
| Nadia Sonntag | Katrin Bühring |
| Gerhard Schaller | Thomas Schendel |
| Madame Rubina | Marie-Lou Sellem |
| Wirt | Christof Düro |

## ALLES KLARA: IM NAMEN DES VATERS

Folge 17 (Staffel 2)
Erstausstrahlung 10. Oktober 2013

| | |
|---|---|
| Drehbuch | Jürgen Werner |
| Regie | Andi Niessner |

| | |
|---|---|
| Klara Degen | Wolke Hegenbarth |
| Paul Kleinert | Felix Eitner |
| Frau Dr. Müller-Dietz | Alexa Maria Surholt |
| Tom Ollenhauer | Christoph Hagen Dittmann |
| Jonas Wolter | Jan Niklas Berg |
| Sylvia Wegener | Winnie Böwe |
| Jörg Wegener | Stephan Grossmann |
| Lena Wegener | Antonia Görner |
| Dr. Münster | Jörg Gudzuhn |
| Pfarrer Johannes Täubner | Christian Dolezal |
| Hermine Malinckrodt | Simone von Zglinicki |
| Martin Jentsch | Peter Prager |
| Katja Jentsch | Katharina Heyer |
| Daniel Dombrowski | Leander Lichti |

| Claudia Riedinger | Marianne Graffam |
| Kevin | Gustav Reutter |

**ALLES KLARA: SCHACHMATT**

Folge 18 (Staffel 2)
Erstausstrahlung 17. Oktober 2013
| Drehbuch | Jürgen Werner |
| Regie | Andi Niessner |

| Klara Degen | Wolke Hegenbarth |
| Paul Kleinert | Felix Eitner |
| Frau Dr. Müller-Dietz | Alexa Maria Surholt |
| Tom Ollenhauer | Christoph Hagen Dittmann |
| Jonas Wolter | Jan Niklas Berg |
| Sylvia Wegener | Winnie Böwe |
| Jörg Wegener | Stephan Grossmann |
| Lena Wegener | Antonia Görner |
| Dr. Münster | Jörg Gudzuhn |
| Kurt Walther | Bernd Stegemann |
| Anne Krause | Emanuela von Frankenberg |
| Markus Ritter | Gabriel Merz |
| Sonja Ritter | Anna Grisebach |
| Matthias Rumpel | Daniel Krauss |
| Gerda Mettelstedt | Franziska Troegner |

**ALLES KLARA: LETZTE RUHE LOTUSSITZ**

Folge 31 (Staffel 2)
Erstausstrahlung 30. Januar 2014
| Drehbuch | Claudia Leins und Claus-Michael Rohne |
| Regie | Andi Niessner |

| Klara Degen | Wolke Hegenbarth |
| Paul Kleinert | Felix Eitner |
| Frau Dr. Müller-Dietz | Alexa Maria Surholt |
| Tom Ollenhauer | Christoph Hagen Dittmann |
| Jonas Wolter | Jan Niklas Berg |
| Sylvia Wegener | Winnie Böwe |
| Jörg Wegener | Stephan Grossmann |
| Lena Wegener | Antonia Görner |
| Dr. Münster | Jörg Gudzuhn |
| Jan Ahrens | Jens Atzorn |
| Susanne Köhler | Julia Maronde |
| Marlene Strobel | Kirstin Fischer |
| Klaus Merten | Michael Ehnert |
| Sigrund Mertens | Katrin Wehlisch |

**ALLES KLARA: GOLD UND SILBER**

Folge 35 (Staffel 3)
Erstausstrahlung 19. April 2016

| | |
|---|---|
| Drehbuch | Claus-Michael Rohne |
| Regie | Thomas Freundner |
| | |
| Klara Degen | Wolke Hegenbarth |
| Paul Kleinert | Felix Eitner |
| Tom Ollenhauer | Christoph Hagen Dittmann |
| Jonas Wolter | Jan Niklas Berg |
| Frau Dr. Müller-Dietz | Alexa Maria Surholt |
| Dr. Münster | Jörg Gudzuhn |
| Kati Herrmann | Sophie Lutz |
| Lutz Christoph | Sebastian Achilles |
| Kai Hombach | Wolfgang Menardi |
| Wendelin Weisshaupt | Philipp Quest |
| Jürgen Weisshaupt | Jürgen Mai |
| Jule Weisshaupt | Emilia Bernsdorf |
| Otto Berghoff | Paul Faßnacht |
| Matthes Berghoff | Sven Hönig |

### ALLES KLARA: ADALMARS FLUCH

Folge 39 (Staffel 3)
Erstausstrahlung 17. Mai 2016

| | |
|---|---|
| Drehbuch | Claus-Michael Rohne |
| Regie | Thomas Freundner |
| | |
| Klara Degen | Wolke Hegenbarth |
| Paul Kleinert | Felix Eitner |
| Tom Ollenhauer | Christoph Hagen Dittmann |
| Jonas Wolter | Jan Niklas Berg |
| Frau Dr. Müller-Dietz | Alexa Maria Surholt |
| Dr. Münster | Jörg Gudzuhn |
| Lutz Christoph | Sebastian Achilles |
| Kati Herrmann | Sophie Lutz |
| Uschi Möllendorf | Karen Böhne |
| Carlo Pavone | Roberto Guerra |
| Heiner Kosmalla | Michael Schönborn |
| Kurt Leberecht | Falk Rockstroh |
| Frau Dr. Hornbostel | Theresa Berlage |

### ALLES KLARA: TOD UNTER DEM KREUZ

Folge 43 (Staffel 3)
Erstausstrahlung 11. April 2017

| | |
|---|---|
| Drehbuch | Khyana el Bitar |
| Regie | Thomas Freundner |
| | |
| Klara Degen | Wolke Hegenbarth |
| Stefan Lauer | Marc Oliver Schulze |
| Jonas Wolter | Jan Niklas Berg |
| Tom Ollenhauer | Christoph Hagen Dittmann |
| Frau Dr. Müller-Dietz | Alexa Maria Surholt |

| | |
|---|---|
| Dr. Münster | Jörg Gudzuhn |
| Kati Herrmann | Sophie Lutz |
| Monika Riedel | Elga Schütz |
| Doreen | Julia Jendroßek |
| Anita | Ursula Andermatt |
| Pfarrer Piepenbrink | Norbert Stöss |
| Petra | Hede Beck |
| Frank | Rainer Reiners |

**ALLES KLARA: MORD IM SPUKSCHLOSS**

Folge 46 (Staffel 3)
Erstausstrahlung 2. Mai 2017

| | |
|---|---|
| Drehbuch | Walter Steffen |
| Regie | Stefan Bühling |
| | |
| Klara Degen | Wolke Hegenbarth |
| Stefan Lauer | Marc Oliver Schulze |
| Jonas Wolter | Jan Niklas Berg |
| Tom Ollenhauer | Christoph Hagen Dittmann |
| Frau Dr. Müller-Dietz | Alexa Maria Surholt |
| Dr. Münster | Jörg Gudzuhn |
| Sonja von Schanz | Cornelia Ivancan |
| Markus von Schanz | Adrian Topol |
| Alex Bäumer | Timo Jacobs |
| Kati Herrmann | Sophie Lutz |
| Dietmar Hartmann | Claus-Peter Rathjen |
| Uschi Hartmann | Brigitte Böttrich |
| Patrizia Unruh | Laura Uhlig |

**HUBERT UND STALLER: MORD IM SCHWEINESTALL**

Folge 10 (Staffel 1)
Erstausstrahlung 11. Januar 2012

| | |
|---|---|
| Drehbuch | Philip Kaetner |
| Regie | Oliver Mielke |
| | |
| Franz Hubert | Christian Tramitz |
| Johannes Staller | Helmfried von Lüttichau |
| Reimund Girwidz | Michael Brandner |
| Barbara Hansen | Monika Gruber |
| Sabrina Rattlinger | Carin C. Tietze |
| Dr. Anja Licht | Karin Thaler |
| Sonja Wirth | Annett Fleischer |
| Martin Riedl | Paul Sedlmeir |
| Robert Hansen | Sigi Zimmerschied |
| Siggi Baumegger | Gerd Ekken-Gerdes |
| Rolf Hartmann | Thomas Huber |
| Katarina Stastny | Natalia Christina Rudziewicz |
| Philip Lange | Claudius Franz |
| Yazid | Hannes Ringlstetter |

## HUBERT UND STALLER: BAUER SUCHT MÖRDER

Folge 13 (Staffel 1)
Erstausstrahlung 1. Februar 2012
Drehbuch				Alexander Söllner
Regie				Oliver Mielke

| | |
|---|---|
| Franz Hubert | Christian Tramitz |
| Johannes Staller | Helmfried von Lüttichau |
| Reimund Girwidz | Michael Brandner |
| Sonja Wirth | Annett Fleischer |
| Martin Riedl | Paul Sedlmeir |
| Dr. Anja Licht | Karin Thaler |
| Barbara Hansen | Monika Gruber |
| Sabrina Rattlinger | Carin C. Tietze |
| Yazid | Hannes Ringlstetter |
| Konstantin von Appen | Andreas Borcherding |
| Felix Thurnbichler | Manuel Rubey |
| Melanie Bülow | Melissa Anna Schmidt |
| Kirsten Ullmann | Claudia Rößler |
| Manni Seiffert | Roland von Kummant |
| Robert Hansen | Sigi Zimmerschied |
| Siggi Baumegger | Gerd Ekken-Gerdes |
| Alois Gschwendtner | Tobias Maehler |
| Johanna Griwidz | Alina Stiegler |

## HUBERT UND STALLER: VILLA GEKAUFT WIE GESEHEN

Folge 21 (Staffel 2)
Erstausstrahlung 24. Oktober 2012
Drehbuch				Philip Kaetner
Regie				Werner Siebert

| | |
|---|---|
| Franz Hubert | Christian Tramitz |
| Johannes Staller | Helmfried von Lüttichau |
| Reimund Girwidz | Michael Brandner |
| Sonja Wirth | Annett Fleischer |
| Martin Riedl | Paul Sedlmeir |
| Dr. Anja Licht | Karin Thaler |
| Barbara Hansen | Monika Gruber |
| Sabrina Rattlinger | Carin C. Tietze |
| Yazid | Hannes Ringlstetter |
| Marcell Wimmer | Benedikt Hösl |
| Das Medium von Miesbach | Lisa Kreuzer |
| Florian Rössler | Thomas Loibl |
| Inés Vogl | Lena Meckel |
| Benjamin Kraus | Til Schindler |
| Lothar Graf | Gilbert von Sohlern |

## HUBERT UND STALLER: EIN TON ZUWENIG

Folge 22 (Staffel 2)
Erstausstrahlung 31. Oktober 2012

| Drehbuch | Alexander Söllner |
| Regie | Werner Siebert |

| Franz Hubert | Christian Tramitz |
| Johannes Staller | Helmfried von Lüttichau |
| Barbara Hansen | Monika Gruber |
| Reimund Girwidz | Michael Brandner |
| Dr. Anja Licht | Karin Thaler |
| Sonja Wirth | Annett Fleischer |
| Martin Riedl | Paul Sedlmeir |
| Sabrina Rattlinger | Carin C. Tietze |
| Rita Rauwald | Heide Ackermann |
| Christine Händel | Nina Brandhoff |
| Franz Dizinger | Titus Horst |
| Wolfgang Graffel | Christian Koch |
| Yazid | Hannes Ringlstetter |
| Pfarrer Michael Engel | Martin Becker |
| Kim Dizinger | Maria Weidner |
| Maria Wiesner | Beles Adam |

## HUBERT UND STALLER: OMM, DU BIST TOT

Folge 30 (Staffel 2)
Erstausstrahlung 30. Januar 2013

| Drehbuch | Murmel Clausen und Tobias Dörr |
| Regie | Wilhelm Engelhardt |

| Franz Hubert | Christian Tramitz |
| Johannes Staller | Helmfried von Lüttichau |
| Reimund Girwidz | Michael Brandner |
| Johanna Griwidz | Alina Stiegler |
| Sonja Wirth | Annett Fleischer |
| Martin Riedl | Paul Sedlmeir |
| Dr. Anja Licht | Karin Thaler |
| Barbara Hansen | Monika Gruber |
| Sabrina Rattlinger | Carin C. Tietze |
| Yazid | Hannes Ringlstetter |
| Rainer Boll | Holger Christian Gotha |
| Monika Boll | Marita Marschall |
| Mike | Michael Tregor |
| Ina | Sandra Maria Schlegel |
| Dr. Scheibner | Michael Schiller |
| Berit | Gloria Nefzger |
| Erol | Julius Bornmann |

## HUBERT UND STALLER: DIE LETZTE RUHE

Folge 41 (Staffel 3)
Erstausstrahlung 15. Januar 2014

| Drehbuch | Antje Bähr |
| Regie | Wilhelm Engelhardt |

| | |
|---|---|
| Franz Hubert | Christian Tramitz |
| Johannes Staller | Helmfried von Lüttichau |
| Reimund Girwidz | Michael Brandner |
| Dr. Anja Licht | Karin Thaler |
| Sonja Wirth | Annett Fleischer |
| Martin Riedl | Paul Sedlmeir |
| Yazid | Hannes Ringlstetter |
| Sabrina Rattlinger | Carin C. Tietze |
| Hermann Fischer | Christian Hoening |
| Gisela Köhler | Sabine Oberhorner |
| Gerd Mithuber | Robert Joseph Bartl |
| Thomas Bauer | Michael Kranz |
| Dr. Hartmut Bauer | Stefan Zimmermann |

## HUBERT UND STALLER: DER FLUG DES PHOENIX

Folge 59 (Staffel 4)
Erstausstrahlung 28. Oktober 2015
| | |
|---|---|
| Drehbuch | Paul J. Milbers und Michael Pohl |
| Regie | Jan Markus Linhof |

| | |
|---|---|
| Franz Hubert | Christian Tramitz |
| Johannes Staller | Helmfried von Lüttichau |
| Reimund Girwidz | Michael Brandner |
| Dr. Anja Licht | Karin Thaler |
| Sonja Wirth | Annett Fleischer |
| Martin Riedl | Paul Sedlmeir |
| Yazid | Hannes Ringlstetter |
| Sabrina Rattlinger | Carin C. Tietze |
| Marianne Stark | Rebecca Immanuel |
| Gustav Giebel | Hans Heller |
| Pfarrer Franz Reich | Thorsten Krohn |
| Gernot Meierling | Butz Ulrich Buse |
| Autofahrer | Robinson von Lindenschmit |
| Opferstock-Diebin | Lilo Kriechel |
| Junge Max | Leopold Conzen |

## HUBERT UND STALLER: DER LETZTE AKKORD

Folge 67 (Staffel 5)
Erstausstrahlung 20. Januar 2016
| | |
|---|---|
| Drehbuch | Reinhard Krökel und Moritz Freitag |
| Regie | Erik Haffner |

| | |
|---|---|
| Franz Hubert | Christian Tramitz |
| Johannes Staller | Helmfried von Lüttichau |
| Reimund Girwidz | Michael Brandner |
| Sonja Wirth | Annett Fleischer |
| Martin Riedl | Paul Sedlmeir |
| Dr. Anja Licht | Karin Thaler |
| Yazid | Hannes Ringlstetter |
| Sabrina Rattlinger | Carin C. Tietze |

| | |
|---|---|
| Rainer Bentzer | Andreas Ladwig |
| Roy Cassens | Marcus Morlinghaus |
| Lydia Otten | Sylvia Leifheit |
| Udo Simon | Gabriel Barylli |
| Sophia Schneider | Tanja Mairhofer |

## HUBERT UND STALLER: FAHR ZUR HÖLLE

Folge 68 (Staffel 5)
Erstausstrahlung 3. Februar 2016

| | |
|---|---|
| Drehbuch | Jakob Vogt und Julia Walter |
| Regie | Erik Haffner |

| | |
|---|---|
| Franz Hubert | Christian Tramitz |
| Johannes Staller | Helmfried von Lüttichau |
| Reimund Girwidz | Michael Brandner |
| Dr. Anja Licht | Karin Thaler |
| Sonja Wirth | Annett Fleischer |
| Martin Riedl | Paul Sedlmeir |
| Sabrina Rattlinger | Carin C. Tietze |
| Yazid | Hannes Ringlstetter |
| Hans Hauser | Torsten Hammann |
| Ferdinand Amberger | Daniel Drewes |
| Praktikant Jannis | Marcel Kowalewski |
| Vermieterin | Astrid Polak |
| Frau Amberger | Simone Ascher |
| Prostituierte Elvira | Alexandra Helmig |
| Jörn Gruner | Jakub Slodowicz |

## HUBERT UND STALLER: HEILIGER ZORN

Folge 102 (Staffel 7)
Erstausstrahlung 6. Dezember 2017

| | |
|---|---|
| Drehbuch | Rochus Hahn |
| Regie | Philipp Osthus |

| | |
|---|---|
| Franz Hubert | Christian Tramitz |
| Johannes Staller | Helmfried von Lüttichau |
| Reimund Girwidz | Michael Brandner |
| Yazid | Hannes Ringlstetter |
| Dr. Anja Licht | Karin Thaler |
| Barbara Hansen | Monika Gruber |
| Lena Winter | Klara Deutschmann |
| Martin Riedl | Paul Sedlmeir |
| Pfarrer Paul Wiedemann | Johannes Herrschmann |
| Stefan Goldinger | Mark-Alexander Solf |
| Richter Ansgar Saathoff | Michael Lerchenberg |

## HUBERT UND STALLER: DRINGENDER TATVERDACHT

Folge 103 (Staffel 7)
Erstausstrahlung 13. Dezember 2017

| Drehbuch | Rochus Hahn |
| Regie | Philipp Osthus |

| Franz Hubert | Christian Tramitz |
| Johannes Staller | Helmfried von Lüttichau |
| Reimund Girwidz | Michael Brandner |
| Lena Winter | Klara Deutschmann |
| Martin Riedl | Paul Sedlmeir |
| Dr. Anja Licht | Karin Thaler |
| Yazid | Hannes Ringlstetter |
| Barbara Hansen | Monika Gruber |
| Carola Schnoor | Sarah Maria Besgen |
| Yannick Riva | Christoph von Friedl |
| Pit Magnusson | Mathias Harrebye-Brandt |

## HUBERT OHNE STALLER: NONNENLOS

Folge 130 (Staffel 8)
Erstausstrahlung 3. April 2019

| Drehbuch | Leonard Tramitz |
| Regie | Wilhelm Engelhardt |

| Franz Hubert | Christian Tramitz |
| Reimund Girwidz | Michael Brandner |
| Sabine Kaiser | Katharina Müller-Elmau |
| Martin Riedl | Paul Sedlmeir |
| Rebecca Jungblut | Jeanne Goursaud |
| Dr. Caroline Fuchs | Susu Padotzke |
| Barbara Hansen | Monika Gruber |
| Yazid | Hannes Ringlstetter |
| Oberin Renate | Michaela Steiger |
| Schwester Patricia | Nina Schmieder |
| Schwester Lara | Sonka Vogt |
| Claudia Göhner | Eva-Maria Piringer |
| Hilde Kernbach | Johanna Bittenbinder |
| Robbi Kernbach | Heinz-Josef Braun |
| Alte Frau am Bankautomat | Ingrid Resch |
| Fatma Atischeh | Hannah Braun |
| Hassan | Aras Namli |

## HUBERT OHNE STALLER: ZU SPÄTE EINSICHT

Folge 141 (Staffel 9)
Erstausstrahlung 9. Dezember 2020

| Drehbuch | Hansjörg Nessensohn |
| Regie | Karsten Fiebeler |

| Franz Hubert | Christian Tramitz |
| Reimund Girwidz | Michael Brandner |
| Sabine Kaiser | Katharina Müller-Elmau |
| Martin Riedl | Paul Sedlmeir |
| Christina Bayer | Mitsou Jung |

| | |
|---|---|
| Dr. Caroline Fuchs | Susu Padotzke |
| Barbara Hansen | Monika Gruber |
| Yazid | Hannes Ringlstetter |
| Großtante Maria | Monika Baumgartner |
| Britta Fischer | Bettina Redlich |
| Elisabeth Richrat | Veronika-Marie von Quast |
| Pfarrer | Thomas Huber |

## HUBERT OHNE STALLER: DIE KINDER DER FÜNF SEEN

Folge 146 (Staffel 9)
Erstausstrahlung 13. Januar 2021
| | |
|---|---|
| Drehbuch | Philip Kaetner |
| Regie | Karsten Fiebeler |

| | |
|---|---|
| Franz Hubert | Christian Tramitz |
| Reimund Girwidz | Michael Brandner |
| Sabine Kaiser | Katharina Müller-Elmau |
| Martin Riedl | Paul Sedlmeir |
| Christina Bayer | Mitsou Jung |
| Dr. Caroline Fuchs | Susu Padotzke |
| Barbara Hansen | Monika Gruber |
| Yazid | Hannes Ringlstetter |
| Noah | Jürgen Julien Blaschke |
| Eva Fritz | Yohanna Schwertfeger |

## NORDISCH HERB: KILLERBIENEN ÜBER HUSUM

Folge 3 (Staffel 1)
Erstausstrahlung 8. November 2011
| | |
|---|---|
| Drehbuch | Michael Illner |
| Regie | Holger Haase |

| | |
|---|---|
| Jon Peterson | Frank Vockroth |
| Claas Peterson | Ulrich Voß |
| Nora Neubauer | Loretta Stern |
| Emilia Neubauer | Sophie Schirmer |
| Kriminalrat Hinrichs | Thomas Kügel |
| Wibke Hooge | Nora Binder |
| Rayk Kilian | Martin Wißner |
| Hannes Guthzeit | Tilo Prückner |
| Elli Klüver | Irene Rindje |
| Elisabeth Niehues | Karin Nennemann |
| Christiane Jensen | Christiane Zeiske |
| Silke Hoyer | Judith Hoersch |
| Klara Hoyer | Tara Loos, Tove Loos |

## MORDEN IM NORDEN: DER FRAUENFLÜSTERER

Folge 9 (Staffel 1)
Erstausstrahlung 17. April 2012

| | |
|---|---|
| Drehbuch | Alexander Rettig |
| Regie | Dirk Pientka |
| | |
| Finn Kiesewetter | Sven Martinek |
| Lars Englen | Ingo Naujoks |
| Elke Rasmussen | Tessa Mittelstaedt |
| Sandra Schwartenbeck | Marie-Luise Schramm |
| Herr Schroeter | Veit Stübner |
| Dr. Henning Strahl | Christoph Tomanek |
| Ernst | Jürgen Uter |
| Ria Kiesewetter | Ulrike Bliefert |
| Toni Kiesewetter | Petra Kelling |
| Amid Bach | Kerstin Fernstroem |
| Elisabeth Erikson | Marita Marschall |
| Gustav Erikson | Matthias Pego |
| Malte Henning | Ulrich Bähnk |
| Leni Henning | Anja Karmanski |
| Didier Moretti | Michael Lott |

**MORDEN IM NORDEN: JACKPOT**

Folge 24 (Staffel 2)
Erstausstrahlung 21. Mai 2013

| | |
|---|---|
| Drehbuch | René Förder und Stephan Pächer |
| Regie | Till Franzen |
| | |
| Finn Kiesewetter | Sven Martinek |
| Sandra Schwartenbeck | Marie-Luise Schramm |
| Elke Rasmussen | Tessa Mittelstaedt |
| Lars Englen | Ingo Naujoks |
| Herr Schroeter | Veit Stübner |
| Dr. Henning Strahl | Christoph Tomanek |
| Ernst | Jürgen Uter |
| Ria Kiesewetter | Ulrike Bliefert |
| Toni Kiesewetter | Petra Kelling |
| Dr. Nora Kant | Friederike Linke |
| Karl Denzer | Michael Prelle |
| Jochen Winter | Christoph Gareisen |
| Straßenfeger Uwe | Till Huster |
| Gabi Denzer | Doris Maria Kaiser |
| Zoe Kant/11jährige Nora | Teresa von Schultzendorff |

**MORDEN IM NORDEN: BLUMENOPFER**

Folge 37 (Staffel 3)
Erstausstrahlung 15. April 2014

| | |
|---|---|
| Drehbuch | Anna Dokoupilova |
| Regie | Torsten Wacker |
| | |
| Finn Kiesewetter | Sven Martinek |
| Lars Englen | Ingo Naujoks |
| Elke Rasmussen | Tessa Mittelstaedt |

Sandra Schwartenbeck            Marie-Luise Schramm
Herr Schroeter                  Veit Stübner
Dr. Henning Strahl              Christoph Tomanek
Ernst                           Jürgen Uter
Annette Döring                  Anna Thalbach
Barbara Freitag                 Dana Golombek
Nina Freitag                    Annika Schrumpf
Moritz Pohl                     Moritz Leu
Holger Pohl                     Steffen Münster
Erich Pohl                      Rüdiger Kuhlbrodt

**MORDEN IM NORDEN: KINDER DES LICHTS**

Folge 58 (Staffel 4)
Erstausstrahlung 16. Januar 2017
Drehbuch                        Georg Hartmann
Regie                           Hans-Hinrich Koch und Marcus Weiler

Finn Kiesewetter                Sven Martinek
Lars Englen                     Ingo Naujoks
Dr. Hilke Zobel                 Proschat Madani
Nina Weiss                      Julia E. Lenska
Heinz Schroeter                 Veit Stübner
Dr. Henning Strahl              Christoph Tomanek
Ernst                           Jürgen Uter
Henning Hafemann                Marek Erhardt
Karoline Hafemann / Sarah Hafemann    Maja Celine Probst
Marianne Ruthenbeck             Kirsten Block
Ute Hansen                      Isabel Bongard
Basti Müller                    Louis Nitsche
Herr Kleiber                    Steffen Ezold

**MORDEN IM NORDEN: LEONIES LETZTER ABEND**

Folge 91 (Staffel 6)
Erstausstrahlung 2. Dezember 2019
Drehbuch                        Marie Reiners
Regie                           Christoph Eichhorn

Finn Kiesewetter                Sven Martinek
Lars Englen                     Ingo Naujoks
Nina Weiss                      Julia Schäfle
Heinz Schroeter                 Veit Stübner
Dr. Hilke Zobel                 Proschat Madani
Dr. Henning Strahl              Christoph Tomanek
Leonie Faber                    Emilia Bernsdorf
Renate Faber                    Anja Karmanski
Jakob Faber                     Michael Ihnow
Johannes Brauweiler             Michael Gempart
Stephan Mauser                  Leopold Hornung
Judith Mauser                   Katharina Küpper
Salvatore Rinaldi               Cem Ali Gültekin

**MORDEN IM NORDEN: PERFIDES SPIEL**

Folge 124 (Staffel 8)
Erstausstrahlung 28. März 2022
Drehbuch                    Claudia Römer
Regie                       Michael Riebl

Finn Kiesewetter            Sven Martinek
Lars Englen                 Ingo Naujoks
Tomke Jenssen               Anjorka Strechel
Ida Müller-Dogan            Amelie Plaas-Link
Dr. Henning Strahl          Christoph Tomanek
Dr. Hilke Zobel             Proschat Madani
Dr. Jamal Bassad            Omar El-Saeidi
Tim Grothmann               Dennis Schigiol
Line Grothmann              Picco von Groote
Prof. Hauke Grothmann       Frieder Venus
Dr. Volker Görtz            David Allers

**MORD MIT AUSSICHT: MARIENFEUER**

Folge 4 (Staffel 1)
Erstausstrahlung 28. Januar 2008
Drehbuch                    Marie Reiners
Regie                       Christoph Schnee und Marie Reiners

Sophie Haas                 Caroline Peters
Hannes Haas                 Hans Peter Hallwachs
Bärbel Schmied              Meike Droste
Dietmar Schäffer            Bjarne Ingmar Mädel
Heike Schäffer              Petra Kleinert
Andreas Zielonka            Max Gertsch
Hans Zielonka               Michael Hanemann
Magda Lahrscheid            Renate Becker
Christian Lahrscheid        Peter Benedict
Anke Jokisch                Heike Warmuth
Felix Franken               Enno Hesse
Silke Lahrscheid            Corinna Breite
Sabine Merz                 Verena Plangger
Polizeihauptmeister
Manscheid                   Jörg Reimers
Aslan                       Atilla Oener

**MORD MIT AUSSICHT: BLUTENDE HERZEN**

Folge 7 (Staffel 1)
Erstausstrahlung 6. Juli 2010
Drehbuch                    Marie Reiners
Regie                       Torsten Wacker

Sophie Haas                 Caroline Peters
Hannes Haas                 Hans Peter Hallwachs

| | |
|---|---|
| Bärbel Schmied | Meike Droste |
| Dietmar Schäffer | Bjarne Ingmar Mädel |
| Heike Schäffer | Petra Kleinert |
| Hans Zielonka | Michael Hanemann |
| Dr. Kauth | Arnd Klawitter |
| Sabine Ohlert | Annette Paulmann |
| Margot | Margit Bendokat |
| Pfarrer Lepetit | Felix Goeser |
| Helga Reinhold | Katrin Pollitt |
| Magnus Reinhold | Henning Schimke |
| Katharina Reinhold | Maria Mägdefrau |
| Dr. Bechermann | Patrick Heyn |

## MORD MIT AUSSICHT: TERROR IN HENGASCH

Folge 15 (Staffel 2)
Erstausstrahlung 4. September 2012

| | |
|---|---|
| Drehbuch | Peter Güde und Michael Tack |
| Regie | Christoph Schnee |

| | |
|---|---|
| Sophie Haas | Caroline Peters |
| Hannes Haas | Hans Peter Hallwachs |
| Bärbel Schmied | Meike Droste |
| Dietmar Schäffer | Bjarne Ingmar Mädel |
| Heike Schäffer | Petra Kleinert |
| Dr. Gregor Zörner | Max Volkert Martens |
| Isabell Zörner | Kathrin Angerer |
| Jacqueline Schildknecht | Anja Boche |
| Dr. Matthias Gerlach | Robert Dölle |
| Hans Zielonka | Michael Hanemann |
| Andreas Zielonka | Max Gertsch |
| Lydia Auerbach | Julia Schmitt |
| Frau Runkelbach | Friederike Frerichs |
| Danuta | Karina Krawczyk |
| Hassan | Kailas Mahadevan |

## MORD MIT AUSSICHT: CARPORT

Folge 28 (Staffel 3)
Erstausstrahlung 16. September 2014

| | |
|---|---|
| Drehbuch | Christoph Schnee |
| Regie | Christoph Benkelmann |

| | |
|---|---|
| Sophie Haas | Caroline Peters |
| Hannes Haas | Hans Peter Hallwachs |
| Bärbel Schmied | Meike Droste |
| Dietmar Schäffer | Bjarne Ingmar Mädel |
| Heike Schäffer | Petra Kleinert |
| Irmtraud Schäffer | Carmen-Maja Antoni |
| Jan Schulte | Johann von Bülow |
| Hans Zielonka | Michael Hanemann |
| Dr. Kauth | Arnd Klawitter |

| | |
|---|---|
| Lydia Aubach | Julia Schmitt |
| Hans Zwanziger | Hendrik Arnst |
| Fräulein Berger | Angelika Böttiger |
| Pit Wagner | Pit Bukowski |
| Dr. Bechermann | Patrick Heyn |
| Frau Overrath | Bettina Engelhardt |
| Frau Runkelbach | Friederike Frerichs |
| Frau Ziegler | Kulla Jossifidis |
| Yvonne | Marie Hiller |

## MORD MIT AUSSICHT: FRITES SPECIAAL

Folge 34 (Staffel 3)
Erstausstrahlung 4. November 2014

| | |
|---|---|
| Drehbuch | Dietmar Jacobs |
| Regie | Christoph Schnee |
| | |
| Sophie Haas | Caroline Peters |
| Hannes Haas | Hans Peter Hallwachs |
| Bärbel Schmied | Meike Droste |
| Dietmar Schäffer | Bjarne Ingmar Mädel |
| Heike Schäffer | Petra Kleinert |
| Irmtraud Schäffer | Carmen-Maja Antoni |
| Jan Schulte | Johann von Bülow |
| Hans Zielonka | Michael Hanemann |
| Dr. Kauth | Arnd Klawitter |
| Lydia Aubach | Julia Schmitt |
| Danuta | Karina Krawczyk |
| Frau Ziegler | Kulla Jossifidis |
| Frau Runkelbach | Friederike Frerichs |
| Yvonne | Marie Hiller |
| Timo | Ole Lagerpusch |
| Bettina | Dagmar Sachse |
| Huub van Uffelen | Reinout Bussemaker |
| Lieke van Uffelen | Gonny Gaakeer |
| Jos de Jong | Wim Serlie |

## MORD MIT AUSSICHT: SPUK IN HENGASCH

Folge 35 (Staffel 3)
Erstausstrahlung 11. November 2014

| | |
|---|---|
| Drehbuch | Lars Albaum |
| Regie | Kaspar Heidelbach |
| | |
| Sophie Haas | Caroline Peters |
| Hannes Haas | Hans Peter Hallwachs |
| Bärbel Schmied | Meike Droste |
| Dietmar Schäffer | Bjarne Ingmar Mädel |
| Heike Schäffer | Petra Kleinert |
| Irmtraud Schäffer | Carmen-Maja Antoni |
| Jan Schulte | Johann von Bülow |

| | |
|---|---|
| Hans Zielonka | Michael Hanemann |
| Dr. Kauth | Arnd Klawitter |
| Dr. Bechermann | Patrick Heyn |
| Lydia Aubach | Julia Schmitt |
| Frau Ziegler | Kulla Jossifidis |
| Frau Runkelbach | Friederike Frerichs |
| Yvonne | Marie Hiller |
| Timo | Ole Lagerpusch |
| Rosalie Rosen | Annekathrin Bürger |
| Harry Tölke | Falk Rockstroh |
| Waltraud Heidelteich | Karla Trippel |
| Tony Blaschke | Roman Kaminski |
| Alexander von Havelstein | Mike Maas |

## MORD MIT AUSSICHT: TOD EINES ROADIES

Folge 38 (Staffel 3)
Erstausstrahlung 9. Dezember 2014

| | |
|---|---|
| Drehbuch | Lars Jessen |
| Regie | Sebastian Schultz |
| | |
| Sophie Haas | Caroline Peters |
| Bärbel Schmied | Meike Droste |
| Dietmar Schäffer | Bjarne Ingmar Mädel |
| Heike Schäffer | Petra Kleinert |
| Gonzo | Jasin Challah |
| Cherry | Alexandra Schalaudek |
| Dickie Schubert | Rocko Schamoni |
| Bernd Wand | Jacques Palminger |
| Torsten Bage | Heinz Strunk |
| Jan Schulte | Johann von Bülow |
| Hans Zielonka | Michael Hanemann |
| Irmtraut Schäffer | Carmen-Maja Antoni |
| Lydia Auerbach | Julia Schmitt |
| Frau Ziegler | Kulla Jossifidis |
| Yvonne | Marie Hiller |

## RENTNERCOPS: WUNDER GESCHEH'N

Folge 3 (Staffel 1)
Erstausstrahlung 14. April 2014

| | |
|---|---|
| Drehbuch | Sonja Schönemann |
| Regie | Torsten Näter |
| | |
| Edwin Bremer | Tilo Prückner |
| Günter Hoffmann | Wolfgang Winkler |
| Vicky Adam | Katja Danowski |
| Hui Ko | Aaron Le |
| Dr. Oliver Körfer | Peter Trabner |
| Polizeipräsident Plocher | Michael Prelle |
| Heidrun Hoffmann | Verena Plangger |

| | |
|---|---|
| Tina | Isabelle Barth |
| Hanno | Christian Hockenbrink |
| Joschua | Paul Eilert |
| Lotta | Katharina Witza |
| Karl-Heinz Brunner | Samuel Weiss |
| Lars Fröhlich | Jörg Ratjen |
| Herr Mehrheim | Folker Banik |
| Paparazzo | Jörg Rathjen |
| Björn Zimmer | Christian Ehrich |
| Anja | Johanna Falckner |

**RENTNERCOPS: ENGEL 07**

Folge 24 (Staffel 2)
Erstausstrahlung 8. März 2017
| | |
|---|---|
| Drehbuch | Sonja Schönemann |
| Regie | Michael Schneider |

| | |
|---|---|
| Edwin Bremer | Tilo Prückner |
| Günter Hoffmann | Wolfgang Winkler |
| Vicky Adam | Katja Danowski |
| Hui Ko | Aaron Le |
| Dr. Rosalind Schmidt | Helene Grass |
| Heidrun Hoffmann | Verena Plangger |
| Tina | Isabelle Barth |
| Hanno | Christian Hockenbrink |
| Joschua | Paul Eilert |
| Lotta | Katharina Witza |
| Polizeipräsident Plocher | Michael Prelle |
| Maria Fröbel | Martina Eitner-Acheampong |
| Freundin | Luise Risch |
| Benny Müller | Kai-Peter Malina |
| Benz | Dominik Klingberg |
| Gabriel Ruthe | Tristan Becker |
| Greta Adam | Jutta Dolle |

**RENTNERCOPS: WILLKOMMEN IM CHAOS**

Folge 33 (Staffel 3)
Erstausstrahlung 7. November 2018
| | |
|---|---|
| Drehbuch | Sonja Schönemann |
| Regie | Thomas Durchschlag, Patrick Winczewski |

| | |
|---|---|
| Edwin Bremer | Tilo Prückner |
| Günter Hoffmann | Wolfgang Winkler |
| Vicky Adam | Katja Danowski |
| Hui Ko | Aaron Le |
| Dr. Rosalind Schmidt | Helene Grass |
| Heidrun Hoffmann | Verena Plangger |
| Tina | Isabelle Barth |

| | |
|---|---|
| Lotta | Katharina Witza |
| Greta Adam | Jutta Dolle |
| Ute Birt | Philippine Pachl |
| Axel Wegmann | Martin Aselmann |
| Möbelpacker | Matthias Buss |
| Ruben Stern | Sepp Klein |

## RENTNERCOPS: ALIENS

Folge 46 (Staffel 4)  
Erstausstrahlung 12. Februar 2020  
Drehbuch      Sonja Schönemann  
Regie         Dennis Satin  

| | |
|---|---|
| Edwin Bremer | Tilo Prückner |
| Günter Hoffmann | Peter Lerchbaumer |
| Vicky Adam | Katja Danowski |
| Dr. Rosalind Schmidt | Helene Grass |
| Hui Ko | Aaron Le |
| Polizeipräsident Plocher | Michael Prelle |
| Heidrun Hoffmann | Verena Plangger |
| Tina | Isabelle Barth |
| Hanno | Christian Hockenbrink |
| Joschua | Paul Eilert |
| Lotta | Katharina Witza |
| Julia Winter | Caroline Hanke |
| Dirk Winter | Clemens Giebel |
| Frederick Kohnert | Martin Armknecht |
| Gregor | Oliver Fleischer |
| Elsa | Katharina Abt |
| Tobias | Mathias Znidarek |

## RENTNERCOPS: AUS LIEBE

Folge 53 (Staffel 4)  
Erstausstrahlung 1. April 2020  
Drehbuch      Julia Thürnagel  
Regie         Janis Rebecca Rattenni  

| | |
|---|---|
| Edwin Bremer | Tilo Prückner |
| Günter Hoffmann | Peter Lerchbaumer |
| Vicky Adam | Katja Danowski |
| Dr. Rosalind Schmidt | Helene Grass |
| Hui Ko | Aaron Le |
| Polizeipräsident Plocher | Michael Prelle |
| Hannah Gereg | Swetlana Schönfeld |
| Heidrun Hoffmann | Verena Plangger |
| Tina | Isabelle Barth |
| Hanno | Christian Hockenbrink |
| Lotta | Katharina Witza |
| Joschua | Paul Eilert |

## RENTNERCOPS: HERR KO VEGAN

Folge 55 (Staffel 4)
Erstausstrahlung 15. April 2020
Drehbuch             Lars Albaum
Regie                Thomas Durchschlag

Edwin Bremer            Tilo Prückner
Günter Hoffmann         Peter Lerchbaumer
Vicky Adam              Katja Danowski
Dr. Rosalind Schmidt    Helene Grass
Hui Ko                  Aaron Le
Polizeipräsident Plocher Michael Prelle
Heidrun Hoffmann        Verena Plangger
Tina                    Isabelle Barth
Hanno                   Christian Hockenbrink
Lotta                   Katharina Witza

## WAPO BODENSEE: TÖDLICHES SCHWEIGEN

Folge 23 (Staffel 3)
Erstausstrahlung 9. April 2019
Drehbuch             Tobias Wolk
Regie                Jürgen Bretzinger

Nele Fehrenbach         Floriane Daniel
Paul Schott             Tim Wilde
Julia Demmler           Wendy Güntensperger
Pirmin Spitznagel       Simon Werdelis
Mechthild Fehrenbach    Diana Körner
Niklas Fehrenbach       Noah Calvin
Johanna Fehrenbach      Sofie Eifertinger
Abt Barnabas            Ulrich Gebauer
Vadim                   Attila Borlan
MelindaAppen
alias „Max Anstedt"     Valentina Repetto
Beate Klapproth         Justine Hauer

## WAPO BODENSEE: GERAUBTE ZUKUNFT

Folge 31 (Staffel 4)
Erstausstrahlung 5. Mai 2020
Drehbuch             Felix Benesch
Regie                Werner Siebert

Nele Fehrenbach         Floriane Daniel
Paul Schott             Tim Wilde
Julia Demmler           Wendy Güntensperger
Jakob Frings            Max König
Mechthild Fehrenbach    Diana Körner
Niklas Fehrenbach       Noah Calvin

| | |
|---|---|
| Anna | Anuschka Tochtermann |
| Rene Balsiger | Daniel Rohr |
| Dominik Stähli | Reto Stalder |
| Samir Bin Habib | Noam Jenal |
| Reto Balsiger | Jasper Engelhardt |

## WAPO BODENSEE: RETTER DER WELT

Folge 69 (Staffel 7)
Erstausstrahlung 20. Dezember 2022
| | |
|---|---|
| Drehbuch | Michael Gantenberg |
| Regie | Florian Anders |

| | |
|---|---|
| Nele Fehrenbach | Floriane Daniel |
| Paul Schott | Tim Wilde |
| Julia Demmler | Wendy Güntensperger |
| Jakob Frings | Max König |
| Mechthild Fehrenbach | Diana Körner |
| Niklas Fehrenbach | Noah Calvin |
| Dr. Kampmann | Mathias Junge |
| Kampmann junior | Leon Blaschke |
| Kisha | Tua El-Fawwal |

## ZWISCHEN DEN ZEILEN: ZUVIEL ZUKUNFT IST AUCH NICHT GUT

Folge 5 (Staffel 1)
Erstausstrahlung 14. März 2013
| | |
|---|---|
| Drehbuch | Philipp Weinges |
| Regie | Klaus Knoesel |

| | |
|---|---|
| Maja Becker | Josephine Schmidt |
| Paul Jacobs | Ole Puppe |
| Jennifer Kuntze | Constanze Behrends |
| Fred Kuntze | Christian Kahrmann |
| Rajesh Prakasch | Parbet Chugh |
| Susanne Bradulic | Nina Petri |
| Jan Bollmann | Knud Riepen |
| Peter Trauch | Peter Troch |
| Madame Gorumbati | Martina Eitner-Acheampong |
| Tante von Rajesh | Parvaneh Hamidi |
| Klaus Hellmann | Werner Kalb |
| Jochen Kranz | Matthias Matz |
| Mondexpertin | Ulrike Röseberg |
| Bankangestellte | Lydia Schamschula |

## ZWISCHEN DEN ZEILEN: DER HERR DES RINGS

Folge 9 (Staffel 1)
Erstausstrahlung 4. April 2013
| | |
|---|---|
| Drehbuch | Günter Knarr und Jens Urban |
| Regie | Lars Montag |

| | |
|---|---|
| Maja Becker | Josephine Schmidt |
| Paul Jacobs | Ole Puppe |
| Jennifer Kuntze | Constanze Behrends |
| Fred Kuntze | Christian Kahrmann |
| Rajesh Prakasch | Parbet Chugh |
| Susanne Bradulic | Nina Petri |
| Jan Bollmann | Knud Riepen |
| Frau Prof. Kleist | Johanna Gastdorf |
| Andrea Weißhaupt | Lina Beckmann |
| Johannes | Marian Meder |
| Klaus Severin | Manfred Böll |
| Reporterin | Maureen Wyse |

**WATZMANN ERMITTELT: DER FISCHER VOM KÖNIGSSEE**

Folge 8 (Staffel 1)
Erstausstrahlung 26. Juni 2019

| | |
|---|---|
| Drehbuch | Carsten Fiebeler |
| Regie | Karin Michalke und Klaus Rohne |
| | |
| Benedikt Beissl | Andreas Giebel |
| Jerry Paulsen | Peter M. Marton |
| Johanna Beissl | Ines Lutz |
| Elisabeth Beissl | Barbara Weinzierl |
| Maria Beissl | Kathrin von Steinburg |
| Eva Beissl | Leonie Brill |
| Max Ruffer | Nepo Fitz |
| Sonja Bitterling | Genoveva Mayer |
| Sina | Sandra Julia Reils |
| Peter | Matthias Hack |
| Anderl Sollmeier | Benedikt Hösl |
| Freund | François Goeske |
| Pfarrer Hölleisen | Wolfgang Krebs |

**WATZMANN ERMITTELT: KRISTALLE GLÄNZEN EWIG**

Folge 16 (Staffel 2)
Erstausstrahlung 24. März 2021

| | |
|---|---|
| Drehbuch | Heidi Kranz |
| Regie | Christian Lex und Angelika Schwarzhuber |
| | |
| Benedikt Beissl | Andreas Giebel |
| Jerry Paulsen | Peter M. Marton |
| Johanna Beissl | Ines Lutz |
| Elisabeth Beissl | Barbara Weinzierl |
| Maria Beissl | Kathrin von Steinburg |
| Eva Beissl | Leonie Brill |
| Max Ruffer | Nepo Fitz |
| Sonja Bitterling | Genoveva Mayer |
| Caro Reiser | Sarah Thonig |
| Michi Sailer | Arne Gottschling |

| | |
|---|---|
| Milena Sailer | Lea Faßbender |
| Harry Benthaak | Tobias van Dieken |
| Pfarrer Hölleisen | Wolfgang Krebs |
| Pizzabote Kurt | Ercan Oeksuez |

## WATZMANN ERMITTELT: WEIHNACHTSMÄNNER IM SOMMER

Folge 18 (Staffel 2)
Erstausstrahlung 7. April 2021
Drehbuch          Jörg Schneider
Regie             Christian Lex und Angelika Schwarzhuber

| | |
|---|---|
| Benedikt Beissl | Andreas Giebel |
| Jerry Paulsen | Peter M. Marton |
| Johanna Beissl | Ines Lutz |
| Elisabeth Beissl | Barbara Weinzierl |
| Maria Beissl | Kathrin von Steinburg |
| Eva Beissl | Leonie Brill |
| Max Ruffer | Nepo Fitz |
| Sonja Bitterling | Genoveva Mayer |
| Caro Reiser | Sarah Thonig |
| Pfarrer Hölleisen | Wolfgang Krebs |

## WATZMANN ERMITTELT: DIE ENTFÜHRTE BRAUT

Folge 31 (Staffel 3)
Erstausstrahlung 16. November 2022
Drehbuch          Antje Bähr
Regie             John Delbridge

| | |
|---|---|
| Benedikt Beissl | Andreas Giebel |
| Jerry Paulsen | Peter M. Marton |
| Johanna Beissl | Ines Lutz |
| Elisabeth Beissl | Barbara Weinzierl |
| Maria Beissl | Kathrin von Steinburg |
| Eva Beissl | Leonie Brill |
| Max Ruffer | Nepo Fitz |
| Sonja Bitterling | Genoveva Mayer |
| Caro Reiser | Sarah Thonig |
| Theresa Geiger | Melissa Khalaj |
| Raphael Geiger | Pablo Sprungala |
| Bettina Geiger | Christine Neubauer |

**COPYRIGHT DER ABBILDUNGEN**
Degeto Film GmbH

| | |
|---|---|
| *Alles Klara* | Neue Deutsche Filmgesellschaft im Auftrag des NDR |
| *Großstadtrevier* | Studio Hamburg FilmProduktion GmbH im Auftrag des NDR |
| *Hauptstadtrevier* | Askania Media Filmproduktion GmbH im Auftrag der ARD vor acht |
| *Hubert und/ohne Staller* | ARD Werbung im Auftrag der ARD |
| *Morden im Norden* | Neue Deutsche Filmgesellschaft im Auftrag des NDF/NDR |
| *Mord mit Aussicht* | PRO GmbH im Auftrag des Ersten |
| *München 7* | Akzente Film & Fernsehproduktion GmbH im Auftrag des ARD |
| *Nordisch herb* | Phoenix Film im Auftrag der ARD |
| *Rentnercops* | Bavaria Fernsehproduktion GmbH im Auftrag der ARD |
| *Wapo Bodensee* | Saxonia Media Filmproduktion GmbH im Auftrag der ARD |
| *Watzmann ermittelt* | Lucky Bird Pictures im Auftrag der ARD |
| *Zwischen den Zeilen* | Crazy Films im Auftrag des WDR |